문제
해결
저널리즘

문제 해결 저널리즘

저널리즘

문제를 넘어 해법과 대안으로,
솔루션 저널리즘의 한국형 모델과 실행 방법론

이정환 지음

인물과
사상사

"솔루션 저널리즘은 '저널리즘의 혁명'이다."

강준만.
전북대학교 신문방송학과 명예교수.

"1조, 고객은 항상 옳다. 2조, 고객이 틀렸다고 생각되면 1조를 다시 보라." 지금도 붙어있는지는 모르겠지만, 미국의 대표적 소매유통업체인 월마트가 매장 입구에 내건 팻말이다. 소비자 지상주의를 대변하는 금언이라고 할 수 있겠다. 그 덕분에 월마트는 성공을 거두었지만, 무노조 경영에서부터 하청업체에 대한 불공정 거래에 이르기까지 악명이 높아 대대적인 월마트 반대운동이 일어나기도 했다.

소비자 지상주의에 대해선 비판적인 문제의식이 널리 확산되었지만, 유권자 지상주의에 대해선 아직 아무런 말이 없다. 유권자 지상주의의 슬로건 역시 "1조, 유권자는 항상 옳다. 2조, 유권자가 틀렸다고 생각되면 1조를 다시 보라"이다. 정치권은 평소엔 국민 알기를 우습게 보다가도 선거 시즌엔 유권자를 하늘처럼 떠받든다. 유권자는 무오류의 존재다. 그래서 유권자의 표심(票心)은 천심(天心)으로 간주된다. 언론이 하는 일은 고작 그 천심을 분석하고 해석하면서 정치권을 비판하는 일이다.

정치에 유권자 지상주의가 있다면, 언론엔 수용자 지상주의가 있다. 수용자 지상주의의 슬로건 역시 같다. "1조, 수용자는 항상 옳다. 2조, 수용자가 틀렸다고 생각되면 1조를 다시 보라." 이런 수용자 지상주의 덕분에 디지털 시대를 맞아 창궐하게 된 게 바로 클릭 저널리즘이다. 클릭 저널리즘을 비판하는 목소리가 높지만, 수용자 클릭 행위의 품질에 대해선 아무런 말이 없다. 수용자가 어떤 클릭을 하건 언론은 개의치 말고 옳은 길을 걸어야 한다는, 고상하지만 비현실적인 말씀만 난무한다.

나는 솔루션 저널리즘은 수용자 지상주의에 대한 도전이며 도전이 되어야만 한다고 믿는다. 기존 클릭 행위에 중독된 수용자의 행태마저 "수용자는 항상 옳다"고 우기는 언론 환경에선 솔루션 저널리즘은 신선미는 풍길 수 있을망정 변방에만 머무르는 숙명을 피할 수 없다고 보기 때문이다. 오늘날의 사람들이 경멸하고 혐오하는 '계몽'의 기운을 풍기지 않으면서 수용자들의 행태마저 교정을 위한 솔루션 저널리즘의 대상으로 삼는 야망을 품어야 한다.

그런 의미에서 내가 생각하는 솔루션 저널리즘은 '저널리즘의 혁명'이다. 지난 200년 넘게 저널리즘의 패러다임으로 군림해 온, 세상의 어두운 면을 고발하는 '나쁜 뉴스'라는 문법의 한계를 보완함으로써 '나쁜 뉴스'의 정당성도 살리는 동시에 '언론 혐오'라는 시대적 풍조에 도전하는 혁명이다. '기레기'라는 비난을 맞받아칠 수 있는 근거와 자신감의 확보를 위해서라도 한국 언론은 솔루션 저널리즘에 눈을 돌려야 한다.

한국에 솔루션 저널리즘을 제안하고 방향을 제시해 왔던 이정환의 책은 그런 변화의 견인차 역할을 할 것이다. 그간 언론계 진보의 주요 이미지는 '투쟁'이었다. 물론 투쟁은 소중하지만, 투쟁을 넘어선 비전은 없거나 희소했다. 그런데 이정환은 진보 언론인으로서 솔루션 저널리즘을 비롯해 언론의 혁신을 위한 일을 앞장서 해왔으니, 이 어찌 놀라운 일이 아니랴. 보수 언론을 비판하는 걸 주요 사명으로 삼는 것처럼 보이는 진보 언론이 이정환식 혁신을 통해 보수 언론의 비판 대상이 되는 역전이 일어나기를 바라마지 않는다.

김영욱.
카이스트 과학저널리즘대학원 교수.

'아, 목숨이 낙엽처럼.' 이 책이 인용한 소설가 김훈의 칼럼 제목이다. 연간 300명 가까운 노동자가 공사 현장에서 추락으로 목숨을 잃는 현실을 통탄하는 글이다. 노동자 추락사와 같은 사건은 언론이 주목해서 보도한다. 핵심 원인에 대한 분석도 제공한다. 그러나 사고는 계속 반복된다.

저널리스트는 관찰자이며 감시자이다. 문제를 드러내고 알리는 일을 한다. 물론 중요한 역할이다. 그러나 저널리스트는 규범과 정책이라는 실행력을 가진 정치인이 아니며, 시민을 조직하고 문제 해결을 위해 행동하는 운동가도 아니다. 문제를 드러내지만 여전히 문제로 남는 허망함이 저널리즘의 운명이고 한계일까?

그렇지 않다. 이 책이 제시하는 솔루션 저널리즘 방법론과 다양한 실천 사례들은 저널리즘이 한 걸음 더 나갈 수 있음을 보여준다. 그렇다고 저널리즘의 틀을 깨거나 저널리즘이 아닌 어떤 실천을 요구하지는 않는다. 명쾌한 해법을 내놓거나, 더 나아가 해결을 위해 실제 행동에 뛰어 들라는 것도 아니다. 저널리즘 본연의 원칙과 방법에 보다 충실한 취재와 분석이 전제 조건이다. 바꾸어야 하는 것도 있다. 취재와 보도 관행이 그렇고 스토리텔링도 그렇다.

이 책의 곳곳에서 저널리즘에 대한 이정환의 애정과 우려가 읽힌다. 홍수라고 불릴 정도로 많은 뉴스들이 넘쳐남에도 불구하고, 혹은 어쩌면 그 때문에 저널리즘의 효용과 신뢰가 점점 낮아지고 있다. 클릭 수에 목을 매고 주목을 끄는 기사를 양산하기 위해 안간힘을 쓰고 있지만 그것으로 미래를 보장할 수 없는 저널리즘 현실에 대한 안타까움이다. 암담한 저널리즘에 대한 솔루션으로 저자는 솔루션 저널리즘을 제안한다. 저자의 저널리즘에 대한 염려는 궁극적으로는 세상에 대한 염려이다. 분노와 연민, 미담과 영웅담으로 세상을 바꾸기는 힘들다. 작지만 그래도 세상을 바꾼 작은 실천들에 저널리즘이 주목해야 한다.

김유열.
EBS 부사장.

저널리즘이 늪에 빠진 채 신음하고 있다. 생존을 위해 발버둥을 치면 칠수록 더욱 발을 아래로 끌어 내리고 있다. 어쩔 줄 몰라 절뚝거리며 방황하고 있다. 순수한 영혼을 잃어버린 채 그 주변에선 악취마저 풍기곤 한다. 디지털 대전환 속에서 저널리즘의 주체와 객체가 구별되지 않고 있고 누가 진정한 저널리스트인지 구분도 모호해지고 있다. 이정환의 「문제해결 저널리즘」은 늪에 빠진 저널리즘을 구해내는 문제해결사의 역할을 할지 모른다는 기대감을 갖게 한다. 진보 언론인인 이정환 기자가 디지털 시대에 솔루션 저널리즘을 끄집어 냈다는 것은 놀라운 통찰이다. 아마도 그의 평소 디지털에 대한 열정 때문에 가능했을 것이다. 기대가 된다.

신경렬.
SBS미디어홀딩스 대표.

언론계가 미디어 환경 변화와 신뢰의 위기 속에서 비틀거리고 있다. 공동체의 문제를 해결하는데 힘을 모으는 것이 아니라 이슈만 내질러 놓고 지적만 하는 모양새다. 그 틈새를 이용해 가짜 뉴스와 유사 저널리즘이 확산되고 있다. 이정환이 집필한 '문제해결 저널리즘'은 이런 혼돈의 시기를 뚫고 나오는 한줄기 빛과 같다.

자본과 기술의 결합에 의한 변화의 속도가 빠른 만큼 사회에 누적되는 문제도 셀 수 없이 많이 쌓이고 있다. 모두가 복잡하고 난해한 과제들이다. 이정환의 '문제 해결 저널리즘'은 이런 시기에 정말 필요한 책이다. 문제만 제기하고 걱정만 해서는 되는 일이 하나도 없다. 이 책은 실천 저널리즘의 입문서와 같다. 일선 기자에서 언론사 사주에 이르기까지 언론계 종사자는 물론 더 나은 사회를 꿈꾸는 모든 이들에게 일독을 권하고 싶다.

심석태.
세명대학교 저널리즘스쿨대학원 교수.

개인적으로 저널리즘 앞에 수식어를 붙여서 만든 개념들을 그다지 좋아하지 않는다. 드론 저널리즘이나 VR 저널리즘처럼 장비나 기술 용어를 덧붙인 경우는 특히 그렇다. 솔루션 저널리즘이라는 말도 그래서 약간은 불편했다. 일부 기자들이 솔루션 저널리즘을 추구한다며 섣부른 해법을 제시하려고 끙끙대는 것을 보면서 혀를 찬 적도 있다. 하지만 이 책은 솔루션 저널리즘이라는 것이 갑자기 나타난 마법 같은 신문물이 아니라는 것을 잘 보여준다.

기자들은 너무 오랫동안 자신이 파악한 어떤 정보의 전달 그 자체에 매달려왔다. 그런 정보 전달이 미칠 영향, 그리고 그것이 실제로 그 문제 해결에 도움이 되는지를 신경 쓰는 것은 기자의 역할이 아니라는 생각을 해왔기 때문이다. 그래서 어제 보도한 사안에 관심을 놓지 않고 그 사안이 해결될 때까지 추적하는 것보다는 새로운 것을 찾아 나서는 것이 당연하다고 생각해왔다. 어쩌면 그런 피상적 저널리즘이 지금 한국 저널리즘의 전반적인 품질 문제의 원인이 아닐까 싶기도 하다. 그 사안이 어찌되든 기자는 한 번 기사를 쓰고, 그냥 지나가는 것이다. 특종상을 받을지는 모르지만 그 사안 자체의 해결은 별개 문제였다.

그것이 어떤 고위 공직자의 비리나 위법에 관한 것이라면 기자가 단 한 건의 기사만 써도 사회의 공적 시스템과 다른 언론이 달려들어 그 문제를 굴려갈 것이다. 하지만 대부분의 사안들은 그렇지 않다. 누군가 끈질기게 지켜보지 않으면 문제는 잘 고쳐지지 않는다. 한 번의 주의 환기로 해법이 바로 나오지도 않는다. 문제 해결에 실제로 도움이 되려면 언론은 어떻게 해야 할까? 이 책은 바로 그 지점을 다루고 있다. 그런데, 정말 그런 것에도 솔루션 저널리즘이라는 근사한 이름을 붙여도 될까? 이 책은 그렇다고 말한다.

이 책은 매우 실질적인 효용성을 지향한다. 바로 기자들이 기획과 취재에 적용할 수 있기를 바란다. 덕분에 무엇인가 언론의 구체적인 사회적 효용성을 높이는 것에 관심이 있는 기자라면 이 책이 제시하는 수많은 사례 속에서 자신이 다루고 싶은 사안에 적합한 길을 찾을 수 있을 것 같다. 그런 의미에서 우리 언론 관행을 혁신하는 길을 애타게 찾는 많은 언론인들에게는 이 책 자체가 하나의 좋은 솔루션 저널리즘의 사례가 될 수도 있겠다. 언론의 여러 문제를 지적하며 목청을 돋우는 것이 아니라 이런 구체적인 방향 제시가 훨씬 언론 품질과 신뢰도 제고에도 도움이 될 것이기 때문이다.

안도현.
제주대학교 언론홍보학과 교수.

인류의 역사는 문제 해결의 역사다. 문제를 지적만 했다면 인류의 조상은 우리를 이 자리에 남겨놓을 수 없었다. 안타깝게도 저널리즘은 문제를 드러내는 것만으로 소명을 다했다고 여기는 경향이 있다. 이정환의《문제 해결 저널리즘》은 한걸음 더 나아갈 것을 주문한다. 지적에 그치지 말자는 거다. 그렇다고 저널리즘이 해법을 제시하라는 것은 아니다. 언론인이라면《문제 해결 저널리즘》을 꼭 읽어 봐야 한다.

이규원.
솔루션저널리즘네트워크 연구원.

솔루션 저널리즘은 북미와 유럽 등의 뉴스 현장에서 그 효과가 교차 검증된 저널리즘의 최신 실천 방법이다. 이정환은 솔루션 저널리즘이라는 말이 국내 학계와 언론계에 널리 알려지지 않았을 때부터 솔루션 저널리즘의 필요를 꿰뚫어보고 한국의 보도 실정에 맞게 솔루션 저널리즘을 도입, 실천할 방법은 무엇인지를 끊임없이 연구해 온 '솔루션 저널리즘 전도사'라고 할 수 있다. 한국 언론을 누구보다도 치밀하게 분석하고 관찰해 온 이정환의 진심 어린 고민으로 만들어진 이 책이 문제를 지적하는 보도에서 나아가 문제 해결의 과정과 효과를 함께 전달하는 보도 문화의 정착으로 이어지길 바란다.

이성규.
미디어스피어 대표.

　'감시견 저널리즘'은 저널리즘 역사의 종착점이 아니다. 저널리즘 진화 과정에서 개발한 중대한 마일스톤 중 하나일 뿐이다. 우리는 감시견만이 저널리즘의 유일한 역할이자 목표여야 한다는 신화에 빠져있다. 21세기 중반을 향해가고 있는 지금 그 관념에서 벗어날 때가 됐다. 포기하자는 것이 아니라 그쳐서는 안된다는 것이다. 이정환이 제안하는 솔루션 저널리즘은 저널리즘의 진화를 위해 수용하고 내재화해야 할 확장적 역할 모델이다. 부정 편향이 불러온 뉴스 회피를 보완하고 넘어설 수 있는 건강한 미래 저널리즘 전략이다. '감시견 저널리즘'에 '솔루션 저널리즘'이 더해진다면 뉴스를 둘러싼 시민들의 불신과 회의는 서서히 감소할 것이다. 현직 언론인들 특히 젊은 언론인들에게 이 책을 강력히 제안하는 이유다. 저널리즘의 밝은 미래를 위해, 시민과 사회를 진정으로 위하는 저널리즘 구축을 위해서라도 이 책을 읽어보길 바란다.

이원영.
언론소비자주권행동 대표.

이정환의 《문제 해결 저널리즘》을 만나고 나니 그동안 의문시되고 있던 언론의 역할에 대해 다른 차원의 기대를 갖게 되었다. 언론의 본질은 원래 '타자성(他者性)에 머물 수밖에 없지 않는가, 그래서 감시를 잘하든지 문제를 제기하거나 혹은 더 나아가 선정적으로 폭로하든지 아니면 정반대로 묵살하든지 하는 현실의 사건에 종속된 전달 행위자로서의 역할일 뿐'이라는 그간의 생각이 좁았음을 알게 되었다.

이 책은 타자성을 극복하면서 객관적 주도성(主導性)을 갖는 언론의 역할에 대해 솔루션 저널리즘이라는 도구로 새로운 지평을 열어갈 가능성을 보여준다. 언론의 위상을 새로이 정립하는 계기가 될 것으로 기대한다.

이혜영.
아쇼카한국 대표.

　제품과 서비스를 만드는 기업 만이 아니라, 스토리와 내러티브를 만드는 저널리즘에도 ESG를 요구하는 시대가 곧 도래하지 않을까. 솔루션 저널리즘에 대한 남다른 선구안과 열정을 보여온 이정환의 이번 책이 저널리즘의 지평을 넓히고 더 높은 차원의 가치 창출을 위한 자기 혁신에 불씨를 당겨주는 역할을 해주기를 기대한다. 솔루션 저널리즘이 상식이 되는 그날까지!

추천사

정현선.
경인교육대학교 미디어리터러시연구소 소장

이정환이 제시하는 솔루션 저널리즘의 방향은 디지털 환경의 새로운 미디어 리터러시와 같은 흐름에 놓여 있다. 디지털 환경의 미디어 리터러시는 미디어 수용자가 정보를 비판적으로 소비하는 데 그치지 않고, 사회적 문제를 탐구하고 해결하고자 하는 자세로 새로운 담론을 모색하는 시민의 참여와 행동을 중시한다. 사회적 문제에 주목하고 이를 탐구하고 해결하기 위한 시민의 행동에 주목하는 새로운 미디어 리터러시는 비판과 냉소를 넘어 대안을 모색하는 솔루션 저널리즘과 일맥상통한다. 바로 이런 이유에서, 이정환의 책은 미디어 콘텐츠에 대한 비판적 읽기를 넘어 시민의 사회 참여적 담론을 모색하며 미디어 리터러시를 실천하고자 하는 교육자와 연구자들이 꼭 읽어야 할 책이다.

정혜승.
얼룩소 대표.

　사실 모두의 목적는 단순하다. 더 나은 세상을 만들고 싶지 않은가? 권력 감시와 비판도 그 목적을 위한 것 아닌가? 그렇다면 미디어가 문제 해결에도 더 진심이면 좋겠다. 평균값은 좋아졌다지만 약자들은 더 힘든 시대. 복잡한 사회답게 문제도 복잡하다. 쉽게 나오는 해법은 없다. 좋은 질문을 먼저 찾고, 다양한 이들의 인사이트와 경험을 나누며 끊임없이 더 나은 해법을 찾을 수 밖에 없다. 이 과정이 왜 중요한지, 솔루션 저널리즘이 어떻게 다르고, 왜 필요한지, 계속 묻고 또 물어온 이정환의 책이다. 몇 년 간 그의 고민과 탐색을 귀동냥하며 이 책을 오래 기다렸다. 문제 해결에 관심 많은 미디어를 시작하는 입장에서도, 공동체의 한 사람으로서도 고맙고 귀한 선물이다.

차례

추천사. ⋯⋯⋯⋯⋯⋯⋯⋯⋯⋯⋯⋯⋯⋯⋯⋯⋯⋯⋯⋯⋯ **4**

1장. 머리말 : 비판과 냉소를 넘어 대안과 해법으로.

"대책 마련이 요구된다"로 끝나는 기사들. / 얻을 수 있는 최선의 진실. /
변화와 과정을 추적하는 저널리즘. / 문제의 본질과 구조에 대한
질문이 필요하다. / 대안 없는 비판과 냉소를 넘어. ⋯⋯⋯⋯⋯⋯ **26**

2장. 왜 지금 솔루션 저널리즘인가.

땅을 치며 우는 것 말고, 우리가 해야 할 일. / 슈퍼 히어로가 지구를
지켜주는 게 아니다. / '누가' '무엇을'이 아니라 '어떻게'에 집중하라. /
좋은 질문이 우리를 해법으로 이끈다. / 분노 산업을 넘어,
새로운 전망을 이야기하자. ⋯⋯⋯⋯⋯⋯⋯⋯⋯⋯⋯⋯ **42**

3장. 비판과 냉소를 넘어, 변화와 가능성을 찾는 질문.

언론이 답을 내놓아야 한다는 게 아니다. / 해결 지향의 접근, 철저하게
근거에 기반한 보도. / 컨스트럭티브 저널리즘과 임팩트 저널리즘. /
공공 저널리즘의 진화, 사실 전달을 넘어 참여와 문제 해결로. /
깨진 유리창을 방치해서는 안 된다는 문제 의식. ⋯⋯⋯⋯⋯ **60**

4장. 이런 것들은 솔루션 저널리즘이 아니다.

솔루션 저널리즘 사기꾼. /
따뜻하고 착한 아이디어, 플레이펌프는 왜 실패했나.　…………………… **76**

5장. 문제는 비명을 지르고 해법은 속삭인다.

세상을 떠들썩하게 만들었던 괌 판사 부부 사건. / 우리는 너무 쉽게
분노하고 또 쉽게 잊는다. / 여러 겹의 치즈를 관통하는 구멍. /
그들을 괴물로 만드는 것은 문제를 해결하지 못한다. /
목숨이 낙엽처럼, 우리가 할 수 있는 일은 무엇일까. /
"오늘도 3명이 퇴근하지 못했다."　……………………………………… **84**

6장. 문제를 정확하게 규정해야 해법을 찾을 수 있다.

반복되는 문제, 프로토콜을 바꿔야 한다. / 안타깝지만 어쩔 수 없는
일이라고? / 항공기 사고와 자동차 사고, 대응 방식의 차이. /
관행이라는 이름으로 무시하거나 외면했던 문제들.　………………… **104**

7장. 문제의 정의와 접근, 체크리스트를 만들어 보자.

한 장짜리 체크리스트가 사람을 살린다. / 갈색 초콜릿은 콘서트를
중단하라는 신호다. / 좋은 체크리스트와 나쁜 체크리스트가 있다. /
해결 지향 보도를 위한 체크리스트. / 어쩌다 한 번 가능한 사례가 아닌가? /
확장성과 복제 가능성이 핵심이다.　…………………………………… **116**

8장. 우리에게는 더 많은 실험과 실패가 필요하다.

BBC 기자들이 노르웨이에 가서 쓰레기장을 뒤진 이유. / 바다의 비명,
국제신문이 찾은 해법. / 다른 나라들이 한국에 와서 배워가는 해법. /
세계 곳곳에 실험과 해법이 있었다. / 문 닫은 공장의 노동자들은 어디로 가는가. /
스웨덴의 자석 낚시가 한국에도 해법이 될까. / 옥상 정원이 온난화의
해법이 될 수 있을까. / 대나무로 만든 모래 포집기가 불러온 기적 같은 변화. /
은평구의 실험, 야근이 절반으로 줄었다. / 야쿠르트가 살린 독거 노인. /
2000원으로 기본 소득을? 판동초등학교의 실험. / 밥 먹다가 발견한 해법,
그 아이는 왜 카드를 내밀지 못했을까. / 4년에 걸친 토론, 사회적 합의가
필요했다. / 솔루션 저널리즘과 민원 해결 저널리즘의 차이. /
쾌도난마의 해법을 기대하면 안 된다. / 해법의 작은 조각들을 찾아라. ······ **136**

9장. "이건 해결할 수 없는 문제였어요. 그런데···."

범죄와의 전쟁이 만든 회전문 현상. / 교도소에서 마음 챙김 수업을
했더니 나타난 변화. / 살인을 부르는 층간 소음, 해법 지향 접근은
가능할까. / 가솔린 차 없는 도시, 오슬로의 실험에서 배울 수 있는 것들. /
청소년 자살, 문제가 아니라 원인을 보자. / 변화가 있는 곳에 해법의
아이디어가 있다. / 아버지를 죽인 아들, 반복되는 비극을 막을 수 있을까. /
막막한 현실, 해법이 없는 건 아니다. / 왜 이런 일이 반복되는가,
다시 질문으로. ·· **166**

10장. 과정을 추적하고 변화의 매뉴얼을 만들자.

"기자라는 자존심을 지켜준 그들이 눈물겹게 고맙다." / 스펙터클한
문제와 아름다운 정책 제안. / 정치로 풀 수 없는 문제들이 더 많다. /
변화를 만드는 건 벌금이 아니라 관계의 강화. ································ **192**

11장. 근거와 검증을 통한 확장, 복제 가능한 해법이 필요하다.

"시스템을 파헤치세요. 증거를 가져와야 합니다." /
놀랍도록 간단한 방법, 하지만 실행하기 어려운 방법. /
샌프란시스코 홈리스 프로젝트에서 우리가 배울 수 있는 것들. /
해법에 접근하기 위한 길고 복잡한 질문들. ···························· **206**

12장. 코로나 팬데믹의 경험, 해법은 우리 주변에 있었다.

공포와 불신, 냉소의 바이러스. / '어떻게'에 주목한 언론이 많지 않았다. /
숫자만큼 강력한 메시지는 없다. / 실패에서 확인한 시스템의 힘. /
공포와 혼란, 그래도 현장에 답이 있었다. /
차이를 살펴보면 해법이 드러난다. ······························· **238**

13장. 저질 정치와 저질 언론의 악순환, 어디서부터 로 잡을까.

언론 보도는 왜 이 모양인가. / 정치의 낮은 효능감, 문제가 뭘까. /
우리는 본능적으로 네거티브에 끌린다. / 의제를 다시 배열하고
맥락을 복원해야 한다. / 선거 보도에서의 해법 저널리즘은
어떻게 가능할까. ··· **258**

14장. 새로운 접근, 해결 지향의 보도가 기자들을 춤추게 한다.

황당무계한 아이디어를 밀어붙이는 힘. / 기자들이 해커톤 문화를
경험하게 해야 한다. / 시스템 싱킹과 저널리즘의 결합. /
솔루션 저널리즘, 지역에서부터 시작해 보자. ················· **276**

15장. "10년 동안 문제를 지적했지만 바뀌지 않았어요."

뉴스에 등장하는 건 현실의 절반 뿐. / 셜록 홈즈처럼 탐사를 해야 합니다. /
워치독이 아니라 가이드독으로 역할이 바뀌고 있습니다. /
'누가 잘하고 있는가'부터 시작해 볼까요. / "솔루션 저널리즘이
저널리즘 위기의 해법이 될 수 있습니다." ···················· **306**

16장. 한국형 문제 해결 저널리즘을 이해하기 위한 10가지 질문.

"그거 우리가 늘 하던 거 아냐?" / 기자가 주인공이 되는 이야기는 곤란하다. /
언론도 시민사회의 일원으로 토론에 참여해야 한다. ·····················328

17장. 사라진 저널리즘 경쟁, 현장의 접근 방식이 달라져야 한다.

10원짜리 기사들. / 100개의 똑같은 기사들. / "값싼 뉴스의 시대는 끝났다." /
사실의 나열이 진실이 되는 건 아니다. / '스트리밍 저널리즘'의 시대,
뉴스의 경쟁력을 생각해 보자. / 높아진 기대 수준, 구태의연한 언론. /
저널리즘에 희망을 놓아서는 안 된다. ·····················342

18장. 솔루션 저널리즘, 이렇게 시작해 봅시다.

기사 초반에 해법을 드러내라. /
솔루션 저널리즘, 뉴스룸의 우선 순위가 바뀌어야 한다. ·····················364

19장. 맺음말 : 우리는 답을 찾을 것이다. 언제나 그랬듯이. 374

참고 문헌. ·····················380

언론이 비판적 기사를 써야 한다는
건 오래된 신화 가운데 하나입니다.
사람들이 더 많은 뉴스를 원한다는
믿음 역시 마찬가지입니다.
사실 우리는 너무 많은 뉴스에
익사할 지경이죠. 누가 더 빨리
보도하느냐, 누가 더 호되게
비판하느냐의 경쟁을 멈추고
대안과 해법을 이야기할 때 신뢰를
회복할 수 있을 것입니다.

머리말 :
비판과 냉소를 넘어
대안과 해법으로.

1장

"뉴스를 보면 너무 힘들다."

"신문을 펼쳐 들기가 괴롭다."

한국언론진흥재단과 로이터저널리즘이 펴내는 「디지털 뉴스 리포트」에 따르면 "뉴스를 보지 않으려고 적극적으로 노력한 적이 있다"는 문항에 한국 응답자의 54%가 "그렇다"고 답변했다. 뉴스를 왜 보고 싶지 않았느냐는 질문에 "논쟁에 휘말리기 싫어서"(56%)라는 답변이 가장 많았고 "뉴스를 보면 기분이 나빠져서"(44%), "진실이 아니라서"(26%), "내가 할 수 있는 일이 없어서"(18%) 등이 뒤를 이었다.

우리가 "문제는 비명을 지르지만 해법은 속삭인다(The problems scream, but the solutions whisper)"고 말하는 건 문제가 중요하지 않다는 이야기가 아니다. 문제 제기에서 그치기 때문에 문제가 계속 문제로 남아있고 그래서 독자들을 냉소하게 만들고 문제의 해결에서 멀어지게 만들고 있다는 이야기다. 문제를 드러내는 것이 언론의 역할이고 문제를 정확하게 인식해야 해법을 찾을 수 있지만 문제가 문제에서 멈추면 우리의 질문은 "세상은 왜 이 모양이지?"에서 멈추게 된다. 독자들은 뉴스를 내려놓고 깊은 한숨을 쉬게 될 것이다. "대책 마련이 요구된다"로 끝나는 기사가 언론의 할 수 있는 최선일까. 국회에서 문제를 해결해 줄 때까지 기다려야 하나. 5년마다 한 번 대통령을 잘 뽑는 걸로 이런 문제들을 해결할 수 있을까.

"대책 마련이 요구된다"로
끝나는 기사들.

이 책은 솔루션 저널리즘의 개념을 소개하는 책이면서 저널리즘의

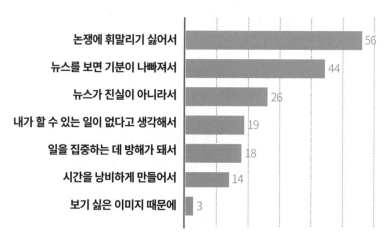

뉴스를 왜 보고 싶지 않느냐는 질문에 대한 답변, 《디지털 뉴스 리포트 2017》.

새로운 역할 모델을 제안하는 책이다. 거듭 강조하겠지만 솔루션 저널리즘은 해법을 만들어 내는 저널리즘이 아니다. 더 많은 질문을 끌어내고 해답을 찾아가는 과정에 대한 저널리즘이다. 미국의 솔루션저널리즘네트워크는 솔루션 저널리즘을 "사회 문제에 대응하는 엄밀한 취재 보도(rigorous reporting about responses to society's problems)"라고 정의하고 있다. 솔루션 저널리즘은 "문제를 드러내는 것 뿐만 아니라 문제 해결 과정에 대한 증거에 기반한 보도 기법(not only spotlights the problems but follows an evidence—based presentation of existing solutions)"을 말한다.

솔루션 저널리즘이란 건 어느 날 갑자기 하늘에서 떨어진 어떤 것이 아니다. 미국이나 덴마크나 프랑스 등에 이런 멋진 게 있으니 우리도 해보자는 것도 아니고 지금까지 우리 언론이 해왔던 것들 말고 다른 어떤 새로운 걸 해보자는 것도 아니다. 사실 확인과 검증, 권력에 대한 감시와 비판은 여전히 중요하고 당연히 더 잘해야 한다. 이 책에서 제안할 문제 해결 저널리즘은 문제에 대한 새로운 접근 방식과 새로운 스토리텔링 방법론이라고 할 수 있다.

얻을 수 있는 최선의 진실.

세상에는 온갖 문제가 있다. 여기에 이것만 하면 돼, 툭 던져 놓을 수 있는 쾌도난마의 해법 같은 건 있을 수 없다. 우리는 마법 같은 해법을 찾는 게 아니라 우리가 할 수 있는 최선의 해법을 찾으려는 것이다.

저널리즘은 칼 번스타인의 표현에 따르면 "얻을 수 있는 최선의 진실 (the best obtainable version of the truth)"에 다가가는 것이다. 솔루션 저널리즘은 한 걸음 더 들어가 해법을 찾으라고 주문한다. 넘쳐나는 팩트가 진실을 가리거나 진실을 왜곡할 때도 많다. 기자들은 중개자가 아니라 의미 부여자가 돼야 한다. 솔루션 저널리즘은 저널리즘의 대안이라기 보다는 저널리즘의 본질을 좀 더 잘 구현하기 위한 방법론이라고 할 수 있다.

5년 전부터 솔루션 저널리즘을 한국에 소개하고 여러 언론인들과 토론에 토론을 거듭하면서 얻은 교훈은 우리에게는 더 많은 질문과 새로운 관점, 방향의 전환이 필요하다는 것이었다. 한국에도 솔루션 저널리즘으로 풀어 쓸 수 있는 기사의 사례는 얼마든지 있다. 다만 해법을 담고 있지만 해법이 전면에 드러나 있지 않은 경우가 많고 해법을 툭 건드렸을 뿐, 깊이 들어가지 않는 기사도 많다. 해법이 기사의 우선순위가 아니고 추가 취재가 이뤄지지 않는 경우가 대부분이다. 해법보다는 문제가 강력하고 문제를 드러내는 것만으로도 기사의 목적을 다했다고 생각하기 때문이다.

이 책에서는 단순히 좋은 기사를 솔루션 저널리즘이나 솔루션 스토리텔링이라고 분류하지 않는다. 좋은 기사는 문제 해결의 아이디어를 담고 있는 경우가 많고 솔루션 스토리텔링 기사가 좋은 기사일 수도 있지만 둘을 구분해서 이야기하는 게 좋을 것 같다. 이 책에서는 단순히 해법을 모색하기 위한 기사가 아니라 실제로 해법을 담고 있거나 해법에 다가가는 기사를 쓰자는 제안을 담았다. 기사의 구성과 스토리텔링 구조를 바꾸고 메시지를 선명하게 드러내는 것만으로도 해법이 될 수 있다고 믿기 때문이다.

거듭 강조하고 싶은 건 세상에 마법 같은 해법은 있을 수 없다는 것이다. 솔루션 저널리즘은 단순히 좋은 보도를 말하는 것도 아니고 훈훈하고 아름다운 미담을 소개하자는 것도 아니다. 알고 보니 세상은 살만한 곳이었어, 이런 믿음을 줄 수 있으면 좋겠지만 그보다는 이렇게 하면 뭔가가 바뀔 수 있겠구나, 우리도 이렇게 하면 되겠구나 하는 아이디어를 전달하고 답을 찾아보자는 제안이다.

변화와 과정을 추적하는
저널리즘.

문제를 이야기하는 기사는 넘쳐나지만 해법을 고민하는 언론은 많지 않았다. 미국 클리블랜드에서는 저소득 계층의 납 중독 문제를 10년 동안 보도한 신문이 있었는데 아무 것도 바꾸지 못했다고 했다. 그래서 찾아보니 로체스터에서 납 중독 사고를 80% 가까이 줄인 사례가 있다. 언론이 답을 내놓지는 못하지만 더 잘하는 곳을 찾고 무엇이 변화를 만드는지 기록하는 것만으로도 문제의 해결에 다가설 수 있다.

15년 전까지만 해도 미국 병원에서 카테터(중앙 정맥관) 감염 사고로 죽는 사람들이 수십만 명이었다. 그런데 샌프란시스코의 한 의사가 카테터 감염을 막기 위한 5가지 가이드라인을 병원에 요청했고 그 결과 그 병원에서는 한 달에 한두 건씩 발생하던 사고가 1년에 한 두건으로 줄었다. 무엇이 변화를 만들었을까. 솔루션 저널리즘은 영웅을 조명하는 게 아니라 변화와 과정을 추적하는 저널리즘이다.

해마다 3000명씩 산업 재해 사고를 당하는 나라에서 이런 게 정말 문제라고 강조하는 것도 당연히 중요하지만 문제를 해결하기 위해 우리가 무엇을 할 수 있는가에 집중하는 저널리즘도 필요하다. 문제를 드러내는 것만으로도 많은 걸 바꿀 수 있지만 누군가는 문제를 해결하기 위해 뛰어들어야 한다. 우리는 그동안 간과돼 왔던 문제 해결 과정과 시행 착오 경험에 더 많은 관심을 기울여야 한다고 생각한다. "목숨이 낙엽처럼 지고 있다"고 한탄할 수도 있지만 산업 재해를 줄이기 위해 무엇을 해야 하는지 질문을 시작해야 한다.

교육 문제는 미국 시애틀에서, 지방 소멸은 스웨덴 말뫼에서, 주택 문제는 미국 샌프란시스코에서, 환경 문제는 영국 런던에서, 또는 다른 어딘가에서 답을 찾고 있는 사람들이 있다. 경북 칠곡에서, 전북 장수에서, 충남 서천에서, 그리고 제주와 부산에서 우리가 알지 못하는 수많은 실험과 도전이 있다. 이런 사례를 소개하면서 남들은 이렇게 잘한다고 감탄하는 데 그치는 게 아니라 과정에 집중하고 한국 사회에 적용할 수 있는 아이디어를 끌어내자는 게 이 책의 목표다.

거듭 강조하지만 언론이 정답을 내놓아야 한다는 이야기가 아니다. 우리 사회에 해법을 모색하고 실험하는 과정에서 언론이 어떤 역할을 할 수 있는지 함께 찾아 보자는 이야기다. 시민 사회 진영과 협업하거나 기존의 취재원들을 떠나 좀 더 아래로 좀 더 현장으로 파고 들어야 해법에 접근할 수 있다. 그래서 문제 해결 저널리즘을 제안하는 것은 기존의 낡은 관행을 극복하고 과정과 맥락을 파고드는 새로운 취재 프로세스와 스토리텔링을 실험해 보자는 제안이기도 하다.

문제의 본질과 구조에 대한
질문이 필요하다.

유럽에서는 덴마크의 컨스트럭티브인스티튜트(Constructive Institute)가 《컨스트럭티브 뉴스》(constructive news, 건설적인 뉴스)라는 이름으로 대안 저널리즘을 실험하고 있다. 뉴스의 부정적인 편향이 독자들을 오히려 뉴스에서 멀어지게 만들고 냉소와 무기력에 빠져들게 한다는 문제의식이다. 유럽에서는 프랑스의 《니스마탱》(Nice Matin)과 《스파크뉴스》(Spark News) 등이 솔루션 저널리즘 기법으로 새로운 뉴스 영역을 개척하고 있다. 영국에서는 BBC와 《가디언》(Guardian)이 솔루션 저널리즘 섹션을 만들고 있다. 솔루션저널리즘네트워크의 데이빗 본스타인 대표는 미국의 《뉴욕타임즈》(New York Times) 칼럼니스트 출신이다.

기자들을 만나서 솔루션 저널리즘을 주제로 이야기하다 보면 "그거 원래 우리가 하던 것 아니냐"거나 "솔루션 저널리즘을 너무 까다롭게 규정하는 것 아니냐"는 이야기를 많이 듣는다. 솔루션저널리즘네트워크에서 강조하는 가이드라인이 지나치게 엄격한 데다 한국에는 솔루션 저널리즘 사례로 이야기할 만한 기사가 많지 않았기 때문이다. 어떤 기자들은 심지어 솔루션 저널리즘을 알고리즘 저널리즘이나 오토메이티드(automated, 자동화) 기사 작성 같은 의미로 오해하거나 그런 느낌을 줄 수 있다는 이유로 거부감을 드러내기도 한다.

이 책에서 강조하고 싶은 걸 세 문장으로 정리하면 이렇다. 우리가 해왔던 것들을 더 잘 하자는 것이다. 그래서 좀 더 엄격하게 문제 뿐만 아니라 문제 이후의 과정에 집중해 보자는 것이다. 솔루션 저널리즘이 대안이라는 게 아니라 추락한 저널리즘의 신뢰를 복구하고 변화의 확신을 불러일으키는 계기가 될 수 있을 것이라고 믿는다.

저널리즘의 신뢰가 바닥없이 추락하는 것은 언론이 언론의 역할을 제대로 하지 못하고 있기 때문이다. 권력을 감시하고 비판하고 부정 부패를 폭로하는 것은 언론의 고유한 사명이지만 갈등을 중계하고 분노를 판매하는 것만으로는 부족하다. 문제에 대한 인식과 접근의 프로세스를 바꿔야 한다. 본질에 대한 고민, 구조에 대한 질문, 반론과 검증, 대안과 해법을 찾는 토론과 참여가 필요하다. 사실에서 출발해 문제의 원인을 분석하고 질문을 끌어내야 한다. 문제를 다시 정의하고 질문과 검증의 반복을 통해 해법을 도출하는 과정이 필요하다. 사람들이 어떻게 현실과 맞서고 어떻게 현실을 바꾸고 있는지, 문제를 드러내는 데 그치지 않고 변화에 대한 희망과 확신을 일깨우는 것이 솔루션 저널리즘의 본질이고 목표다.

아프리카에서 에볼라 바이러스의 희생자가 얼마인지를 보도하는 것만으로는 아무 것도 바꿀 수 없다. 우리에게는 에볼라 바이러스의 확산을 막는 사람들에 대한 이야기와 이들을 돕기 위해 우리가 무엇을 할 수 있는지에 대한 이야기가 필요하다. 아프리카까지 가지 않아도 우리는 주변에 숱하게 많은 문제들을 겪고 있다. 솔루션 저널리즘은 언론이 좀 더 직접적으로 현실에 개입해야 한다는 문제의식을 담고 있다.

좌절하고 절망하는 사람들에게 변화의 희망을 불어넣는 적극적인 저널리즘이 필요하다. 기자가 답을 내놓을 수 없다면 함께 답을 찾아보자고 제안해야 한다. 시민사회 진영과 협업도 필요하다. 끊임 없이 토론을 불러일으키고 참여를 끌어내야 한다. 해법에 집중하는 새로운 접근 방식이 저널리즘을 더욱 충실하게, 민주주의를 더욱 탄탄하게, 그리고 변화를 더욱 앞당기는 과정이 될 수 있다고 생각한다.

우리는 흔히 잘 만든 기획 기사의 마무리가 전문가 좌담이나 인터뷰로 끝나는 경우를 자주 본다. 이대로는 안 된다거나 해법을 마련해야 한다거나 사회적 합의가 필요하다는 등의 거창하고 준엄한 열린 결말을 솔루션 저널리즘이라고 부르지는 않는다. 결국 정치로 풀어야 할 일이고 법을 만들거나 바꿔야 하는 문제라면 우리가 할 수 있는 일은 거의 없다. 대통령을 바꿔서 해결될 문제라면 투표만 잘 하면 된다. 그러나 우리 주변의 많은 문제들이 거대담론이 아니라 디테일의 영역에 있고 제도가 아니라 실천에서 막혀 있는 경우가 많다. 문제를 정확하게 규정하고 본질을 파악하고 해법과 대안에 이르는 과정을 추적하자는 게 솔루션 저널리즘이다.

솔루션 저널리즘은 결과가 아니라 과정에, 현상이 아니라 구조에 관심을 기울이는 접근이다. 수많은 삽질을 했으나 의미있는 해법에 이르지 못할 수도 있고 어렵게 대안을 제시했으나 반향을 일으키지 못할 수도 있다. 개별 언론사 차원이 아니라 여러 언론사가 협업해서 솔루션 저널리즘 프로젝트를 진행할 수도 있을 것이고 단일 프로젝트 단위로 크라우드 펀딩을 하거나 비영리 기금을 조성해 지속적으로 솔루션 저널리즘 프로젝트를 육성하는 방법도 가능할 것이다.

나는 솔루션 저널리즘이 저널리즘의 대안이라고 말하려는 게 아니다. 사실 전달과 의미 부여, 권력에 대한 감시·비판과 공공적인 담론의 생산은 여전히 중요하지만 이것만으로 부족하다는 이야기다. 내가 강조하고 싶은 건 우리 사회가 저널리즘에 좀 더 적극적인 역할을 주문하는 시대로 가고 있다는 것이다. 비판과 냉소를 넘어 변화의 가능성을 보여주고 참여와 실천을 끌어내는 데 저널리즘의 새로운 역할이 남아 있을 것이라 믿는다.

대안 없는
비판과 냉소를 넘어.

이 책을 쓰기까지 많은 사람들을 만나고 인터뷰했다. 2017년 미국 뉴욕에서 열린 국제뉴스미디어협회(INMA) 월드 콩그레스에서 컨스트럭티브인스티튜트의 최고경영자 울릭 하게룹(Ulrik Haagerup)을 만난 게 이 책에 담긴 문제 의식의 출발이었다. 하게룹의 발표가 끝나자 모든 참석자들이 자리에서 일어나 박수를 보냈다.

"부정적인 뉴스는 무관심과 냉소를 부르고 사람들을 공개적인 토론에서 이탈하게 만듭니다. 저널리즘은 현실과 현실의 인식 사이의 필터라고 할 수 있습니다. 저널리즘은 사회가 스스로 교정할 수 있도록 돕는 피드백 메커니즘(feedback mechanism to help society self correct)
이 돼야 합니다. 속보와 탐사 보도 못지않게 중요한 것이 컨스트럭티브
(constructive, 건설적인) 뉴스, 그리고 기회와 가능성에 대한 뉴스입니
다."

솔루션저널리즘네트워크의 데이빗 본스타인을 만난 건 뉴욕에서
돌아오는 비행기가 출발하기 세 시간 전이었다. 마침 뉴욕에 와 있던 아
쇼카코리아 이혜영 대표와 우연히 연락이 닿아 인터뷰를 함께 하게 됐
다. 본스타인은 "저널리즘이 사회에 기여하려면 두 종류의 정보가 필요
한데, 첫째는 부정부패와 스캔들, 위험 요소에 대한 감시와 비판이 될
것이고, 둘째는 더 나은 세상으로 가기 위해 우리가 할 수 있는 일이 무
엇일까에 대한 고민과 해법이 될 것"이라고 지적했다. "무엇이 문제인
지 알아야 하지만 무엇을 해야 하는지에 대해서도 알아야 한다"고 강조
했다.

"흔히 저널리스트들은 감시와 비판을 언론의 가장 중요한 역할이
라고 생각합니다. 실제로 권력과 맞서 싸우는 기자들이 나쁜 사람들을
감옥에 보내고 부패한 대통령을 물러나게 만드는 게 사실이죠. 우리는
저널리스트들이 계속 우리 사회의 부정적인 측면을 부각하면서 정작
해결책을 말하지 않기 때문에 문제를 해결하기보다는 무관심하거나 둔
감하게 만들고 결과적으로 사회에 해악을 끼친다고 생각합니다."

하세롭의 강연에 이어 본스타인과의 만남은 그동안의 기자 생활을
돌아보게 했다. 대안 없는 비판과 냉소, 부정적인 기사의 범람은 한국
역시 다르지 않다. 나 역시 20년 이상 기자 생활을 하면서 권력에 대한

감시와 비판을 기자의 사명으로 생각해 왔다. 아무도 불편하게 만들지 않는 기사는 좋은 기사가 아니라는 선배들의 훈련을 받으며 자랐고 의식적으로 착한 이야기를 경계하고 취재원과는 거리를 뒀다. 일단 뒤집어 보고 문제를 들춰내는 게 천직이라고 생각했다.

본스타인은 "그건 마치 부모가 자식에게 계속 혼만 내고 잘한 일에 대해서는 칭찬은 전혀 안 하는 것과 같다"고 말했다. "사람들이 의료와 교육, 금융 등 정부 공공 부문에 대한 신뢰를 잃는 것도 이와 무관하지 않다"는 이야기다. "미국 사람들이 왜 트럼프를 선택했을까요. 좌절했기 때문입니다." 하게룹의 이야기와도 연결되는 지점이었다. 비판과 폭로만으로 세상이 바뀌지 않는다는 걸 우리는 잘 알고 있다. 오히려 문제 중심의 보도가 독자들이 세상을 보는 필터를 왜곡하고 잘못된 결론으로 이끌 위험이 있다.

하게룹도 비슷한 말을 했다. "권력에 대한 감시와 비판은 언론의 사명이지만 현실에 대한 잘못된 인식을 심어줄 가능성을 경계해야 합니다. 언론이 비판적 기사를 써야 한다는 건 오래된 신화 가운데 하나입니다. 사람들이 더 많은 뉴스를 원한다는 믿음 역시 마찬가지입니다. 사실 우리는 너무 많은 뉴스에 익사할 지경이죠. 누가 더 빨리 보도하느냐, 누가 더 호되게 비판하느냐의 경쟁을 멈추고 대안과 해법을 이야기할 때 신뢰를 회복할 수 있을 것입니다."

전북대학교 교수 강준만은 《미디어오늘》과 인터뷰에서 "요즘은 여론 에너지를 솔루션으로 흐르게 하는 저널리즘, 이른바 솔루션 저널리즘에 꽂혀 있다"고 말했다. 《한겨레》 칼럼에서는 "이제 기자들은 기존의

'권력자 모델'에서 새로운 '봉사자 모델'로 전환할 때가 되었다"고 제안하기도 했다. 내가 솔루션 저널리즘을 한국에 소개했다면 강준만은 여기에 이론을 보완하고 민원해결 저널리즘이라는 실천적 아이디어를 추가했다.

"한국형 솔루션 저널리즘이라고 할 수 있는 민원해결 저널리즘의 장점은 크게 네 가지로 정리할 수 있다. 첫째, 지역발전에 실질적으로 기여할 수 있다. 공공적 차원에서 민원의 공론화는 기존의 불합리한 법과 조례와 관행을 바꿀 수 있다. 공론화 없이 개인적 차원에서 해결하는 것은 제도 개혁으로 이어지기 어렵다. 둘째, 지역민의 지역언론에 대한 관심과 신뢰를 제고할 수 있다. 지역 언론의 가장 큰 문제는 지역민의 무관심이다. 물론 그건 지역의 서울 종속이라는 근본적인 이유 때문이지만 심리적으로 더 악화되는 것만큼은 막아야 한다. 셋째, 지역언론의 지역밀착성 보도를 강화할 수 있다. 지역 언론은 생활과는 동떨어진 '거대 이슈'에 치중하면서 자주 '홀대', '소외', '낙후'를 외치는 '나쁜 뉴스' 생산에 주력하고 있다. 중앙 권력자, 고위 관료, 지역 정치인들의 각성을 촉구하는 좋은 뜻에서 그러는 것이겠지만, 오히려 그런 뉴스가 지역 주민들의 무력감을 키워 '지방소멸'을 부추기는 건 아닌지 생각해봐야 하지 않을까? '작은 것이 더 중요하다'와 '한번 보도한 건 끝까지 책임진다'는 자세를 가질 필요가 있다. 넷째, 민원해결 저널리즘은 큰 갈등 없이 거의 모든 사람들로부터 박수를 받을 수 있다. 비리를 캐내고 불의를 파헤치는 폭로 저널리즘과는 달리 언론사에서 마음만 먹으면 큰 비용을 들이지 않고 비교적 쉽게 실천에 옮길 수 있다는 것이다."

내가 제안하는 문제 해결 저널리즘과 강준만의 민원해결 저널리즘은 좀 거리가 있다고 생각하지만 결국 맞닿아 있다고 생각한다. 강준만의 민원해결 저널리즘은 좀 더 현실의 문제에 관심을 기울이라는 제안이라면 나는 굳이 당장 해결 가능한 문제에 뛰어들기 보다는 거대하고 복잡한 문제라고 하더라도 구조적인 원인을 파악하고 단계적으로 접근한다면 해법에 다가갈 수 있을 것이라는 믿음을 갖고 있다. 이 책에서 이 이야기를 하려고 한다.

이 책은 크게 다섯 가지 흐름으로 구성돼 있다. 첫째, 솔루션 저널리즘을 비롯한 참여와 대안 저널리즘의 논의를 소개한다. 둘째, 솔루션 저널리즘의 여러 실험과 사례를 살펴본다. 셋째, 한국 언론의 지형과 해결 지향 보도의 현황을 이야기한다. 넷째, 시스템 싱킹과 저널리즘 싱킹, 해커톤 방법론 등의 몇 가지 실행 가능한 프로세스를 소개한다. 다섯째, 구체적인 솔루션 저널리즘 실행 매뉴얼과 가이드라인을 제안한다.

이 책은 아내 이경숙 기자 덕분에 썼다. 사회적 기업 이로운넷의 대표를 지냈던 아내는 솔루션 저널리즘의 아이디어를 주고 방향을 잡는데 큰 도움을 줬다. 그리고 딸 이선유가 더 나은 세상에 살기 바라는 마음으로 이 책을 썼다.

전북대학교 강준만 교수님과 숙명여자대학교 이미나 교수님, 제주대학교 안도현 교수님, 카이스트 과학저널리즘대학원 김영욱 교수님, 솔루션저널리즘네트워크의 이규원 연구원님, 한국언론진흥재단의 진민정 연구위원님께도 많은 도움을 받았다. 데이빗 본스타인과 인터뷰를 주선해 준 아쇼카코리아 이혜영 대표와의 고마운 인연도 언급하고 싶다.

귀한 기회를 주시고 오래 기다려 주신 한국언론진흥재단 이미현 과장님과 인물과사상사 강준우 대표님, 편집을 도와주신 김창한 씨와 김지영 씨에게도 감사 말씀을 남긴다. 박용성과 김종화, 당신들과 술을 좀 덜 먹었다면 이 책이 조금 더 빨리 나왔을 수도 있겠지만 그래도 그만큼 생각이 무르익었으리라 믿는다.

무엇보다도 《미디어오늘》의 동지들이 이 책의 문제의식을 키우는 데 큰 도움이 됐다. 나는 《미디어오늘》에서 저널리즘의 원칙을 배우고 뉴스의 이면과 사실 너머의 진실을 추적하는 훈련을 했다.

이 책을 내 어머니와 이 땅의 모든 어머니들에게 드린다.

" 너무 좋아 보이는 것은 실제로 그렇지 않을 수 있고 너무 나빠 보이는 것 역시 실제로 그렇지 않을 수 있다." 우리가 알고 있는 것이 전부가 아닐 가능성과 전달 방식 때문에 외면 당할 가능성을 함께 고민해야 한다. 진실을 재단하고 규정할 수 있다고 믿는 기자들의 기묘한 선민의식과 엘리트주의가 독자들을 멀어지게 만들었던 게 아닌가 돌아볼 필요도 있다. "

왜 지금
솔루션 저널리즘인가.

2장

소설가 김훈이 2019년 5월, 「아, 목숨이 낙엽처럼」이라는 제목의 칼럼을 《한겨레》에 썼다. 건설 현장에서 추락사하는 노동자가 해마다 270명 이상이라고 한다. 김훈은 "이 사태가 계속되는 한 4차 산업이고, 전기자동차고 수소자동차고 태양광이고 인공지능이고 뭐고 서두를 필요 없다고 생각한다"면서 "사람들이 날마다 우수수우수수 낙엽처럼 떨어져서 땅바닥에 부딪쳐 으깨지는데, 이 사태를 덮어두고 한국 사회는 어디로 가자는 것인가"하고 개탄했다.

**땅을 치며 우는 것 말고,
우리가 해야 할 일.**

《경향신문》은 2019년 11월, '매일 김용균이 있었다'는 기획 기사를

우리에게는 너무 많은 문제가 있지만 해법에 대한 이야기는 부족합니다.

냈다. 1년에 1692명의 노동자들이 산업재해로 죽는다고 한다. 《경향신문》 기사의 제목 그대로 어제도 3명이 퇴근하지 못했고 오늘도 3명이 퇴근하지 못할 것이다. 김훈은 특별 기고에서 "말로 해서는 안 된다는 걸 알면서도 말을 할 수밖에 없으니 더욱 참담하다"면서 이렇게 칼럼을 마무리했다. "땅을 치며 울고, 뒹굴면서 운다. 아이고 아이고."

2018년 12월, 우여곡절 끝에 김용균법이 통과됐지만 여전히 "김용균법에 김용균이 없다"는 말이 나올 정도로 법의 구멍이 많다. 다단계 하도급을 근본적으로 차단하지 않는 이상 책임의 공백이 여전하고 근본적으로 '죽음의 외주화'를 막을 수 없다는 지적도 나온다. 우리는 법을 바꾸고 제도를 만들 수 있지만 그것만으로 세상이 바뀌지 않는다는 사실을 인식해야 한다. 문제를 드러내는 것은 매우 중요하지만 많은 문제들이 드러난 그대로 문제로 남아있는 경우가 대부분이다.

우리는 절망을 공유하고 함께 분노할 수 있지만 좀 더 나은 세상을 만들기 위해 구체적이고 실질적인 무엇인가를 할 수 있기를 바란다. 인도네시아의 암벽 등반 전문가 해리 술리챠토(Harry Suliztiarto)도 그랬을 것이다. 인도네시아에서는 산재 사망 노동자가 하루 7명 꼴인데(한국보다 많다) 가장 큰 사망 원인이 추락 사고라고 한다. 인건비가 낮기도 하고 안전 장비를 보급하는 것보다 사망 보상금을 지급하는 게 더 싸다는 인식 때문이다.

술리챠토는 자신이 가장 잘 할 수 있는 일을 했다. 높은 곳에서 몸의 균형을 잡고 움직이면서 매달릴 곳을 확보하도록 사람들을 가르치는 것. 어떻게 빨리 안전벨트를 풀거나 묶을 수 있는지 노하우를 알려주고 설득하는 것. 그래서 공사 현장을 찾아다니면서 노동자들을 대상으로 암벽 등반 대회를 열었다. 안전 장비가 작업 효율을 떨어뜨린다는 편견을 깨기 위해 노동자의 아내들을 상대로 안전 교육 캠페인을 벌이기도 했다. 안전을 소홀히 한 대가가 어떤 것이 될 것인지 가족들이 나서서 설득하게 만든 것이다. 등반 장비를 개조해 산업용 안전 장비를 만들어 보급하고 인증을 받아 가격을 낮췄다. 안전 기준을 확보한 업체의 보험료를 깎아주도록 보험회사들과 협상을 벌였다.

우리는 법을 만들거나 제도를 바꾸기 위해 싸우지만 법과 제도로 풀 수 없는 현장의 문제가 있다는 걸 알고 있다. 슈퍼 히어로가 지구를 지켜준다면 우리가 할 수 있는 일은 없다. 법을 만들어서 해결할 수 있는 문제라면 국회의원만 잘 뽑으면 된다. 시민들은 구경하고 박수만 치면 된다. 그러나 우리가 삶에서 부딪히는 많은 문제들은 국회가 잘 돌아가기를 기다려서 해결될 문제가 아니다. 대통령을 바꿔서 세상이 달라진다면 좋겠지만 많은 문제들은 누군가가 손을 대야 비로소 바뀐다. 술리챠토의 이름을 기억하지 않더라도 당장 변화를 위해 무엇을 해야 하는지 문제 해결 방식을 기억하고 여기에서 아이디어를 얻어야 한다.

슈퍼 히어로가
지구를 지켜주는 게 아니다.

생리대 살 돈이 없어서 운동화 깔창을 생리대로 쓴다는 학생의 이야기가 알려진 게 2016년이다. 수많은 기사가 쏟아졌지만 그 뒤로 무엇이 달라졌을까. 이른바 '생리 빈곤'을 겪는 학생들이 10만 명이라는 기사도 있었다.

한국 정부가 저소득층 여성 청소년들에게 생리대를 지원하기 시작한 게 2016년 10월부터다. 보건소에 직접 방문해서 3개월 분 108개의 생리대 묶음을 받아가는 방식이었는데 이 과정에서 프라이버시가 노출된다는 비판이 있었다. 2019년 1월부터는 바우처를 지급하고 슈퍼에서 구매하는 방식으로 바꿨지만 역시 가난을 인증해야 생리대를 받을 수 있다는 조건은 달라지지 않았다. 정부는 "개개인의 생리 주기 뿐만 아니라, 개인의 선택권을 존중하기로 한 결과"라고 설명했다. 차상위 계층이나 한 부모 가족 지원 대상자, 의료수급자 등만 지원을 받을 수 있기 때문에 조건이 맞지 않으면 당장 생리대가 필요해도 도움을 받을 수 없다.

게다가《한국일보》등의 보도에 따르면 생리대 지원을 신청해서 받는 비율이 62.6%에 그쳤다. 월 1만 1500원의 생리대 살 돈도 없다는 수치심과 낙인을 꺼리기 때문이라는 분석이다. 여성가족부에 따르면 이 비율이 2020년에는 87%까지 올라갔다고 밝혔다. 생리대가 없으니 생리대를 주자는 건 근본적인 해법이 아니다. 과정에 대한 이야기가 없기 때문에 여전히 문제가 문제로 남아있는 것이다.

《더스쿠프》와 인터뷰한 여성단체 활동가는 이렇게 말했다. "지원사업이 시작된 지 수년째지만 아직도 사업을 몰라서, 혹은 아무도 챙겨주지 않아서 (생리대를) 받지 못하는 아이들이 있어요. 보호자가 이를 알고 있어야 하는데, 그러지 못하는 경우가 많죠. 지원 금액도 중요하지

오늘도 3명이
퇴근하지 못했다
경향신문.

만 더 많은 아이들이 혜택을 받도록 하는 게 먼저입니다." 서울시의회 의원 권수정은 MBC와 인터뷰에서 이렇게 말했다. "청소년 시기에 '나 가난해요, 생리대를 받아야 해요, 국가가 주셔야 해요'라고 하면서 받으러 가는 것 자체가 너무 힘든 겁니다."

영국에서도 생리대 살 돈이 없어서 양말을 말아서 팬티 안에 넣고 다닌다는 학생의 사례가 알려져 충격을 준 적이 있었다. 학교에 결석하는 학생들의 사연을 알아봤더니 생리대 살 돈이 없어서 학교에 나오지 못했다는 이야기다. '프리덤 포 걸스(Freedom4Girls)'라는 시민단체가 이 문제를 공론화했고 BBC가 보도했다. 멀리 케냐에 생리대를 보내던 시민단체들이 주변을 돌아보기 시작했다. 생리대가 없어 학교에 가지 못했던 학생이 13만 7000여 명, 14세에서 21세 사이의 영국 여성 10명 가운데 1명 꼴로 나타났다.

다른 나라들도 비슷한 문제로 고민하고 있다. 스코틀랜드는 2018년 8월부터 달마다 39만 5000여 명의 여학생들에게 생리대를 무상 지원하고 있다. 스코틀랜드 정부는 당시 약 520만 파운드(680만 달러) 기금을 자체적으로 마련해 생리대 구입 비용을 충당했다. 뉴질랜드는 2021년 8월부터 초등학교부터 고등학교까지 모든 학생들에게 생리대를 무상 지급하기로 했다. 필요한 예산은 연간 2500만 뉴질랜드 달러, 한국 원화로 200억 원 규모다.

《투데이신문》에 따르면 만약 서울시의 모든 여성 청소년들에게 생리대를 무상 지급할 경우 지원 대상이 1만 7000명에서 32만 5000명으로 늘어나, 예산이 411억 원 가까이 필요하게 된다. 《경기일보》에 따르

면 여성가족부 지원 사업을 신청한 13만 명 가운데 3만 명이 포인트를
전혀 쓰지 않았는데 그 이유를 '저소득층 낙인에 대한 부담 우려'라고 꼽
고 있다. 학교와 도서관 등에 무상으로 생리대를 비치하고 지원 대상을
11세 이하로 낮춰야 한다는 지적도 나온다.

'누가' '무엇을'이 아니라 '어떻게'에 집중하라.

이 책에서 계속 강조하겠지만 솔루션 저널리즘은 언론에 해법을 내
놓으라고 요구하는 것이 아니다. 우리가 고민하고 있는 문제에 누군가
가 이미 해법을 찾았을 수도 있고 실패를 겪었거나 새로운 아이디어를
얻었을 수도 있다. 솔루션 저널리즘은 지금까지 없던 새로운 어떤 것을
해보자는 게 아니다. 문제를 드러내는 것 못지않게 문제 해결 과정에 집
중하고 시행착오와 실패의 경험에서 배우자는 것이다. 현장을 대하는
태도뿐만 아니라 스토리텔링의 관점과 순서를 바꾸자는 제안으로 이해
하면 좋을 것 같다.

중요한 것은 지금도 누군가는 세상을 바꾸기 위해 노력하고 있고
실제로 세상이 느리게나마 바뀌고 있다는 것이다. 무엇이 어떻게 바뀌
고 있는지를 알면 무엇을 해야 하는지도 알게 된다. 솔루션 저널리즘은
언론이 비판과 냉소를 넘어 대안과 해법을 제안하는 단계까지 나가야
한다는 문제의식에서 출발한다. 권력을 감시·비판하고 부정과 부패를
들춰내는 게 전통적인 저널리즘의 사명이지만 넘쳐나는 부정적 보도가

오히려 독자들을 뉴스에서 멀어지게 만들고 현실에 대한 잘못된 인식을 형성하게 할 수 있다는 점을 경계해야 한다.

비참하고 암울한 이야기는 세상에 얼마든지 넘쳐난다. 그런데 정작 우리가 무엇을 할 수 있는지에 대한 이야기는 찾아볼 수 없다. 깔창 생리대 보도 이후 저소득 가구 청소년에게 생리대 기부가 이어지고 있다는 보도도 있었고 생리대 지원 사업을 제도화하는 법안도 발의됐다. 많은 사람들이 뉴스를 소비하면서 분노하거나 적당히 안심하고 쉽게 잊는다. 세상을 바꾸는 건 대통령과 국회가 알아서 할 일이라고 생각하면 우리는 4년이나 5년 만에 투표를 잘하는 것 외에 할 수 있는 일이 없다.

솔루션 저널리즘은 해법을 소개하라는 것도 아니고 대안을 제시하라는 것도 아니다. 해법을 고민하고 실험하고 대안을 모색하는 사람들의 이야기를 추적하고 매뉴얼로 만드는 과정을 기록하라는 것이다. 솔루션 저널리즘은 미담도 아니고 영웅 이야기도 아니다. 사람에 집중하면 감동하거나 존경하는 걸로 끝난다. 이들의 시행착오를 기록하고 사례와 데이터로 복제 가능한 해법을 끌어내는 게 솔루션 저널리즘의 목표다.

생리대 기부가 이어지고 있다는 것만으로는 부족하다. 실제로 생리대를 살 형편이 안 되는 학생들을 어떻게 찾았는지, 구체적으로 생리대를 누구에게 얼마나 기부 받아서 누구에게 어떻게 전달했으며 그 과정에서 프라이버시 침해나 개인 정보 유출의 문제는 없었는지, 예산은 어떻게 확보했는지, 그 결과 무엇이 어떻게 바뀌었는지를 기록해야 비로소 복제 가능한 해법이 된다. 이렇게 하면 되겠구나 하는 가능성을 확인하고 공유하자는 이야기다.

솔루션 저널리즘은 사소한 것부터 시작할 수도 있다. 미국에서 흑인 아이들의 건강이 상대적으로 더 안 좋다는 보도는 많았지만 라디오 채널 PRI(퍼블릭라디오인터내셔널)는 특별히 샌프란시스코 공립 병원의 산전 프로그램의 시행착오에 주목했다. 이 병원은 이주 여성들을 직접 방문하면서 산전 검진을 실시했고 자연 분만과 모유 수유 비율을 크게 높일 수 있었다. 아이들의 조기 사망률이 낮아졌고 산모들의 산후 우울증도 크게 줄어들었다.

《우먼스뉴스》에 따르면 미국에서 흑인 산모들의 모유 수유 비율은 59% 밖에 안 된다. 백인은 75%, 히스패닉은 80%다. 신생아 생후 6개월 동안 모유 수유만 하는 비율은 흑인 산모가 30%, 백인은 47%, 히스패닉은 45%로 차이가 크다. 소득이 낮은 흑인 가정의 아이들이 병에 더 잘 걸리고 영아 사망률도 높다. 이유가 뭘까. 《우먼스뉴스》는 문제의 원인을 세 가지로 분석한다. 첫째, 흑인 여성들이 저임금 노동에 종사하느라 산모 교육을 못 받기 때문이기도 하고 둘째, 노예 시절부터 흑인 유모에 대한 뿌리 깊은 편견이 남아있기 때문이기도 하다. 셋째, 분유가 더 아이들 건강에 좋다는 잘못된 오해도 있었다. 딸이 아이를 낳으면 분유를 선물하는 게 유행이라고 할 정도였다.

디트로이트 세인트존스메디컬센터에서는 2011년부터 흑인 여성들을 대상으로 '산모 교육(Mother Nurture)' 프로그램을 진행하고 있다. 아이를 낳은 경험이 있는 흑인 여성들이 다른 흑인 여성들을 찾아가 왜 모유 수유가 필요한지 설명하고 아이를 안는 방법부터 젖을 짜는 방법까지 디테일을 교육하는 프로그램이다. 결과는 놀라웠다. 대부분이 흑인인 이 병원 산모들의 모유수유 비율이 46%에서 4년 만에 64%로 뛰어올랐다.

문제는 명확하지만 해법을 찾는 과정은 모호하고 불확실하다. 단순히 성공 사례를 소개하는 데 그치지 않고 구체적인 사례와 위험 요인, 다양한 변수를 제시해야 하고 추세적인 변화와 성과를 숫자로 입증하고 어쩌다 나타난 효과가 아니라는 사실을 검증해야 한다. 이 경우 어떻게 임신부들을 프로그램에 참여하게 만드는가가 핵심이고 어떤 프로그램이 어떤 변화를 불러왔는지 또는 어떤 프로그램은 왜 실패했는지 추적하고 비교하면서 매뉴얼까지 제시해야 한다. 그래야 비로소 솔루션이라고 할 수 있다. 이 기사는 이 책의 뒷부분에서 좀 더 구체적으로 분석할 계획이다.

좋은 질문이 우리를
해법으로 이끈다.

거대 제약회사들이 에이즈 치료약으로 폭리를 취하고 있다는 비판 기사를 쓸 수도 있지만 어떻게 싼 값에 에이즈 치료약을 보급할 수 있고 누구에게 어떻게 그 약을 보내줄 수 있는지, 그리고 어떻게 참여할 수 있는지에 대해 쓴다면 실제로 몇 명의 목숨을 구할 수 있다. 저소득 계층의 납 중독 실태를 보도하는 데 그치지 않고 이들이 어떻게 보상을 받아내고 어떻게 재발 방지 대책을 세웠는지 보도한다면 다른 지역과 다른 나라에서도 따라할 수 있게 된다.

나는 모든 언론이 솔루션 저널리즘에 뛰어들어야 한다는 이야기를 하려는 게 아니다. 솔루션 저널리즘이 저널리즘의 모델이라고 말하려는 것도 아니다. 여기까지는 솔루션 저널리즘이고 여기서부터는 아니라고 선을 긋거나 새롭게 뭔가를 규정하려는 것도 아니다. 솔루션 저널리즘이 주류 저널리즘의 한계를 보완하고 영역을 확장하는 하나의 방법이 될 수 있다는 제안으로 이해하면 될 것 같다.

사실 지난 몇 년 동안 솔루션 저널리즘을 주제로 강의하고 사람들을 만나고 글을 쓰면서 조사한 결과, 한국 언론에는 정확히 솔루션 저널리즘 사례로 인용할 만한 기사가 많지 않았다. 그러나 스토리텔링의 구조와 접근 방식을 조금만 바꿔도 솔루션 저널리즘으로 고쳐 쓸 수 있는 기사가 얼마든지 있다. 솔루션 저널리즘은 스토리텔링 구조를 바꾸는 실험이기도 하고 뉴스룸의 조직 문화를 바꾸는 도전이기도 하다. 문제를 강조하는 보도 관행을 넘어서서 해법에 대한 고민을 녹여 넣고 관점을 확장하는 것만으로도 많은 것이 달라질 수 있다.

우리는 먼저 한국 사회의 문제를 500개쯤 뽑는 작업부터 시작할 수 있을 것이다. 거꾸로 500개의 질문으로 시작할 수도 있을 것이다. 최근 5년 동안 일회용품 사용량이 가장 많이 줄어든(가장 적게 늘어난) 도시는 어디인가? 성적 상위와 하위의 격차가 가장 낮은 고등학교는 어디인가? 최저 임금 위반 적발 건수가 가장 많은 지방자치단체는 어디인가? 공무원 1인당 초과 근무 수당 지출이 가장 많은 지방 정부와 가장 적은 지방 정부의 차이는 무엇인가? 고등학교 중퇴율이 최근 5년 사이에 가장 많이 줄어든 학교는 어디인가?

현장을 파고 들면 누군가가 이미 해답에 근접해 있을 수 있고 누군가의 실패가 반면교사가 될 수도 있다. 해답을 찾는 사람들을 만나라는 이야기다. 그래서 솔루션 저널리즘은 데이터 저널리즘일 수도 있고 그 자체로 탐사 보도일 수도 있다. 탁상공론이나 전문가들의 따옴표 저널리즘이 아니라 현장에서 부딪히는 사람들을 찾고 그들의 작은 성공과 실패를 추적하면서 문제의 구조를 드러내고 사회적 해법에 다가가는 과정을 솔루션 저널리즘이라고 불러야 한다.

중요한 것은 이 정도면 됐다는 선에서 멈추지 않고 실제로 문제를 해결하기 위해 무엇이 필요한지 고민하는 사람들과 함께 해야 한다는 것이다. 누가 했느냐(whodunit)가 아니라 어떻게 했느냐(howdunit)에 초점을 맞추라는 것이다. 적당히 선언하거나 결론을 내리지 말고 독자들에게 영감을 불러일으키고 실제로 행동할 수 있도록 우리가 무엇을 할 수 있는가, 무엇을 어떻게 해야 하는가, 끊임없이 질문을 던지라는 것이다.

솔루션 저널리즘에 대한 몇 가지 오해를 다섯 가지로 정리해 봤다.

첫째, 감시와 비판, 의제 설정은 여전히 저널리즘의 핵심 사명이고 지금보다 더욱 강화돼야 한다. 언론이 좀 더 적극적으로 문제 해결 과정에 참여하자는 제안을 감시와 비판을 소홀히 해도 된다거나 중요하지 않다는 이야기로 오해해서는 곤란하다. 솔루션 저널리즘은 오히려 문제를 정확하게 인식하고 규정할 때 해법에 다가갈 수 있을 거라는 믿음에서 출발한다. 문제의 구조를 드러내고 본질을 파고드는 게 솔루션 저널리즘 방법론의 핵심이다.

둘째, 문제를 들춰내는 걸 그만두고 해법으로 넘어가자는 이야기가 아니다. 사회평론가 박권일이 《한겨레》 칼럼에서 지적했듯이 질문을 잘 던지는 것은 매우 중요하다. 질문을 버리고 해답을 찾자는 게 아니라 질문에 그쳐서는 안 된다는 것이고 최선의 해법을 찾기 위해서라도 좋은 질문이 필요하다는 같은 이야기를 하고 있는 것이다.

셋째, 솔루션 저널리즘은 기자가 주인공이 되는 이야기가 아니고 문제를 해결하는 사람을 다루는 이야기도 아니다. '누가 했느냐' 보다 '어떻게 했느냐'에 집중하되, 과정을 기록하고 변화를 추적하자는 제안으로 이해하면 될 것 같다. 핵심은 확장성(scalability)과 복제 가능성(replicability)이다. 이런이런 사례가 있었다는 데 그치지 않고 이렇게 하면 바뀌겠구나 하는 확신을 주고 따라할 수 있는 매뉴얼이 될 수 있어야 한다는 이야기다.

넷째, 언론이 문제 해결의 주체로 나서라는 말이 아니다. 언론이 해법을 내놓을 수도 있겠지만 역할을 명확하게 할 필요가 있다. 솔루션 저널리즘은 해법을 찾는 과정에 집중하는 취재 방법론이다. 언론이 현실을 규정하고 결론을 던지기 보다는 현장에서 시행착오를 겪으면서 답을 찾는 사람들의 이야기를 듣고 변화를 추적하면서 최선의 해법을 모색하는 과정에 언론이 참여하는 것이다.

다섯째, 솔루션 저널리즘은 취재 프로세스의 변화를 요구한다. 사회적 해법을 모색해야 한다는 등의 원론적인 거대 담론이나 대학교수 인터뷰나 전문가 좌담으로 끝나는 기획 기사를 솔루션 저널리즘이라고 부르지 않는다. 데스크가 "이거 이 사람들에게 물어봤어?", "이런 거 어디 좀 잘하는 데 없을까?"하고 묻는 것만으로도 많은 게 달라질 수 있다. 지금까지 만나지 않았던 취재원들을 만나야 하고 하지 않았던 질문을 던져야 한다.

이를 테면 '지방 소멸'을 주제로 솔루션 저널리즘 프로젝트를 시작한다면 소멸 위기에 놓인 여러 지방 정부의 실험을 단순히 소개하거나 나열하는 데 그치지 않고 한계와 성과를 기록하고 선택 가능한 다양한 해법을 모색할 수 있을 것이다. 해법을 중심에 두는 것만으로도 접근 방식이 달라지고 스토리텔링의 구조가 달라진다. 그래서 나는 솔루션 저널리즘이 탐사 저널리즘이 돼야 하고 데이터 저널리즘과도 결합해야 한다고 강조하곤 한다.

분노 산업을 넘어, 새로운 전망을 이야기하자.

우리는 목숨이 낙엽처럼 떨어진다고 탄식하는 걸 넘어 뭔가를 해야 한다. 정치가 할 일이 있고 시민 사회가 할 일이 있고 언론이 할 일이 또 있다. 생리대 살 돈이 없는 학생들이 10만 명이라는 사실을 알리는 것뿐만 아니라 이 문제를 해결하기 위해 우리가 무엇을 했으며 무엇이 바뀌었고 무엇이 바뀌지 않았는지를 기록하고 아직 남아있는 문제가 무엇인지를 추적해야 한다.

전북대학교 교수 강준만이 지적한 것처럼 솔루션 저널리즘은 자칫 주창 저널리즘(advocacy journalism)이나 감상주의로 흐를 위험이 있다.

솔루션을 찾겠다는 시도 자체가 단순화의 위험을 안고 들어가는 것이기도 하다. 손쉽게 감동적인 미담이나 영웅 만들기에 빠질 위험도 경계해야 한다. 이런 접근 방식은 언뜻 해법처럼 보이지만 독자들을 더욱 냉소 또는 방관하게 만들고 해법에 접근하기 어렵게 만든다.

숙명여자대학교 이미나 교수는 SBS문화재단이 발행한 연구 보고서 「분노 산업을 넘어서: 국민 갈등 해소를 위한 솔루션 저널리즘의 실천」에서 "솔루션 저널리즘의 목표는 명확하지만 그에 대한 정의는 여전히 미완성이고, 실천 방안들도 실험적인 수준"이라고 지적한 바 있다. "솔루션 저널리즘이 비판적 기사에 길들여진 독자들의 외면 속에서 실패한 운동으로 잊혀질지 아니면 보다 다양한 시도를 통해 주류 저널리

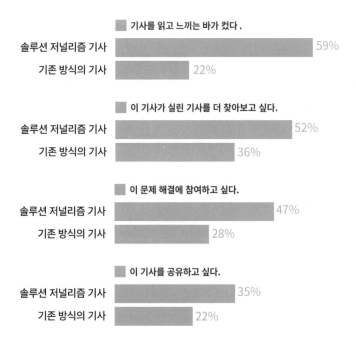

■ 기사를 읽고 느끼는 바가 컸다.

솔루션 저널리즘 기사 · · · · · · · · · · · · · 59%
기존 방식의 기사 · · · 22%

■ 이 기사가 실린 기사를 더 찾아보고 싶다.

솔루션 저널리즘 기사 · · · · · · · · · · · 52%
기존 방식의 기사 · · · · · 36%

■ 이 문제 해결에 참여하고 싶다.

솔루션 저널리즘 기사 · · · · · · · · · · 47%
기존 방식의 기사 · · · · 28%

■ 이 기사를 공유하고 싶다.

솔루션 저널리즘 기사 · · · · · · · 35%
기존 방식의 기사 · · · 22%

즘의 한 줄기로 자리잡게 될지 여부를 판단하기는 아직 이르다"는 이야 기다. 이미나 교수는 다만 "솔루션 저널리즘의 등장이 사회적 무기력증 과 언론 불신에 대한 경각심을 일깨워 우리 언론의 새로운 전기를 마련 하는 계기가 될 수 있을 것"이라고 덧붙였다.

솔루션저널리즘네트워크가 2020년 6월, 100여 명의 언론인을 대상 으로 설문조사를 한 결과도 흥미롭다. 한 언론사 편집장은 "솔루션 저 널리즘이 기자들에게 희망을 주고 동기를 부여한다"고 답변했다. 여러 언론사에서 솔루션 저널리즘이 독자들의 인게이지먼트를 강화하는 데 도움이 됐다고 답변했다. 다른 한 언론사 기자는 "뉴스에 지친 독자들 이 뉴스에 좀 더 관심을 갖고 참여하게 된다"고 말했다. LGBTQ+ 이슈 를 다루는 《벅아이플레임》(Buckeye Flame)의 에디터 켄 슈넥(Ken Sch- neck)은 "트렌스젠더를 위한 온라인 상담 서비스를 기사로 다뤘더니 가 입 문의와 등록이 급증했다"고 말했다. 솔루션 저널리즘 프로젝트를 진 행하고 있는 언론사의 3분의 1 이상이 수익이 늘어났다고 답변한 것도 흥미롭다.

솔루션 저널리즘에 대한 반응을 물어보는 설문 조사도 있었다. 755 명의 미국 성인들을 대상으로 3가지 주제에 각각 솔루션 저널리즘 기사 와 통상적인 스트레이트 기사, 두 가지 유형의 기사를 보여주면서 어느 기사를 더 선호하느냐고 물었다. "기사를 읽고 느끼는 바가 컸다"는 답 변이 솔루션 저널리즘 기사는 59%, 기존 방식의 기사는 22%에 그쳤다. "이런 주제의 기사를 더 찾아보고 싶다"는 답변도 솔루션 저널리즘 기 사가 52%, 기존 방식의 기사는 36%로 차이가 컸다. "문제 해결에 참여하고 싶다"는 답변과 "이 기사를 소셜 미디어에 공유하고 싶다"는 답변이 솔루션 저널리즘 기사는 각각 47%와 35%로 높게 나타났다. 기존 방식의 기사는 28%와 22%에 그쳤다. 같은 기사를 스토리텔링의 순서를 바꾸고 주제를 고쳐 쓰는 것만으로도 열독률이 크게 뛰어오르더라는 이야기다.

> 우리가 쓰는 기사에는 누가(who),
> 언제(when), 어디서(where),
> 무엇을(what), 왜(why), 어떻게
> (how) 등의 사실이 충실하게
> 담겨 있다. 사실은 사실 그것만으
> 로도 힘이 있다. 그러나 여기서
> 좀 더 나가서 이제 우리가 무엇을
> 해야 하는가(What Now)에
> 대한 이야기를 해보자는 것이
> 솔루션 저널리즘이다.

비판과 냉소를 넘어,   ● 3장
이제 무엇을 할 것인가.

소설가 조지 오웰이 이런 말을 했다. "저널리즘은 다른 누군가가 발
행되기를 원하지 않는 것을 발행하는 일이다. 그 외에 모든 것은 홍보일
뿐이다. (Journalism is printing what someone else does not want printed.
Everything else is public relations.)"

기자들은 흔히 언론의 사명이 권력을 감시하고 비판하는 것이라
생각한다. 조지 오웰처럼 누군가를 불편하게 만드는 게 저널리즘이고
문제를 들춰내는 게 언론의 책무라고 생각한다. 솔루션 저널리즘을 시
작하기에 앞서 언론인들이 부딪히는 가장 큰 장벽도 이런 편견을 극복
하는 것이다. 누군가를 홍보하는 것이 솔루션 저널리즘이 아니고, 해법
과 동시에 근거와 한계를 제시해야 한다는 가이드라인이 있지만 많은
언론인들이 문제 중심의 보도 관행에서 벗어나지 못하고 있는 게 현실
이다.

언론이 답을
내놓아야 한다는 게 아니다.

솔루션 저널리즘은 언론이 답을 내놓아야 한다는 문제 의식이 아니다. 정확하게는 '솔루션 포커스드 저널리즘(solution focused journalism)'이라고 할 수 있다. 그러니까 해법을 이야기하는 저널리즘이라기 보다는 해법에 집중하는 저널리즘, 해법을 모색하는 저널리즘에 가깝다. 문제를 다루는 보도는 이미 넘쳐나니까 그 문제에 대한 답을 찾는 과정을 다루는 보도가 필요하다는 문제 의식에서 출발한다.

미국의 솔루션저널리즘네트워크(Solutions Journalism Network)의 이름이 '솔루션'이 아니라 '솔루션스(solutions)'라고 돼 있는 것도 중요한 포인트다. 하나의 완결된 해법이 아니라 여러 다른 해법들 가운데 최선을 찾는 것이고 그래서 해법 보다는 해법에 이르는 과정이 더 중요하다는 의미다.

솔루션저널리즘네트워크가 '엄밀한(rigorous)' 접근을 거듭 강조하는 건 사회가 어떻게 나아질 수 있는지에 대한 데이터와 증거, 구체적인 정보를 알려줘야 한다고 보기 때문이다. 단순히 좋은 기사를 쓰자는 게 아니라 솔루션 저널리즘의 문제의식에 집중하면서 적극적으로 과정을 추적해보자는 의미다.

2021년 11월 1일, '감염병 보도와 해결 지향 저널리즘'이라는 주제로 열린 헬스커뮤니케이션학회 워크숍에서도 이 솔루션 저널리즘의 정의 가운데 '엄밀한(rigorous)'이란 단어를 어떻게 해석할 것인가를 두고 토론이 벌어진 적 있다. 엄밀해야 한다는 조건을 강조하면 솔루션 저널리즘의 범위가 지나치게 좁아지거나 자칫 규범적이거나 계도적인 함정에 빠질 수도 있다. 솔루션 저널리즘은 새로운 저널리즘 접근이 아니라 오히려 저널리즘의 본질에 충실하기 위해 해결 지향의 접근을 강화하자는 의미다. 엄밀한 접근이라는 건 철저하게 문제 해결에 집중하는 저널리즘이라는 의미로 이해하는 게 맞는다는 결론에 이르렀다.

솔루션저널리즘네트워크가 정리한 솔루션 저널리즘의 네 가지 요건을 살펴보면 좀 더 이해가 쉬울 것 같다.

첫째, 솔루션 저널리즘은 문제에 대한 대응에 집중하고 그 대응의 효과를 다룬다.

둘째, 가장 좋은 솔루션 저널리즘은 우리가 무엇을 할 수 있는가에 대한 인사이트를 담고 있는 취재 보도를 말한다. 독자들이 우리 이야기라고 생각하고 또 참여할 수 있는 교훈을 담고 있어야 한다.

셋째, 솔루션 저널리즘은 철저하게 근거에 기반한 보도여야 한다. 해법을 제안하려면 그 해법이 무엇을 바꿀 수 있는지 구체적으로 설명해야 한다. 해법이 있을 때와 없을 때의 차이를 설명해야 하고 그 영향을 데이터로 입증해야 한다. 정말 뛰어난 아이디어는 근거가 부족해도 의미가 있을 수 있지만 근거가 부족하다는 사실을 충분히 언급하고 그럼에도 왜 이 아이디어가 뉴스 가치가 있는지 설명해야 한다.

넷째, 반드시 한계를 지적해야 한다. 완벽한 해법은 있을 수 없다. 특정 지역에서 가능한 해법이 다른 지역에서는 작동하지 않을 수도 있다. 그 차이를 지적하고 콘텍스트 안에서 해법을 설명해야 한다.

《리베라시옹》의 솔루션 저널리즘 섹션 '리베 데 솔루션(Libé des So-lutions)'의 에디터, 디디에 푸르케리(Didier Pourquery)는 솔루션 저널리즘을 "전통적인 개념의 뉴스 전달에 소홀하지 않으면서, 단순 고발이나 문제 지적에 머무르는 것이 아니라 독자들에게 유용한 저널리즘으로 되돌아오는 것"이라고 정의했다. 《스파크뉴스》(Spark News)의 창업자 크리스티앙 드보와르동(Christian de Boisredon)은 "단순히 문제가 무엇인지를 설명하는 것에 그치는 것이 아니라, 검증된 제안들을 찾아내고 이를 전달함으로써 정보의 균형을 복원하고자 하는 것"이라고 정의했다.

해결 지향의 접근,
철저하게 근거에 기반한 보도.

한국언론진흥재단 연구위원 진민정은 "솔루션 저널리즘은 그 방향성에 대해서는 이견이 없지만, 명칭으로 인해 마치 해법 제시가 언론인의 역할이라는 인식을 심어줌으로써 암묵적인 거부 반응을 불러일으키기도 한다"고 지적했다. 진민정에 따르면 솔루션 저널리즘에 대한 최초의 정의는 1998년 베네치가 "특정한 사회적 문제들을 해결하기 위해 노력하는 보도"라고 한 말에서 찾을 수 있다. "문제를 들추는 것에 머무르면서 누군가가 해결해 주기를 바라는 보도가 아니라 문제를 지적하면서 더 나은 방향을 제안하고 누군가가 그 방향으로 함께 가주기를 희망하는 저널리즘"이라는 설명이다.

전북대학교 교수 강준만은 솔루션 저널리즘의 방향을 다음과 같이 설명하고 있다.

"실제로 많은 연구 결과들은 언론이 사회 문제를 고발하는 것에만 머무르고 시민들이 취할 수 있는 대응방안에 대해 침묵할 경우엔 시민들은 문제에 압도당한 채 무력감을 느껴 '사회로부터의 도피'를 택한다는 걸 보여주고 있다. 또한 모든 문제의 책임은 정부와 공직자들에게만 있다는 인식을 강화시킴으로써 시민에게 권리 못지 않게 요청되는 책임을 방기하는 일이 벌어져 민주주의의 정상적인 작동을 어렵게 만든다. 그렇다고 해서 솔루션 저널리즘이 '좋은 뉴스'나 '행복한 뉴스'를 추구하는 건 아니며, 곧장 사회문제 해법을 알려주는 것도 아니다. 어떤 뉴스건 문제를 제기했다면 해결에 대한 고민도 담아야 하며, 여러 프로그램을 제안하고 선택할 수 있게 하는 방식으로 사람들의 책임감을 불러 일으켜 무엇을 할 수 있는지 행동을 끌어내자는 것이다."

솔루션저널리즘네트워크는 솔루션 저널리즘을 다음과 같이 정의하기도 했다.

W : 어떤 대응이 문제를 해결하는가. (What response does it address?)

H : 어떻게 작동하는가. '누가 했느냐'보다 '어떻게 했느냐'에 집중하라. (How it works, the "howdunnit".)

O : 인사이트를 제공하라. (Offers insight.)

L : 한계를 명시하라. (Includes limitations.)

E : 가장 중요한 것은 변화의 증거를 제공하는 것이다. (Most important, provides evidence of impact.)

'WHOLE' 스토리라는 건 단순히 사실 전달에 그치지 않고 맥락을 살린 스토리라는 의미도 된다. 단편적인 이야기가 아닌 '모든' 측면을 충실하게 담는다는 중의적인 의미도 될 수 있다. 어떤 반응이 문제를 바로잡는가, 그 반응은 어떻게 작동하는가, 통찰력을 제공하는가, 한계를 반영하고 있는가, 변화의 증거를 제시하는가 등이다. 솔루션 저널리즘은 성과에 대한 이야기가 아니라 실험과 실패, 그 과정에서 얻은 경험, 결국 문제와 대응(response)에 대한 이야기가 돼야 한다. 해법이 아니라 대응이라는 단어를 쓴 데 주목할 필요가 있다. 대응 또는 반응을 통해 해법에 근접해야 한다고 보기 때문이다.

컨스트럭티브 저널리즘과
임팩트 저널리즘.

덴마크의 컨스트럭티브인스티튜트(The Constructive Institute)의 최고경영자 울릭 하게룹은 솔루션 저널리즘보다 큰 개념으로 컨스트럭티브 저널리즘이라는 개념을 제안하기도 했다. 문제 뿐만 아니라 해법을 찾는 과정에 주목하고 독자의 참여를 유도한다는 발상은 크게 다르지 않지만 방법론이라기 보다는 규범적 개념에 가깝다.

프랑스의 크리스티앙 드 브와르동(Christian De Boisredon)은 솔루션 저널리즘이 자칫 문제를 소홀히 여길 수 있다고 보고 임팩트 저널리즘(impact journalism)이라는 개념을 제안했다. 역시 문제에 갇혀서는 안 된다는 접근은 크게 다르지 않지만 좀 더 실질적인 영향력을 만들어야 한다는 문제의식을 담은 개념이다. 《스파크뉴스》는 솔루션 저널리즘이 라는 개념을 명확하게 하기 위해 '솔루션 오리엔티드 저널리즘(solutions oriented journalism)'이라고 부르기도 한다. '해결 지향 저널리즘' 정도로 번역할 수 있다.

솔루션 저널리즘과 컨스트럭티브 저널리즘, 임팩트 저널리즘, 포지티브 저널리즘, 평화 저널리즘 등은 모두 시민(civic) 저널리즘이라는 한 뿌리에서 갈라져 나온 개념이라고 할 수 있다. 강준만은 솔루션 저널리즘이 갈등유발형 저널리즘에 대한 근본적인 문제의식에서 출발한 1990년대 초반 미국의 공공 저널리즘(public journalism)의 논의와 맞닿아있다고 설명했다. 공공 저널리즘은 언론이 시민의 참여와 토론을 진작시키는 역할을 해야 한다고 보고 관찰자가 아니라 해결사로 나서야 한다는 이론이다. 솔루션 저널리즘도 비슷한 논란에 부딪히고 있지만 언론이 현실에 개입하는 것이 옳은가 하는 의문에 부딪힐 수밖에 없다. 언론이 감시와 비판의 역할을 넘어 직접 문제 해결에 나선다면 그게 어떤 영향을 미치고 어떤 결과를 불러올 것인지 누가 감시하고 비판할 수 있을까. 언론이 해법을 내놓는다면 그게 과연 최선이라고 장담할 수 있나.

강준만의 분석은 이렇다. "극도로 복잡다단해진 현대 사회에서 생업 종사에 바쁜 시민들이 공공 이슈에 대해 합리적 판단과 결정을 할 수 있느냐는 의문과 함께 수용자의 환심을 사려는 상술이 아니냐는 비판마저 대두되었다. 공공 저널리즘을 수용한 언론인들도 그 기본 정신은 외면한 채 취재 보도 활동을 위한 하나의 도구로만 간주했으며, 이는 공공 저널리즘에 대한 반응이 미국에 비해 훨씬 더 호의적이었던 한국에서도 똑같이 나타났다. 특히 지역 참여 문화가 매우 약한 한국에선 참여의 빈곤이 가장 큰 난관이었다. 온라인 미디어는 상호 작용성으로 공공 저널리즘을 비교적 쉽게 실천할 수 있을 것이라는 기대를 모았지만, 기술적 가능성만 부각되었을 뿐 실천으로 이어지지 못했다. 이런 이유들 때문에 공공 저널리즘의 열기는 오래 지속되지 못했다."

강준만이 지적한 것처럼 한국은 공공 저널리즘의 토대가 부실할 뿐만 아니라 개념에 대한 이해도 부족하다. 저널리즘이 토론과 참여, 민주주의의 확장에 기여해야 한다는 건 당연한 이야기지만 실제로 사실 전달과 문제 제기를 넘어 무엇을 할 수 있는지에 대한 고민이 없었기 때문이다.

공공 저널리즘의 진화,
사실 전달을 넘어 참여와 문제 해결로.

텍사스대학교의 카이저 로와 버지니아커먼웰스대학교의 카렌 맥킨타이어는 "1990년대 유행했던 공공 저널리즘 운동이 대중의 참여를 강조했다면 솔루션 저널리즘은 갈등의 서사에서 해결의 서사로 뉴스 프레임을 전환하는 데 집중하고 있다"고 설명했다. 시민 참여가 중요하지 않다는 게 아니다. 시민 참여가 공공 저널리즘의 전제 조건이었다면 솔루션 저널리즘은 시민 참여를 이끄는 저널리즘의 역할에 더 집중한다는 의미다.

강준만에 따르면 참여 저널리즘이나 네트워크 저널리즘이 기술 발달의 측면에 중점을 둔다면 공공 저널리즘과 컨스트럭티브 저널리즘은 저널리스트의 직업적 사명을 강조한다. 평화 저널리즘이 저널리스트들에게 역사를 재검토하고 점진적으로 그 과정을 살펴볼 것을 권장한다면 컨스트럭티브 저널리즘과 솔루션 저널리즘은 미래에 대한 이야기다. 부경대학교 이상기가 노르웨이의 평화학자 요한 갈퉁(Johan Galtung)을 인용해 정리한 정의에 따르면 평화 저널리즘은 갈등을 보도함에 있어서 승자와 패자 의 양자 대 결 구도로 보는 것이 아니라, 그것이 인류의 진보에 어떤 도전과 기회를 가져다주는지에 주목하는 방식을 말한다. 컨스트럭티브 저널리즘은 긍정 심리학(positive psychology)을 저널리즘에 접목하려는 시도다. 공동체의 민주적 토론과 시민의 참여를 강조하는 공공 저널리즘의 계보를 이으면서 문제에 대한 반응과 해결 과정에 집중한다는 문제의식에서 모두 솔루션 저널리즘과 맥락을 같이 한다. 컨스트럭티브 저널리즘이 솔루션 저널리즘을 포괄하는 개념처럼 보이지만 강조하는 지점이 다를 뿐 언론의 네거티브 편향을 극복하고 문제 해결의 과정에 집중하자는 큰 맥락은 같다고 할 수 있다.

우리가 쓰는 기사에는 누가(who), 언제(when), 어디서(where), 무엇을(what), 왜(why), 어떻게(how) 등의 사실이 충실하게 담겨 있다. 사실은 사실 그것만으로도 힘이 있다. 그러나 여기서 좀 더 나가서 이제 우리가 무엇을 해야 하는가(What Now)에 대한 이야기를 해보자는 것이 솔루션 저널리즘이다. 우리 모두에게 새로운 뭔가를 시도하고 도전하고 '희망을 가질 이유(reason to hope)'가 필요하다는 것이다. 과연 우리가 날마다 보고 듣고 읽는 기사에는 이런 희망이 담겨 있는가 반문하지 않을 수 없다.

우리가 "문제는 비명을 지르고 해법은 속삭인다"고 말할 때는 무엇이 문제인지도 알아야 하지만 무엇을 해야 하는가, 그리고 무엇을 할 수 있는가도 알아야 한다는 이야기다. 문제를 들춰내고 고발하는 것은 매우 중요하다. 다만 그것만으로 세상이 바뀌지 않는다는 것을 우리는 알고 있다. 많은 언론 보도가 사람들을 냉소하게 만들고 무기력하게 만드는 것이 현실이다.

언론이 툭하고 답을 던져 놓을 수 있으면 좋겠지만 대개의 경우 해법을 제시하는 것은 언론이 할 수 있는 일이 아니라고 생각하는 사람들이 많다. 다만 해법이 무엇인가 찾고 해법을 찾는 사람들을 만나서 이야

	속보.	탐사보도.	해법 보도.
시간.	지금.	과거.	미래.
목표.	속도.	비판.	아이디어와 통찰.
질문.	무엇이? 언제?	누가? 왜?	어떻게? 이제 무엇을?
스타일.	드라마틱.	비평적.	호기심.
역할.	경찰.	판사.	조정자.
포커스.	드라마와 충돌.	사기꾼과 희생자.	해법과 실행.

기를 듣고 그들의 성공과 실패의 경험을 추적하고 기록하고 무엇이 최선인가 계속해서 질문을 던지고 검증하면서 최선의 해법에 접근하는 것은 일상적으로 언론이 하는 일이다. 완전히 새로운 어떤 것이 아니라는 이야기다.

울릭 하게룹의 분류에 따르면 속보의 목표는 바로 지금 발생한 사건을 최대한 빨리 효율적으로 전달하는 것이고 탐사 보도의 목표는 과거의 사건을 추적하고 비판하거나 폭로하는 것이다. 컨스트럭티브 저널리즘의 목표는 독자들에게 아이디어와 영감을 불러일으키는 것이다. 속보가 누가(who) 무엇을(what) 언제(when) 어떻게(how)에 집중한다면 탐사보도는 왜(why)에 집중하고 컨스트럭티브 저널리즘은 이제 무엇을(what now) 해야 하는지에 집중하는 보도다.

그래서 솔루션 저널리즘은 누가 했느냐(whodunnit)가 아니라 어떻게 했느냐(howdunnit)에 초점을 맞춘다. 솔루션 저널리즘이 어떻게 했느냐, 그 과정을 추적한다면 컨스트럭티브 저널리즘은 이제 무엇을 할 것인가, 방향과 토론을 제안하는 역할에 집중한다고 할 수 있다. 포인터인스티튜트는 "솔루션 저널리즘 기법이 당신의 기사를 더욱 강력하게 만들 수 있다"고 강조한다. "단순히 따옴표 저널리즘(he said, she said coverage)을 넘어 솔루션 기반의 저널리즘은 좀 더 건설적인 담론으로 이어질 수 있다. 사람들은 변화를 위한 모델을 필요로 하고 사회도 그렇다."

솔루션 저널리즘은 그동안 언론 보도가 문제의 해결 과정을 간과해 왔다는 반성에서 출발한다. 덴마크의 탐사 보도 전문 기자 캐서린 질

덴스테드(Cathrine Gyldensted)는 《포지티브뉴스》에 이런 글을 남겼다. "대부분의 기자들이 유리창에 돌을 던진 다음 뒤도 돌아보지 않고 떠난다. 계속해서 쏟아져 나오는 새로운 뉴스를 선택해야 하기 때문이다. 부정적인 편견을 쏟아내는 언론의 관행이 유리창이 깨진 집을 계속 늘리고 있는 상황이다."

깨진 유리창을 방치해서는
안 된다는 문제 의식.

영국의 《가디언》이 시장조사 업체 입소스모리 자료를 인용한 보도에 따르면 "우리나라에 무슬림이 얼마나 많다고 생각하느냐"는 질문에 프랑스 사람들은 31%라고 답변했다. 실제로는 8% 밖에 안 되는데 실제보다 훨씬 많은 것으로 생각하고 있다는 이야기다. 미국의 무슬림 비율은 1%인데 여론조사에서는 15%라고 생각한다는 답이 나왔다. 실업률 통계도 비슷했다. 이탈리아에서는 실제 실업률이 12%인데 여론조사에서는 49%라는 높은 답변이 나왔다.

빌 코바치와 톰 로젠스틸이 『저널리즘의 기본 원칙』에서 강조한 것처럼 "너무 좋아 보이는 것은 실제로 그렇지 않을 수 있고 너무 나빠 보이는 것 역시 실제로 그렇지 않을 수 있다." 우리가 알고 있는 것이 전부가 아닐 가능성과 전달 방식 때문에 외면 당할 가능성을 함께 고민해야 한다. 진실을 재단하고 규정할 수 있다고 믿는 기자들의 기묘한 선민의식과 엘리트주의가 독자들을 멀어지게 만들었던 게 아닌가 돌아볼 필

ⒸGettyimagebank.

요도 있다.

솔루션 저널리즘은 다음의 네 가지 변화를 끌어낼 수 있다.

첫째, 냉소와 불신에 빠진 독자들에게 희망을 줄 수 있다.

둘째, 해결되지 않은 채로 남아있는 문제들이 당연한 게 아니라는 사실을 일깨울 수 있다.

셋째, 실제로 변화를 끌어낼 수 있다. 사람들의 관심을 끌어내고 정책이 움직이게 만들 수 있다. 많은 문제들이 정치가 움직여야 가능하지만 정치가 해결해주기를 기다리고 있을 수는 없다.

넷째, 더 나은 세상이 가능하다는 믿음을 퍼뜨릴 수 있다.

솔루션저널리즘네트워크는 솔루션 스토리텔링의 세 가지 팁을 제안하고 있다.

첫째, 렌즈를 옮기라(Shift your lens)는 것이다. 기자들은 흔히 "피가 흐르면 기사가 된다(If it bleeds, it leads.)"고 말하곤 한다. 지금까지 문제를 추적하는 데 집중했다면 한 번쯤 이런 문제가 해결되는 방식에 관심을 기울여 보라는 이야기다.

둘째, 문제의 작은 조각에 집중하라(Focus on a small slice of a problem)는 것이다. 기후변화라는 문제를 한 번에 해결할 수 있는 아이디어는 없다. 더 작게 쪼개고 더 가볍게 시작해도 좋다. 먼저 자동차 통행량을 분석할 수 있을 것이고 도심 지역에 혼잡 요금제를 도입한 런던과 뉴욕의 경험을 비교할 수 있을 것이다.

셋째, 호기심을 따라 가라(Live a life of curiosity)는 것이다. 궁금한 것부터 시작하는 게 좋다. 프리랜서 기자 크리스 말로이(Chris Malloy)는 "우울하고 슬픈 이야기를 취재하는 건 힘들고 지치는 일"이라면서 "문제의 원인을 분석하면서 해법에 이르는 과정을 추적 보도하는 건 기자로서도 큰 보람이었다"고 말했다.

부경대학교 교수 이상기는 2018년 『커뮤니케이션 이론』에 실린 논문 「사회병리학과 해법 저널리즘」에서 솔루션 저널리즘의 한계를 지적한 바 있다. '사회의학'으로서의 '사회병리학'은 질병이 해소되었다는 사실을 실증적으로 확인할 수 있다. 그러나 사회과학 영역으로 옮겨오면 어떤 사회병리 현상과 문제를 해결했다는 주장을 입증하기가 쉽지 않다. 특정 사회나 공동체에서의 해결책을 보편적으로 일반화하는 데도 한계가 있다. "'만병통치약'이 없는 것처럼 완벽하고 완성된 해결(처방)책은 없다는 사실 또한 받아들여야만 할 숙명"이라는 지적이다.

전북대학교 교수 강준만은 《사회과학연구》에 게재한 논문에서 다음과 같이 솔루션 저널리즘의 반론과 한계를 지적한 바 있다.

"솔루션 저널리즘 역시 몇가지 반론에 직면해 있다. 첫째, 언론 본연의 감시 기능을 약화시킬 수 있다. 둘째, 오늘날 대부분의 사회문제는 워낙 복잡해 솔루션을 찾겠다는 시도 자체가 단순화의 위험을 안고 들어간다. 셋째, 주창 저널리즘 (advocacy journalism)이나 감상주의로 흐를 수 있다. 넷째, 기존 취재에 비해 훨씬 많은 시간과 노력을 요구하기 때문에 그걸 감당할 능력이 없는 언론사가 비교적 손쉽게 '미담 뉴스'와 '영웅 만들기'로 빠질 가능성이 있다. 다섯째, 기사를 광고와 후원으로 연결시켜 상업적으로 이용하는 '이해상충'의 가능성이 있다. 솔루션 저널리즘 주창자들은 이런 우려와 비판에 적극적으로 대응하면서 스스로 오해나 일탈의 소지를 차단하려는 노력을 기울이고 있지만, 이 모델이 대중화될 경우 그 주창자들의 뜻과는 달리 오남용될 소지가 있다는 것까지 부인하긴 어려울 것이다. 하지만 기존 네거티브 저널리즘의 문제, 그리고 정치와 정부의 무능이 쉽사리 극복되기 어렵다는 점을 감안한다면, 더 나빠질 게 없다는 위기의식으로 솔루션 저널리즘을 적극 추진해보는 게 어떨까 하는 생각이 든다. 솔루션 저널리즘은 '시민없는 민주주의'에 대한 성찰에서 비롯된 것이므로 '시민없는 민주주의'와 더불어 중앙이 지역의 관심마저 지배하는 '지역의 중앙화'가 극심한 한국에선 지역 언론 차원에서 시도해볼 만한 가치가 있다."

> 솔루션 저널리즘이 영웅 숭배가
> 돼서는 곤란하다. 세상을 바꾸는
> 누군가를 소개할 수는 있다. 다만
> 사람이 아니라 그 사람이 만든
> 변화에 집중하고 이런 변화에
> 필요한 기회 비용을 함께
> 언급하는 게 좋다. 부정 편향을
> 극복하자는 제안을 좋은 소식을
> 마구 부풀려도 된다는 걸로
> 이해해서는 안 된다.

이런 것들은 솔루션 저널리즘이 아니다.

4장

솔루션 저널리즘에 대한 논의 가운데 가장 논쟁적인 부분은 솔루션 저널리즘이 아닌 것을 구분하는 것이다. 솔루션저널리즘네트워크는 다음 일곱 가지 유형을 '솔루션 저널리즘 사기꾼(imposter)'으로 분류해 경계하고 있다.

솔루션 저널리즘 사기꾼.

첫째, 솔루션 저널리즘이 영웅 숭배(Hero Worship)가 돼서는 곤란하다. 세상을 바꾸는 누군가를 소개할 수는 있다. 다만 사람이 아니라 그 사람이 만든 변화에 집중하고 이런 변화에 필요한 기회 비용을 함께 언급하는 게 좋다. 부정 편향을 극복하자는 제안을 좋은 소식을 마구 부풀려도 된다는 걸로 이해해서는 안 된다.

둘째, 우리는 만능의 은빛 총알(Silver Bullet)을 찾고 있는 게 아니다. 이걸로 모든 문제를 해결할 수 있다, 누가 이렇게 말한다면 일단 의심해 봐야 한다. 크록스(Crocs)는 가난한 나라의 어린이들을 위해 신발을 재활용해 축구공으로 만드는 아이디어를 제안했는데 실제로는 운반 비용이 훨씬 많이 들어서 실용화되지 못했다. 이런 유형의 기사는 첨단 기술이나 혁신 산업에서 흔히 나타난다. 적정기술에 대한 과도한 기대 역시 마찬가지다. 예산만 있으면 해결된다는 믿음도 위험하다.

셋째, 아는 사람 띄우기(Favor for a Friend)도 경계해야 한다. 기자와 이해 관계가 있는 사람을 취재원으로 활용하는 것은 저널리즘의 원칙에 위배된다. 솔루션 저널리즘도 마찬가지다.

넷째, 존재하지 않는 것들을 제안하는 이른바 싱크탱크 저널리즘도 솔루션 저널리즘과는 거리가 멀다. 싱크탱크 저널리즘은 따옴표 저널리즘과 함께 언론의 고질적인 문제 가운데 하나다. 대학 교수 코멘트로 끝나는 많은 기사들이 빠지는 함정이다.

다섯째, 뒷북치기(Afterthought)는 솔루션 저널리즘이라고 부르지 않는다. 적당히 아이디어만 늘어놓는 걸로는 안 된다. 철저하게 근거와 논리로 설명하고 반론과 한계까지 드러내야 한다.

여섯째, 즉흥적 행동주의자(Instant Activist)들을 경계해야 한다. "서명에 동참해 주세요", "1만 원의 후원금이 세상을 바꿉니다", 또는 "법이 통과될 때까지 싸우겠습니다", 이런 결론으로 끝나는 기사들이다.

일곱째, 감동적인 미담 기사는 솔루션 저널리즘 기사가 아닌 경우가 많다. 뒷다리를 다친 아기 돼지 베이컨(Chris P. Bacon)에게 휠체어를 만들어줬다는 기사는 따뜻하고 재미도 있지만 여기에서 그칠 뿐이다. 착한 사람들의 이야기를 다루는 CNN 〈히어로즈〉(Heroes) 같은 프로그램을 솔루션 저널리즘이라고 부르지 않는 것도 이런 이유에서다. 본스타인은 "그런 건 명절 휴식용 프로그램"이라고 평가절하하기도 했다. 이들의 선행이 의미가 없어서가 아니라 이런 아름다운 이야기가 오히려 문제를 남의 이야기로 만들고 해결에서 멀어지게 만든다고 보기 때문이다. 저널리즘의 역할이 따로 있다고 보기 때문이기도 하다.

따뜻하고 착한 아이디어, 플레이펌프는 왜 실패했나.

이런 기사들의 함정은 문제의 구조적 접근을 방해한다는 것이다. 과정이 아니라 효과와 결과를 강조하면 잘못된 결론에 이르게 될 수도 있다. 수천만 달러의 기부금을 끌어 모았던 플레이펌프(PlayPump)가 대표적인 반면교사로 삼을 사례라고 할 수 있다.

많은 아프리카 나라들이 물 부족으로 어려움을 겪고 있다는 걸 모두가 안다. 플레이펌프는 아이들 놀이터의 회전 그네에 물 펌프를 달아서 지하수를 끌어 올리자는 아이디어에서 출발했다. 언뜻 매력적인 적정 기술(appropriate technology)처럼 보였고 수천만 달러의 기부금을 모아 모잠비크 등에 1500대 이상의 플레이펌프가 설치됐다. 문제는 제대로 된 테스트도 하지 않았고 기술력이나 타당성에 대한 검증도 없이 아이디어만 떠돌았다는 것이다.

플레이펌프 아이디어를 처음 세상에 알린 건 미국 공영방송 PBS 기자 에이미 코스텔로(Amy Costello)였다. 나중에 이 기자가 자세한 뒷이야기를 PBS에서 밝힌 바 있다. 다음은 방송 내용을 간단히 요약한 것이다.

에이미 코스텔로는 2005년 아프리카 특파원으로 일하던 도중, 라디오 프로그램에서 플레이펌프를 소개했다. 플레이펌프 이야기를 들은 사람들은 모두 정말 매력적인 아이디어라고 생각했다. 그리고 잊고 있었는데 이듬해 한 컨퍼런스에서 당시 영부인이었던 로라 부시(Laura

플레이펌프가 설치된 남아프리카공화국 림포포의 한 학교 뒷마당.

Bush)의 중대 발표를 듣게 됐다. 아프리카에 플레이펌프를 지원하는데 1640만 달러를 투자하기로 했다는 발표였다. 내 기사가 이렇게 세상을 바꾸다니. 그때만 해도 자부심을 느꼈다. 그 뒤로 그는 콩고와 다이푸르의 내전을 취재하면서 몇 년을 보냈다. 아프리카의 참담한 현실을 지켜보면서 그래도 플레이펌프가 이 아이들에게 깨끗한 물을 가져다 줄 수 있을 거라고 믿었다.

뭔가 잘못됐다는 걸 깨달은 건 모잠비크를 방문했을 때였다. 플레이펌프가 엉뚱한 곳에 널브러져 있었고 물 탱크는 텅 비어있었다. 홍보 영상에서는 수백 개의 플레이펌프가 설치돼서 아이들에게 깨끗한 물을 공급하게 됐다고 자랑하고 있었지만 현실은 달랐다. 모잠비크 정부에 문의한 결과 플레이펌프 100개 가운데 어디에서도 제대로 물을 끌어올린 곳은 없었다. 퍼올리는 물이 너무 적어서 금방 떨어졌거나 아이들이 회전 그네에서 '열심히' 놀지 않고 있거나 둘 중 하나였겠지만 분명한 건 사람들이 생각했던 것처럼 이 펌프가 제대로 작동하지 않는다는 것이었다. 플레이펌프의 실패를 다룬 유니세프 보고서의 표현에 따르면 물을 마시기 위해 강제로 놀아야 한다면 그것은 더 이상 놀이가 될 수 없다.

에이미 코스텔로는 "사람들의 의식주에 직접적으로 영향을 미치는 기술을 도입하려면 철저한 준비와 계획이 필요하다는 사실을 깨달았다"고 말했다. 사람들은 따뜻한 아이디어에 기꺼이 돈을 댔지만 이 펌프가 제대로 작동하고 있는지, 제대로 작동하지 않는다면 어떻게 보완할 것인지 크게 신경을 쓰지 않았다. 물론 플레이펌프가 제대로 작동하는 지역도 일부 있었다. 하루 종일 아이들이 번갈아 가면서 회전 그네를 돌릴 수 있는 곳이어야 했다. 여성들은 차라리 손으로 퍼올리는 방식이 차라리 더 나았다고 말할 정도였다. 플레이펌프가 아프리카에 깨끗한 물을 공급하는 유일한 해법이 아니라는 것은 분명했다. 아름다운 해법이 나왔고 돈만 대면 된다고 생각했지만 순진한 발상이었다.

플레이펌프와 함께 대표적인 적정기술의 사례로 꼽히는 라이프 스트로우(생명 빨대, life straw) 역시 성공 모델로 꼽기에는 아쉽다. 진흙 투성이 개울물을 마실 물로 만들어 준다는 혁신적인 기술로 거론됐지만 노동자들 몇 달 급여에 이르는 가격도 부담이었고 필터를 주기적으로 갈아줘야 하기 때문에 근본적인 문제를 해결할 수는 없었다. 무상 원조 덕분에 지역 사회에 갈등을 부추기는 요인이 되기도 했다. 첨단 기술을 끼얹으면 문제가 해결될 것 같지만 현실은 그렇지 않다는 이야기다. 라이프 스트로우는 지금은 등산 레저 용품으로 쓰이고 있다. 유니세프(UNICEF)의 클라리사 브로클허스트(Clarissa Brocklehurst)는 "마법의 총알이나 최고의 기술에 의존하기 보다는 다양한 현장의 특수성을 고려한 맞춤형 솔루션을 찾는 데 더 많은 역량을 투자해야 한다"고 말했다.

카이스트 과학기술정책대학원 전치형은 논문, 「소외된 90%, 따뜻한 기술, 최고의 솔루션: 한국 적정기술 운동의 문제의식 비판」에서 다음과 같이 지적한 바 있다.

"혜택 받은 10%와 소외된 90%라는 기본 인식은 적정기술 활동이 '우리'가 아닌 '그들'의 기술, 더 정확히 말하자면 '그들'이 '가지지 않은 기술'에 초점을 맞추게 한다. 이때 적정기술자들은 '그들이 가지지 않은 기술'을 대체로 제품이나 장치의 형태로 이해한다. 그들의 사회적, 경제적 삶에서 기술의 결핍 또는 부재를 발견하고 그 비어 있는 부분을 적정기술 제품과 장치가 들어가 채워줄 수 있다는 생각이다. (중략) 제품과 장치 중심의 기술 개념은 '그들이 가지지 않은 제품과 장치'를 발견하고 제공하는 데에 유용하지만 '우리가 가진 기술—사회 시스템'을 성찰하고 변화시키는 것으로 이어지기는 어렵다. 적정기술자의 역할은 그들을 위한 적정기술 연구와 실천에서 우리 공동의 기술—사회 디자인으로 확대되어야 한다."

> 작업장에서는 이상한 파이팅 문화 같은 게 있죠. 이를테면 숙련된 작업자들일수록 일을 쉽게 한다는 정서가 있어서 새로 합류한 작업자들은 암묵적으로 '나도 저렇게 쉽게 할 수 있어', '안전벨트 같은 건 미숙한 사람들이나 매는 거야', 이런 생각을 하게 되죠. 사실 이런 문화가 가장 큰 위험 요인입니다.

문제는 비명을 지르고 해법은 속삭인다.

괌에서 한국인 판사 부부가 아이들을 차량에 방치한 혐의로 경찰에 체포된 사건이 있었다. 아이들의 어머니가 현직 판사인데다 아버지가 유명 로펌 변호사라 더욱 화제가 됐던 사건이다.

세상을 떠들썩하게 만들었던
괌 판사 부부 사건.

2017년 10월 3일의 일이다. 휴가를 내고 괌에 놀러 온 가족이 비행기 출발을 몇 시간 앞두고 마트에 들렀다. 원래 해외 여행의 마무리는 친구와 가족들 선물 사는 게 필수다. 이 부부가 승용차 뒷좌석에 각각 여섯 살과 한 살 된 아이들을 남겨 두고 쇼핑을 하던 도중 아이들을 발견한 사람들이 경찰에 신고를 했고 뒤늦게 나타난 부부는 현장에서 체포됐다. 괌에 다녀온 사람들 대부분이 몰랐겠지만 미국 일부 주에서는 아이들을 차량에 방치할 경우 아동 학대로 간주한다. 그게 괌이다.

다행히 이 아이들은 일찍 발견돼 별다른 이상이 없는 것으로 확인 됐지만 현지 뉴스는 "아이들이 땀에 흠뻑 젖은 상태로 잠들어 있었다" 고 보도했다. 다행히 아동 학대 혐의는 인정되지 않았고 벌금형을 받는 데 그쳤지만 이 사건은 엄청난 파장을 불러 일으켰다. 당초 이 부부가 "3분 밖에 자리를 뜨지 않았다"고 해명한 것으로 알려졌지만 괌 현지 언 론 보도에 따르면 애초에 911 신고가 접수된 게 2시 30분, 구급대가 현 장에 도착한 게 오후 3시 무렵이었고 부부가 나타난 건 3시 15분 무렵 이었다. 적어도 45분 이상 아이들을 방치했다는 이야기다. 게다가 아이 아버지가 "나는 한국에서 변호사고 아내는 판사"라며 웃으면서 넘기려 했다는 사실이 보도돼 더욱 논란을 부추겼다.

나중에 아이 아버지가 밝힌 당시 상황은 이렇다. 출국 비행기는 오 후 5시 10분. 이 부부는 친척들 기념품을 사기 위해 마트에 들렀다. 마 침 사려고 했던 샴푸가 눈에 띄지 않아 다른 마트로 이동했고 아이들 어 머니가 이왕 사러 가는 김에 아이들 색칠놀이를 사다 달라고 했다. 아이 들은 뒷좌석에서 잠든 상태였고 비행기 시간이 다가오고 있었기 때문 에 부부가 각자 흩어져서 하나씩 사오기로 했다. 그때만 해도 5분이면 충분할 거라고 생각했다는 설명이다. 아이 아버지의 해명에 따르면 마 트에 도착한 시간이 2시 45분, 결제를 마친 건 3시 2분이었다. 그리고 주차장으로 뛰어가는 도중에 앰뷸런스와 경찰들이 이들이 타고 온 차 를 에워싸고 있는 걸 발견했다는 이야기다.

아이 아버지는 경찰에게 "3분 밖에 안 걸렸다"고 말한 적 없고 웃으면서 "우리는 판사와 변호사라고 말했다는 것도 왜곡됐다"고 주장하고 있다. 언론 보도와 주장이 엇갈리지만 이 부분은 명확하게 확인할 방법이 없다. 하지만 여러 정황을 미뤄보면 '우리가 법을 잘 아는데 이게 뭐가 문제냐'는 식으로 이야기했을 가능성은 있다. 다만 첫 번째 마트에서 마지막 결제 시간이 오후 2시 22분이고 문제의 두 번째 마트까지 이동 시간이 10분 이상 걸렸을 걸 감안하면 실제로 아이들이 방치됐던 시간은 최대 30분까지 됐을 가능성이 크다.

아이 아버지의 주장 가운데 믿을 수 있는 대목은 이날 경찰들이 금방 조사가 끝날 거라고 거듭 안심시켰고 이 말을 들은 아이 아버지가 오후 5시 비행기를 다음날 새벽 3시 45분 출발 편으로 변경했다는 사실이

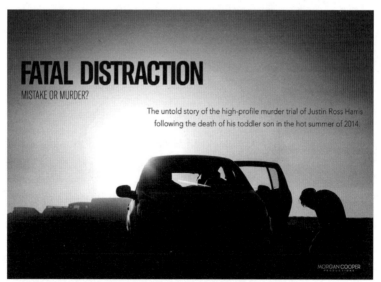

영화 <Fatal Distraction(치명적인 방관)>의 포스터.

다. 누구라도 이 상황이면 적당히 오해가 풀리면 다시 일상으로 돌아갈 수 있을 거라고 생각했을 것이다.

우리는 너무 쉽게 분노하고
또 쉽게 잊는다.

그런데 그날 저녁 경찰이 다음날 아침에 판사를 만나야 한다고 통보했다. 절망에 빠진 이 부부는 다시 하루 뒤 새벽 3시 5분 출발 편으로 일정을 변경해야 했다. 이때까지만 해도 판사를 만나서 자초지종을 설명하면 바로 풀려날 수 있을 거라고 믿었다고 한다. 더욱 놀라운 건 이날 저녁 갑자기 아동보호국 직원이 찾아 와서 아이들을 격리 조치해야 한다면서 강제로 데려갔다는 사실이다. 말도 통하지 않은 외국인들을 따라 가게 된 아이들은 발버둥치며 울부짖었고 부부도 공포에 빠져들었다. 아이들을 빼앗긴 부부는 강제로 구금됐고 다음날 오후 2시에서야 겨우 판사를 만날 수 있었다. 판사 역시 냉소적이었다. 이걸 그냥 넘어갈 수 없다고 생각했을 수도 있다.

이들 부부는 이날 저녁 9시가 다 돼서야 '기소 전 석방(realese order)' 조치로 풀려났다. 그때까지도 아이들을 만날 수 없었다. 겨우 모텔을 잡아 하루 저녁을 더 머문 부부는 결국 당초 출발하기로 했던 날짜에서 이틀이 지난 10월 5일 아침 9시 30분이 돼서야 아이들을 만났다. 아이들이 40시간 가까이 부모와 떨어져 있어야 했다는 이야기다. 아이들은 평생 그 곳에서 살아야 하는 건 아닌지 겁이 나서 밤새 울었다고 했다.

한국 언론에는 이런 맥락이 전혀 보도되지 않았다.

어린 아이들을 차에 남겨두고 떠난 건 명백한 잘못이다. 그게 3분이든 30분이든 비난을 피할 수 없고 지나가던 사람들이 경찰을 불러준 것도 고마운 일이다. 우리는 이 사건에서 몇 가지 살펴볼 부분이 있다.

일단 이 가족은 판사와 변호사 부부라는 사실 때문에 더욱 가혹한 비난을 받아야 했다. 아동 학대로 의심할 만한 상황이 아닌 데도 아이들을 강제로 분리 수용하는 게 옳은 조치였는지도 의문이다. 실제로 괌 경찰은 아동학대 혐의에 대해 기소를 취하했고 법원은 아동을 차량에 방치한 부분만 벌금형을 선고했다. 물론 경찰은 매뉴얼에 따라 대응했을 것이다. 하지만 아이들에게는 말도 통하지 않는 외국이었다.

언론 보도도 일부 과장이 있었다. 《시사저널》이 확인한 경찰의 공소장에 따르면 목격자가 처음 경찰에 신고한 시각이 2시 50분, 경찰은 4분 뒤인 2시 54분에 도착했다. 판사 부부가 도착한 건 3시 15분으로 기재돼 있다. 실제로 아이들이 방치된 시간이 최장 45분까지 되지 않았을 수도 있다는 이야기다. 아이 아버지는 영수증이 찍힌 마지막 결제 시간이 3시 2분이라 주차장에 도착하기까지 13분이나 걸렸을 리가 없다고 주장하고 있다.

여기서 한 번 더 생각해 볼 대목은 누구나 비슷한 상황에 놓일 수 있다는 사실이다. "나는 절대 아이들을 차에 두고 마트에 가지 않는다"고 생각하는 사람들도 많겠지만 잠깐의 실수로 말도 잘 통하지 않는 외국에서 강제 구금되고 아이들을 빼앗기는 상황을 생각해 보자. 이게 단순히 이 부부를 비난하고 끝날 일이 아니라 맥락을 살펴보면 현지 경찰과 언론의 문제를 지적하지 않을 수 없다.

게다가 한국에 돌아와 보니 이 부부의 '머그샷'이 여기저기 떠 있고 온갖 군데에 신상이 공개되고 수백 건의 기사가 쏟아진 상황이었다. 아이들에게도 깊은 트라우마를 남겼을 것이고 이 가족은 평생 고통에 시달릴 것이다. 아이 아버지는 나중에 한 커뮤니티 게시판에 남긴 글에서 "모두 제가 죽기를 원하는 것처럼 느껴지기도 했다"면서 "내가 죽어야 아내의 누명을 벗길 수 있다는 생각도 들었다"고 털어놓기도 했다.

흔히 '꽘 판사 부부 사건'이라고 불렀지만 이건 부모의 직업과는 아무 관계가 없는 사건이다. '어떻게 저렇게 생각 없이 행동할 수 있지?'라고 많은 사람들이 생각했겠지만 실제로 이건 우리 주변에서 늘 일어나는 일이다. 아동의 차량 방치 문제를 다루는 비영리 조직 노히트스토크(No Heat Storke)에 따르면 미국에서만 1998년부터 2021년 9월까지 차량에 방치돼 열사병으로 죽은 14세 미만 어린이가 905명이나 됐다. 1년에 38명 꼴이다. 한국에서도 정확한 집계는 없지만 공개된 것만 10건이 넘는다. 어린이집 통원 차량에서 방치된 어린이가 숨진 사건도 있었고 뇌 손상으로 의식 불명에 빠진 사건도 있었다.

여러 겹의 치즈를
관통하는 구멍.

《워싱턴포스트》가 2009년 3월, 「죽음을 부른 부주의」(Fatal Distraction)라는 기사로 이 문제를 자세하게 다룬 바 있다. 많은 사람들이 "어

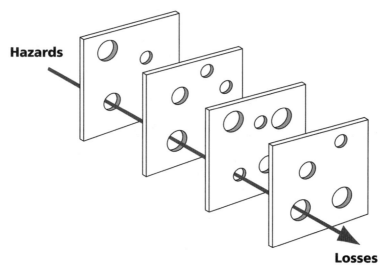

Hazards

Losses

제임스 리즌의 스위스 치즈 모델. ⓒ 위키커먼즈.

떤 정신 나간 사람이 아이를 차에 두고 내리나요?"라고 반문하겠지만 실제로 이런 일이 흔히 일어난다는 이야기다. 《워싱턴포스트》의 분석에 따르면 30년 전에는 이런 사고가 거의 없었다. 그런데 운전석 옆 조수석에 어린이를 앉힐 경우 에어백이 터지면서 어린이들이 더 위험해 질 수 있다는 조사 결과가 나오면서 아이들을 뒷좌석에 앉히기 시작했다. 심지어 유아용 시트는 목뼈를 보호하기 위해 뒤쪽을 보게 돌려놓는 경우도 있었다. 《워싱턴포스트》의 기사가 놀라웠던 건 문제를 문제로 다루는 데 그치지 않고 문제의 원인을 파고 들고 본질적인 질문을 던졌다는 데 있다. 누군가에게 책임을 묻기 보다는 이 문제를 우리가 어떻게 봐야 하는가에 대한 질문이었다. 정신 나간 부모의 탓으로 돌리고 비난하긴 쉽지만 그게 나와 내 가족의 일일 수도 있다고 생각하면 접근 방식이 달라진다.

어느 날 오후였다. 관공서 직원인 린 밸푸어는 오후 늦게 부재중 통화 기록을 확인했다. 아침에 걸려온 베이비시터의 전화였다. 다시 전화를 걸었지만 음성 메모로 넘어갔고 대수롭지 않게 생각했다. 두 사람은 원래 낮에도 전화를 걸어 시시콜콜한 수다를 떨곤 했기 때문에 전화 달라는 메시지를 남기고 끊었다. 그런데 곧바로 전화를 걸어 온 베이비시터가 물었다. "브라이스는 어디 있어요?" 당황한 밸푸어가 말했다. "무슨 소리죠? 같이 있는 거 아니었어요?"

그 순간 머리 속이 하얘지는 느낌과 함께 벨푸어는 창밖을 내다 봤다. 문을 열고 나가 밸푸어가 서 있는 테라스에서 계단까지 20미터 정도, 그리고 11계단, 두 걸음 지나서 12계단을 내려가서 다시 주차장까지 10미터 정도, 밸푸어는 뛰기 시작했다. 마치 그 시간이 30분 정도 걸리는 것 같은 느낌이었다고 한다. 그리고 차 뒷좌석에서 축 늘어져 있는 아들을 발견했다. 창백하고 빛나는 얼굴, 마치 도자기 인형처럼 반질반질 빛나는 아이의 얼굴을 보고 '아, 너무 늦었다'는 생각을 했다고 한다. 지나가던 사람이 911에 신고 전화를 걸었는데 당시 녹음 파일을 들어보면 구조대원과 통화 너머로 밸푸어가 "오, 맙소사, 안 돼"라고 절규하는 게 들린다.

영국의 심리학자가 제임스 리즌(James Reason)이 소개한 스위스 치즈 모델은 사소한 실수가 모여 어떻게 대형 사고를 만드는가를 설명한 이론이다. 구멍이 난 에멘탈 치즈를 여러 겹으로 쌓았을 때 우연히 모든 구멍이 하나로 만나 관통하는 구멍을 만들게 될 수 있다. 남의 일이라고 생각하지만 비극은 그렇게 우리에게 다가온다.

이날 아침 밸푸어도 그랬다. 저녁 늦게까지 일하느라 잠이 부족한 상태였고 브라이스는 아침부터 감기 기운이 있어서 칭얼거렸다. 평소에는 부부가 각각 차를 몰고 다녔는데 마침 한 대를 친척에게 빌려줘서 이날 아침에는 밸푸어가 남편을 태워다 줘야 했다. 그래서 평소와 달리 기저귀 가방을 옆자리에 놓아두지 않고 뒷자리에 놓아뒀다고 한다. 밸푸어는 운전 중에 계속 친구와 통화를 했고 고민 상담을 해줘야 했다. 마침 공교롭게도 베이비시터가 며칠 전에 스마트폰을 바꾸는 바람에 새 스마트폰에는 밸푸어의 회사 전화번호가 등록돼 있지 않았고 스마트폰으로 걸었지만 받지 않았다. 이 시점이 원래는 "지금 곧 도착해요"라고 통화를 했어야 할 타이밍이었다. 아이는 뒷좌석에서 쿨쿨 잠이 들어있었다.

만약 이날 아침 남편을 태워다 주지 않았더라면, 아이를 베이비시터에게 맡기고 왔다고 생각하는 일은 없었을 것이다. 출근길에 누군가를 내려주고 회사로 차를 몰고 간다는 익숙한 패턴이 이날은 남편을 내려주는 것으로 해소되면서 착각을 불러일으켰을 가능성이 있다. 내려줬으니 회사로 간다는 도식이 성립한 것이다. 가정은 의미가 없지만 만약 남편이 조수석에 앉느라 기저귀 가방을 뒤로 옮겨놓지 않았더라면 차에서 내리기 전에 옆자리의 기저귀 가방을 발견하고 뒷좌석의 아이를 발견했을 것이다. 그런데 이날은 달랐다. 만약 베이비시터가 스마트폰을 바꾸지 않았다면 통화가 됐거나 베이비시터의 용역 회사로 전화가 연결됐을 것이다. 그리고 왜 오늘은 아이를 데려오지 않느냐는 통화를 했을 것이다. 그런데 이날은 공교롭게도 모든 우연이 안 좋은 방향으로 겹쳤다. 아주 낮은 가능성이지만 그런 가능성은 우리 일상의 이면에 늘 존재한다. 여러 겹의 치즈를 관통하는 커다란 구멍이 생겨났고 45도까지 치솟은 뜨거운 차 안에서 아이는 숨졌다.

2급 살인 혐의로 징역 40년형을 구형 받은 밸푸어의 재판에서 경찰 심문 과정에서 녹음된 파일이 공개됐다. "내가 내 아이를 죽였어요." 떨리는 목소리로 밸푸어는 울부짖었다. "정말 죄송합니다."

그들을 괴물로 만드는 것은
문제를 해결하지 못한다.

뜨거운 여름, 아이가 차 안에 방치되면 체온이 42도까지 치솟게 된다. 게다가 아이들은 같은 조건에서 어른보다 체온이 세 배 이상 빠른 속도로 상승한다. 실제로 아이들의 사망 원인은 대부분 고열로 인한 장기 손상이다. 몸이 붉다 못해 자주색으로 익고 몸 안의 장기가 자가 분해된다. 머리를 쥐어뜯은 채 발견되는 경우도 많다. 안전벨트에 묶여 발버둥치다가 손톱이 다 빠진 채 발견된 아이도 있었다. 주차장에서 사람들이 내가 타고 온 차를 에워싸고 있어서 봤더니, 그 안에 내 아이가 죽어있더라, 이런 끔찍한 상황이 나와 상관 없는 남들 이야기라고 생각하는 사람들이 많겠지만, 《워싱턴포스트》에 따르면 부유하거나 가난하거나 나이가 많거나 적거나 누구에게나 일어날 수 있는 일이다.

부모들의 직업도 다양했다. 경찰과 회계사, 군인, 목사, 학교 선생님, 대학 교수, 소아과 의사, 로켓 과학자도 있었다. 9시간 동안 방치된 아이, 뒷좌석에 아이가 죽어있는 줄도 모르고 죽은 아이를 태우고 어린이집으로 아이를 데리러 온 아빠도 있었다. "스칼렛은 어디 있나요?" "앗, 오늘 안 왔는데요?" 그 말을 들은 아이 아버지의 마음을 우리는 충분히 이해하기 어렵다. 한 아이 엄마는 주차장에서 도난 경보기가 세 차례나 울리는 걸 창밖으로 내다봤지만 주변에 아무도 없는 걸 확인하고 원격으로 알람을 해제한 뒤 다시 일을 했다고 한다. 이 엄마는 평생을 죄책감과 공포, 자기 혐오에 시달릴 것이다.

전문가들은 우리의 의식은 완벽하지 않다는 걸 인정해야 한다고 말한다. 중요한 뭔가를 생각하면 그 뭔가가 경쟁적인 기억 시스템의 우선순위를 차지하게 된다. 아이가 중요하지 않다는 게 아니라 하루 종일 아이 생각만 하는 부모는 없고 8시간 동안 아이를 잊는 부모는 없지만 2분 동안 완전히 다른 일에 몰두하느라 아이를 어린이집에 맡겼다고 생각하게 되는 경우는 의외로 흔하다는 이야기다. 그게 내 이야기가 될 수도 있다고 생각해야 문제를 해결할 수 있다.

꽴에서의 사건을 보면서 많은 사람들이 이들 부부를 쇼핑하느라 아이들을 방치한 생각 없는 부모들이라고 생각했다. 통학 차량에 방치됐다가 숨졌다는 아이의 소식을 들을 때마다 우리는 끔찍한 일이라고 생각하지만 그게 나에게도 일어날 수 있는 일이라는 생각을 하기는 쉽지 않다. 《워싱턴포스트》의 기사는 문제의 본질을 드러낸다. 이들이 나쁜 엄마라서가 아니고 생각 없이 바쁜 아빠라서가 아니다. 실수와 우연이

겹쳐 돌이킬 수 없는 비극으로 이어진다. 우리는 분노하거나 비난하고 애도하면서 이런 사건을 흘려 보내지만 지금 이 순간에도 비극은 반복된다.

《워싱턴포스트》와 인터뷰한 심리학자 에드 히클링(Ed Hickling)은 "우리는 우리의 세상이 이해 가능하고 통제 가능하다고 믿으려는 욕구가 있다"고 말한다. 원칙을 지키면 아무 일도 없을 것이라는 믿음. 그래서 다른 사람들에게 이런 일이 벌어졌을 때 그들이 뭔가 원칙을 어겼을 것이라 믿고 비난하게 된다. "그들처럼 되고 싶지 않기 때문에 그들이 우리와 다르다고 믿고 싶은 것이죠. 그래서 그들을 괴물로 만드는 것입니다."

비극을 막기 위해 우리가 할 수 있는 일은 뭘까. 일단은 이 기사를 읽는 것이다. 그리고 더 많이 읽게 만드는 것이다. 그들을 괴물로 내몰지 않고 일상에 도사린 위험을 바로 보는 것이다. 이런 결론이 단순히 아이를 뒷좌석에 내버려둬서는 안 된다는 교훈으로 끝난다면 우리는 결코 이 문제를 해결할 수 없다.

《워싱턴포스트》가 소개하는 해법은 다음과 같다. 스마트폰이나 핸드백, 사무실 출입증 등을 아이 옆에 두는 것도 좋다. 스마트폰을 집어 들려면 아이를 확인해야 한다. 아이를 차에 두고 갈 수는 있지만 스마트폰을 두고 가는 경우는 많지 않고 10분 만에 스마트폰을 찾으러 다시 돌아올 것이다. 카시트를 뒷좌석에 설치하려면 카시트에 커다란 곰 인형을 앉혀 두는 방법도 추천한다. 아이를 카시트에 앉히려면 곰 인형을 조수석으로 옮겨야 한다. 곰 인형이 옆자리에 앉아 있으면 아이가 뒤에 앉아있다는 의미다. 어린이집이나 베이비시터와 시간 약속을 하는 것도 좋다. "9시 반까지 내가 애를 데려오지 않으면 저에게 꼭 전화를 해주세요."

기사를 쓴 진 바인가르텐(Gene Weingarten) 기자는 취재 후기에서 20여 년 전《마이애미헤럴드》기자로 있던 시절, 어느 날 아침을 떠올렸다. 회사에 도착해서 주차장에 차 댈 곳을 찾고 있는데 뒷좌석에서 딸이 말을 걸었다. 세 살이었다. 그 순간까지 그는 아이가 차에 타고 있다는 사실을 전혀 기억하지 못했다. 만약 문을 닫고 내렸으면 아이는 마이애미의 뜨거운 햇볕 아래 30분도 채 버티지 못했을 것이다. 이 기자는 뒷좌석의 딸과 눈이 마주친 순간, 울컥하고 메스꺼움이 올라왔던 기억을 잊지 못한다고 썼다. 다행히 이들은 평범한 하루를 시작할 수 있었지만 이 이야기를 딸과 아내에게 끝내 하지 못했다고 한다. 바인가르텐이 쓴 기사는 그런 메스꺼움을 독자들에게 안겨준다. 그리고 비로소 해법을 고민하게 만든다.

키즈앤카스(Kids and Cars, 아이와 자동차)라는 비영리 조직을 운영하는 자넷 페널(Janette Fennell)은 모든 승용차에 뒷좌석 센서 설치를 의무화하는 법안을 만들기 위해 로비를 하고 있다. 시동을 끈 뒤에도 뒷좌석에 누군가 앉아있으면 경고음을 내도록 하는 센서다. 미국항공우주국(NASA) 직원이 아들을 잃은 뒤 관련 기술로 특허를 받는데, 이걸 상업용으로 만들겠다는 업체를 만나지 못했다고 한다. 두 가지 이유인데 첫째, 만약 제대로 작동하지 않을 경우 엄청난 소송을 당할 위험이 있다고 보기 때문이고 둘째, 심리적인 이유로 이런 제품을 구매하고 싶어하지 않을 것이기 때문이다. 많은 사람들이 "내가 아이를 뒷좌석에 두고 내릴 리가 없다"고 생각하기 때문이다.

뒷좌석 센서는 기술적으로 어렵지 않고 비용도 부담스러운 수준이 아니다. 뒷좌석 시트 무게를 확인하는 방법도 있고 차가 출발하기 전에 뒷문이 열린 적이 있다면 내릴 때 뒷좌석을 확인하도록 알람을 울리게 하는 방법도 가능할 것이다. 닛산과 GM 등이 이런 시스템을 일부 도입하고 있다.

문제를 드러내는 것은 여전히 중요하다. 다만 문제를 전시하고 비극을 강조하는 것만으로는 변화를 만들 수 없다. 우리 주변의 많은 문제는 불가항력이거나 갑자기 삶에 끼어 든 불운으로 시작된다. 《워싱턴포스트》 기사의 부제는 「Forgetting a Child in the Backseat of a Car Is a Horrifying Mistake. Is It a Crime?(차 뒷좌석에 아이를 두고 잊어버리는 건 끔찍한 실수다. 이것은 범죄인가?)」다. 비난을 거두고 한 번쯤 다시 생각하게 해보는 것, 이게 《워싱턴포스트》가 제안하는 해법이다.

목숨이 낙엽처럼, 우리가 할 수 있는 일은 무엇일까.

"그렇게 작업하면 안 된다고, 네가 다치면 나도 엄청난 벌금을 맞고 옥살이까지 해야 한다는 각오 정도는 있어야 작업 환경이 바뀐다. 이 죽음들을 '사고'가 아니라 '사건'이라 불러야 하는 이유다."

'매일 김용균이 있었다' 연속 보도를 내보냈던 《경향신문》 기자 황경상은 한국언론진흥재단이 펴내는 월간《신문과방송》에 취재 뒷 이야기를 밝혔다.

"언론이나 정부에서는 노동자의 부주의가 사고의 원인이라고 말하면서 '안전'만을 강조한다. 죽으려고 출근하는 사람은 없다. 시간에 쫓기고 비용에 목이 타는데 안전을 챙길 여유 따위는 없어서다. 건설 현장의 경우 다단계 하도급이 이뤄지다보니 가장 아래에서 물량을 받아 일하는 노동자들은 고된 노동에 시달리며 압박을 받는다."

2011년 영국 법원은 노동자 한 명을 매몰 사고로 사망케 한 코츠월드홀딩스(Cotswold Geotechnical Holdings)에 38만 5000파운드(한국 돈으로 5억 8000만 원)의 벌금을 부과했다. 판결을 내린 판사는 거액의 벌금 때문에 파산할 수도 있다는 우려에 "불행하지만 어쩔 수 없는 일이다"라고 답했다고 한다.

하지만 한국의 현실은 다르다.《경향신문》과 인터뷰한 건설노동안전연구원 원장 함경식은 "지금도 산안법에서 도급 사업 시 원청의 안전조치와 의무를 규정하고 있지만 실제 사망 사고가 발생해도 처벌은 잘되지 않는다"며 "사람 1명 죽으면 원청에는 벌금 400만원 정도밖에 안 내려진다고 하는데 이런 구조에서 사업주가 안전에 투자하겠느냐"고 말했다.

고용노동부가 사다리 위에서 작업을 하지 못하도록 금지했다가 다시 허용한 일련의 과정도 시사하는 바가 크다.《경향신문》집계에 따르면 10년 동안 사다리 위에서 작업하다 다친 노동자가 3만 8859명이고 사망자만 317명에 이른다. 고용노동부는 사다리를 위아래로 이동하는 수단으로 활용하고 사다리에서 작업을 하려면 이동식 비계 등을 설치하라는 지침을 내렸다. 만약 이를 지키지 않으면 5년 이하의 징역 또는 5000만원 이하의 벌금형을 받을 수 있다는 단호한 지침이었다. 그러나 업계의 반발이 거세자 석 달도 채 되지 않아 2인 1조로 작업하면 3.5미터 이하 높이에서는 가능하다는 조건으로 후퇴했다.

"오늘도 3명이
퇴근하지 못했다."

사실 산업 재해를 다룬 솔루션 저널리즘 기사는 다른 나라에도 많지 않다. 《인사이드에너지》가 다룬 미국 와이오밍의 사례 정도가 참고할 만하다. 와이오밍은 한때 미국에서 산업 재해가 가장 많은 주였다. 특히 천연가스 시추 산업이 호황을 이루면서 산업 재해와 사망자 수가 급증했다. 2009년에는 1월 첫째 주에만 세 명이 숨졌다. 한 명은 트럭에 치이고 다른 한 명은 굴착 장비에 머리에 큰 상처를 입었고 또 다른 한 명은 공사 현장에서 빠져 나오다가 차가 미끄러졌다. 와이오밍 주지사 데이브 프뢰덴탈(Dave Freudenthal)이 태스크포스를 만든 것도 그 무렵이었다. 태스크포스는 세 가지 해법을 내놓았다. 첫째, 안전 벨트 착용을 의무화할 것, 둘째, 작업장 사고에 더 높은 벌금을 물릴 것, 셋째, 전염병을 연구하는 것과 마찬가지로 작업장 사고의 원인을 규명하기 위한 직업 역학자(occupational epidemiologist)를 고용할 것 등이었다. 사실 이런 문제에 뾰족한 해법

CC0 Public Domain.

이 있는 건 아니다. 우선 순위를 설정하고 매뉴얼을 만들고 문화를 바꾸는 지난한 과정을 거치면서 원칙을 확립하는 게 핵심이다. 와이오밍의 경우도 변화를 끌어내는 과정이 순탄하지 않았다. 어렵게 직업 역학자로 모셔온 티모시 라이언(Timothy Ryan)은 2년 만에 자진 사퇴했다. 그는 《뉴욕타임스》와 인터뷰에서 "권력을 쥔 사람들이 시스템을 바꾸는 데 관심이 없었고 변화의 속도가 너무 느려 좌절했다"고 털어놓았다. 실제로 현장에서는 안전 문제를 지적하면 불이익을 당하거나 해고될 수도 있다는 우려가 있었고, 재해를 입은 노동자들에게 보상을 하는 규정이 있었지만 이런 규정만 지키면 법적 책임을 면제 받을 수 있었기 때문에 관리자들이 부담으로 느끼지 않았다. 이를테면 현장에 고압 케이블이 노출돼 있어서 위험하다는 사실을 모두가 알고 있었지만 아무런 조치를 취하지 않았고 나중에 사고가 난 다음에야 피해자가 소송을 걸어 겨우 보상을 받을 수 있었다. 피해 구제를 강화하거나 소송의 문턱을 낮춰야 한다는 지적이 있었지만 변화는 더뎠다. 여기까지는 세계 어디에서나 겪고 있는 비슷한 문제다. 특히 와이오밍은 규제에 대한 저항이 심한 지역이었다. 티모시 라이언의 뒤를 이은 맥 스웰(Mack Sewell)은 사고의 유형과 원인, 추이 등의 데이터 분석에 매달렸다. "현장 사람들이 이런 데이터는 처음 봤다고 말하곤 했죠. 이런 피드백을 정말 좋아한다고 생각했고 여기에서 변화를 만들 수 있을 거라는 확신을 갖게 됐습니다." 맥 스웰에 따르면 와이오밍에서 산업 재해가 줄어드는 것처럼 보였던 것은 사실이지만 실제로는 표본의 크기가 작아 정확한 추이를 파악하기가 쉽지 않았다. 산업 재해 전문 변호사 존 빈센트(John Vincent)는 《인사이드에너지》와 인터뷰에서 "5년이 지났지만 여전히 노동자들이 죽어가고 있다"고 말했다. 데이터 상으론 개선된 것처럼 보였던 건 새로운 공장이 노스다코타로 옮겨갔기 때문이라는 게 이 변호사의 주장이다. 《인사이드에너지》는 정확한 사망자 수를 추정하는 작업부터 시작했다. 실제로 사망률을 계산하려면 사망자 수(분자)와 노동자 수(분모)를 둘 다 알아야 하는데 이런 기본적인 데이터조차 확인하기가 쉽지 않았다. 애초에 석유와 가스 산업 종사자가 몇 명인지도 명확하게 파악되지 않았고 여러 업종에 걸쳐 있는 경우도 많았다. 사망자 수는 정확하게 집계되지 않거나 워낙 분모가 작다 보니 과소 평가됐다.

존 빈센트는 이렇게 말했다. "모든 데이터에는 한계가 있습니다. 하지만 한계가 있다고 해서 데이터를 쓰지 말아야 한다는 건 아니죠. 한계를 이해하고 투명하게 설명하기 위해 최선을 다해야 합니다." 그래서 데이터를 들여다 보니 놀랍게도 아이오밍에서 산업 재해가 2006년 대비 절반으로 줄었지만 노스다코타에서는 같은 기간 동안 다섯 배나 늘어났다는 사실을 확인할 수 있었다. 최근 조사에 따르면 최근 사망한 노동자들 절반 정도가 안전벨트를 착용하지 않았던 것으로 확인됐다.

한 석유회사 직원은 이렇게 말하기도 했다. "작업장에서는 이상한 파이팅 문화 같은 게 있죠. 이를테면 숙련된 작업자들일수록 일을 쉽게 한다는 정서가 있어서 새로 합류한 작업자들은 암묵적으로 '나도 저렇게 쉽게 할 수 있어', '안전벨트 같은 건 미숙한 사람들이나 매는 거야', 이런 생각을 하게 되죠. 사실 이런 문화가 가장 큰 위험 요인입니다."

감독이 제대로 이뤄지지 않고 있다는 사실도 확인됐다. 감독 기관에서 현장을 방문하는 경우가 로또에 당첨될 확률 보다 낮다는 이야기가 나올 정도였다. 한국도 마찬가지지만 위험한 작업을 대부분 하청 업체에 위탁하기 때문에 본사가 책임을 지지 않아도 되는 구조도 위험을 키우는 요인이었다. 한 에너지 회사 임원은 이런 말을 하곤 했다. "우리는 할 수 있는 것을 다합니다. 다만 그 사람은 우리 회사 직원이 아니죠."

노스타코타는 안전 프로그램을 도입하고 안전 기록이 좋은 회사들은 보험료를 낮춰주거나 보조금을 지급하는 방안을 도입했다.

우리는 일상적으로 반복되는 문제를
어쩔 수 없는 일로 방치하고 있지
않은가? 비행기 사고는 끔찍하지만
자동차 사고도 결코 가볍지 않다.
훨씬 더 자주 일어나고 누군가의
인생을 망치거나 죽음에 이르게
하는 경우도 많다. 이것은
관행이라는 이름으로 무시하거나
외면했던 문제들을 정면으로
마주하고 구조와 문화를 바꾸는
과정에 대한 이야기다.

문제를 정확하게 규정해야 해법을 찾을 수 있다.

6장

2015년 3월 24일 아침 10시, 스페인 바르셀로나에서 독일 뒤셀도르프로 출발한 저먼윙스(Germanwings) 9525편이 출발 40여 분만에 추락했다. 승객 144명과 승무원 6명이 모두 사망했다. 이 비행기는 고도 1만 1600km 상공에서 갑자기 하강하기 시작해 10여 분만에 시속 640km 속도로 땅에 곤두박질쳤다. 관제소의 비상 연락도 받지 않았고 프랑스 공군이 부랴부랴 출동했지만 추락을 막지 못했다.

반복되는 문제,
프로토콜을 바꿔야 한다.

블랙박스를 확인한 결과 부기장 안드레아스 루비츠(Andreas Lubiz)가 고의로 비행기를 추락시킨 것으로 드러났다. 자살 비행이었다. 기장이 화장실에 간 사이에 조종실 문을 걸어 잠그고 수동 운전으로 고도를 끌어내린 것이다. 기장이 계속 문을 두드리고 마지막에는 강제로 부수려고 했으나 2001년 9.11 테러 이후 보안이 강화된 덕분에 출입문은 꿈찍도 하지 않았다. 조사 결과 부기장은 우울증에 시달리고 있었고 이전 비행에서도 기장이 자리를 비운 사이에 비행기를 고의로 추락시키는 데 필요한 계기판 작동을 테스트했던 것으로 드러났다. 문제는 부조종사의 우울증이 아니고 화장실을 다녀온 조종사의 책임도 아니다. 이런 위험을 차단할 수 없었던 시스템이 문제였다.

이 사고 이후 유럽에서는 비행기 조종실에 언제나 두 사람이 있어야 한다는 걸 새로운 원칙으로 만들었다. 이제는 기장이나 부기장이 화장실을 다녀오려면 반드시 승무원이 한 명 조종실에 들어와 있어야 한다. 갑자기 기장이나 부기장이 자살 비행을 감행하거나 정신 발작을 일으키거나 어떤 다른 이유로 돌발 상황이 발생할 경우를 대비하기 위해서다. 어떤 경우든 조종실에 혼자 남아있어서는 안 된다는 원칙을 만든 것이다.

눈여겨 볼 부분은 우리가 항공기 사고를 다루는 방식이다. 항공기 사고는 자주 일어나지는 않지만 한 번 발생하면 끔찍한 결과를 초래한다. 미국 연방교통안전위원회(NTSB)에 따르면 세계적으로 상업용 비행기 사고는 100만 건당 0.37건, 1억 명 중에 2명 꼴이다. 2003년 연구에서는 비행기 사고로 죽을 확률은 자동차 사고로 죽을 확률의 65분의 1 정도다. 미국에서 자동차 사고로 죽는 사람이 2013년 기준으로 하루 90명, 1년이면 3만 2719명에 이른다. 한국도 마찬가지지만 자동차 사고는 슬프지만 피할 수 없는 일로 받아들여진다. 실제로는 항공기 사고보다 훨씬 많은 사람들이 자동차 사고로 죽는데도 말이다.

안타깝지만
어쩔 수 없는 일이라고?

미국의 온라인 신문 《복스》(VOX)는 중앙 정맥관(central venous catheter) 감염 사고를 다룬 기획 기사를 내보내면서 항공기 사고와 자동차 사고의 차이를 설명했다. 항공 산업에는 어쩔 수 없는 사고라는 게 있어서는 안 된다. 100만 분의 1이라도 기장이 없는 사이에 자살 비행이 벌어질 수 있다면 대책을 마련해야 한다. 자동차 사고처럼 날마다 어디선가 있을 수 있는 사고라고 생각하면 이런 문제는 결코 해결할 수 없다. 문제를 정확하게 파악하고 답을 찾아나가면 크든 작든 의미 있는 변화를 만들 수 있다. 항공기 사고처럼 받아들이느냐 자동차 사고처럼 받아들이느냐에 따라 대응도 달라지게 된다. 《복스》의 기사는 이렇게 시작한다. "15년 전 미국의 병원들은 이 문제를 자동차 사고처럼 다루는 병원과 비행기 사고처럼 다루는 병원으로 나뉘어 있었다."

흔히 카테터라고 부르는 중앙 정맥관은 정맥을 통해 약물을 심장까지 전달하는 효과적인 치료 방법이다. 병원에 입원하면 거의 모든 환자들이 일단 카테터를 정맥에 심는 것부터 시작한다. 문제는 카테터가 박테리아에 감염되면 치명적인 사고로 이어질 수 있다는 것이다. 2013년 미국에서만 9997건, 1990~2010년 사이에 50만 건 이상의 카테터 감

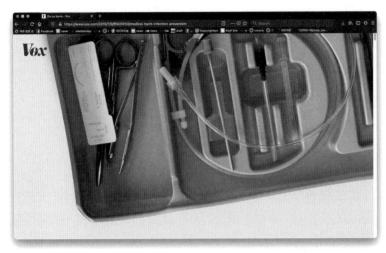

《VOX》.

염 사고가 있었다. 오랫동안 미국의 의사들은 카테터 감염이 자동차 사고처럼 끔찍하지만 일상적으로 벌어지는 사고라고 생각했다. 한국에서도 대학의학회에 따르면 1년에 8만여 건의 카테터로 인한 혈류 감염 사고가 발생한다. 그리고 이 가운데 35%가 치명적인 상황까지 가게 된다. 해마다 수백만 명의 사람들이 카테터를 삽입하는 시술을 받는다. 그리고 수많은 사람들이 카테터 감염 사고로 죽는다. 많은 의사와 간호사들이 자동차 사고처럼 환자의 불행을 다뤘던 게 현실이다.

존스홉킨스대학교의 의사 피터 프로노보스트(Peter Pronovost)는 지난 2001년 화상으로 입원한 생후 18개월 환자의 사망 사고를 조사하다가 카테터 감염 위험을 사전에 예방할 수도 있겠다는 가설을 세우게 됐다. 이 아기는 비교적 가벼운 2도 화상으로 입원했는데 치료를 받던 도중 갑작스럽게 사망했다. 상당 부분 회복된 상태였으나 카테터 감염으로 합병증을 얻은 것이다. 미국 병원에 카테터 감염에 대한 지침이 없었던 건 아니다. 미국 CDC(질병 통제 및 예방 센터, Centers for Disease Control and Prevention)에는 카테터 감염을 예방할 수 있는 90가지 지침에 대한 150페이지짜리 문서가 있다. 그러나 어떤 지침이 가장 중요한지 우선 순위가 없었고 나열만 해놓았을 뿐이었다.

그래서 프로노보스트는 가장 효과적이고 위험이 적은 방법을 찾아보기로 했다. 그래서 만든 게 5가지 항목의 점검표였다. 사실 대단한 것도 아니다. 첫째, 카테터를 만지기 전에 비누나 알코올로 손을 씻을 것. 둘째, 멸균 장갑을 끼고 모자를 쓰고 마스크를 착용하고 가운을 입을 것. 셋째, 환자를 멸균 드레이프로 완벽하게 감싸고 카테터를 사타구니 근처에 놓지 말 것. 넷째, 클로르헥시딘(chlorhexidine) 소독제로 상처를 소독할 것. 다섯째, 카테터가 더 이상 필요없게 되면 곧바로 제거할 것 등이다.

프로노보스트는 동료 의사들이 이런 5가지 지침의 30%도 지키지 않고 있다는 사실을 알게 됐다. 게다가 문제는 이 간단한 다섯 가지 지침을 따르려면 병원의 이곳저곳을 여덟 군데 이상 들러야 한다는 것이다. 그래서 프로노보스트는 필요한 모든 물품이 담긴 카트를 집중 치료실에 들여놓기로 했다. 그리고 간호사들에게는 체크리스트를 따르지 않는 의사가 있으면 보고해 달라고 요청했다. 많은 병원에서 의사는 간호사보다 강력한 권력을 갖는다. 간호사가 의사에게 뭔가를 요청하거나 권고하는 것은 매우 부담스러운 일일 수밖에 없다. 관건은 권력 관계를 뛰어넘어 작동하는 매뉴얼을 만드는 것이었다. 의사들의 반발이 있긴 했지만 프로노보스트가 만든 체크리스트는 작동했고 놀랍게도 카테터 감염 사고가 3개월 만에 50% 줄었다. 6개월이 지나자 70%가 줄었다.

프로노보스트는 이 체크리스트를 다른 병원들에 추천했고 미시간주에 있는 100개의 병원 가운데 60개 병원이 동참했다. 간호사들에게 카테터를 올바르게 삽입하는 4시간짜리 훈련을 실시했고 프로토콜을 따르지 않는 의사에게 조언을 건네는 방법도 매뉴얼로 만들었다. 병원마다 달마다 늘 한두 차례 감염 사고가 발생했는데 프로토콜을 바꾸고 난 뒤 한 건도 없는 달이 늘어나기 시작했다.

항공기 사고와 자동차 사고, 대응 방식의 차이.

병원 체인인 보몬트헬스시스템(Beaumont Health System)의 로버트 웨일즈는 《복스》와 인터뷰에서 "우리는 의사가 프로토콜을 따르지 않을 때 간호사가 중단시켜야 한다는 걸 강조했다"면서 "반발이 없지 않았지만 수술실에서 의사와 간호사의 의사 소통 방식이 바뀌는 걸 확인하고 이것이 작동할 거라고 확신했다"고 말했다. 실험에 참여한 의사들은 "문화를 바꾸는 것이 가장 중요하다"고 강조했다. 비용이 아니라 예방과 개선의 기회로 받아들여야 한다는 이야기다. 이런 프로토콜이 자리 잡으면서 미국에서 카테터 감염 사고는 2008년에서 2013년 사이 46%나 줄어들었다.

《복스》는 단순히 카테터 감염 사고 뿐만 아니라 병원에서 문제에 대한 접근 방식을 바꿀 때 무엇이 달라지는지에 집중했다. 노라 보스트룀 (Nora Boström)은 임신 25주에 태어난 조산아였다. 체중 0.6kg의 미숙아로 태어나 4개월 동안 인큐베이터에서 자랐다. 비교적 건강했지만 폐가 완전히 발달하지 않아 세 살 때까지 고혈압 치료를 받아야 했다. 그런데 어느 날 의사가 노라에게 레모듈린(Remodulin)이라는 정맥 주사를 처방하면서 아이의 부모가 직접 약물을 투입할 수 있도록 카테터를 삽입하고 약물을 투입했다.

며칠 뒤 노라는 급성 열병을 앓기 시작했고 응급실 의사들이 카테터를 제거했을 때는 이미 수많은 고름이 차 있는 상태였다. 나중에 조사 결과 간호사들이 손을 씻지 않은 상태에서 카테터를 만지거나 장갑을 끼고 난 뒤에 침대 난간을 만지는 등의 많은 실수가 발견됐다. 카테터 대신에 피하 주사 형태로 약물을 주입했지만 노라의 상태는 계속 나빠졌다. 폐와 심장이 크게 손상돼 입원과 퇴원을 반복하던 노라는 결국 패혈증으로 숨졌다. 《복스》는 "카테터 감염이 아니었더라도 노라가 살아있을 거라고 확신할 수는 없다"면서도 "면역력이 약하고 만성 질환을 겪고 있는 노라 같은 환자들은 카테터 감염이 치명적"이라고 지적했다.

노라가 입원한 병원은 어린이 병원 중에서도 시설이 좋기로 유명한 병원이었고 카테터 감염도 다른 병원보다 적은 편이다. 그러나 이 병원은 카테터 감염을 비행기 추락 같은 심각한 사고라고 보지 않았고 불행하지만 자주 일어나는 자동차 사고 같은 성격으로 받아들였다. 노라의 부모들은 병원에 의료 과실 책임을 물었지만 병원은 "카테터 삽입은 감염 위험이 있고 완전히 위험을 배제할 수는 없다"고 주장했다. 병원은 노라의 부모에게 제대로 사과하지 않았고 결국 소송으로 갔다.

우리는 여기서 두 가지 교훈을 얻을 수 있다. 첫 번째 교훈은 가벼운 실수가 치명적인 사고 원인이 된다는 것이다. 정맥에 주사 바늘을 꽂는 간단한 작업이지만 프로토콜을 따르지 않을 경우 돌이킬 수 없는 비극을 초래한다. 두 번째 교훈은 실수에서 배워야 한다는 것이다. 이 병원은 이 끔찍한 비극을 자동차 사고처럼 다뤘고 문제를 바로 잡을 기회를 놓쳤다.

그러나 노라가 죽은 병원에서 가까운 거리에 있는 로즈빌메디컬센터는 달랐다. 이 병원은 2005년에 11건의 카테터 감염 사고가 있었다. 다른 병원과 비슷한 정도였지만 이 병원은 프로노보스트의 체크리스트를 참고해서 시스템을 바꾸기로 했다. 이 병원은 간호사들이 일상적으로 하던 카테터 삽입을 전면 중단 시키고 별도의 혈관 시술팀(vascular access team)을 신설했다. 숙련된 기술이 필요한 작업은 아니지만 철저하게 프로토콜을 지키기 위한 변화였다. 놀랍게도 그 뒤 7년 동안 이 병원에서는 단 한 차례의 카테터 감염 사고도 없었다.

더욱 흥미로운 대목은 이런 변화를 겪으면서 이 병원의 시스템이 달라졌다는 사실이다. 《복스》의 표현에 따르면 의료 사고를 자동차 사고가 아니라 항공기 사고처럼 다루기 시작한 것이다. 7년 만에 카테터 감염 사고가 다시 발생했을 때 이 병원 스탭들은 문제의 원인을 파악하고 시스템을 전면적으로 다시 점검하기 시작했다. 알고 보니 심장 투석 환자를 돌보는 간호사들이 외부 용역 업체 소속이었고 장비도 다를 뿐만 아니라 이 병원의 매뉴얼을 따르지 않는다는 사실을 알게 됐다. 그래서 그때부터는 용역 업체 소속 간호사들도 동일한 훈련을 받게 됐다.

관행이라는 이름으로
무시하거나 외면했던 문제들.

문제를 정확하게 규정하면 해법을 찾을 수 있다. 그리고 그 해법이 수많은 사람들의 목숨을 살릴 수 있다. 이 기사는 카테터 감염 사고라는 특정한 영역의 사건을 다루고 있지만 문제에 대한 접근 방식과 과정 그리고 시스템에 대해 많은 아이디어를 준다. 우리는 일상적으로 반복되는 문제를 어쩔 수 없는 일로 방치하고 있지 않은가? 비행기 사고는 끔찍하지만 자동차 사고도 결코 가볍지 않다. 훨씬 더 자주 일어나고 누군가의 인생을 망치거나 죽음에 이르게 하는 경우도 많다. 이것은 관행이라는 이름으로 무시하거나 외면했던 문제들을 정면으로 마주하고 구조와 문화를 바꾸는 과정에 대한 이야기다.

《청년의사》에 따르면 한국에서도 2013년 이후 의료 관련 감염 가운데 혈류 감염이 43%를 차지하고 있다. 특히 중환자실에서는 혈류 감염이 치명적이다. 극단적으로 폐렴으로 입원했다가 혈류감염으로 죽는 일이 일상적으로 벌어진다. 이 신문에 따르면 중환자실 감염률은 해마다 떨어지고 있지만 혈류 감염은 줄어드는 정도가 상대적으로 더디다. 미국과 독일, 일본에서는 인공 호흡기 관련 감염률이 높은데 한국은 여전히 카테터 관련 혈류 감염률이 높다. 이 신문은 "만약 정부에서 감염률에 따라 보험급여를 제한한다면, 감염률 0% 병원들이 속출할 것"이라면서 "병원들이 카테터 감염 비율을 아예 기록조차 하지 않게 될 것"이라고 지적했다. 오히려 현상을 숨기고 문제 해결을 어렵게 만들 수도 있다는 이야기다. 이 신문은 또 현실적인 문제를 지적하고 있다. 미국과 달리 간호 인력이 턱없이 부족하기 때문에 현실을 고려하지 않고 수가 등을 결정할 경우 병원 현장의 혼란만 가중될 수 있다는 지적이다.

이 신문은 기사의 마지막 부분에 아산병원의 사례를 소개하면서 다음과 같이 언급하는 데 그쳤다. "아산병원도 2012년 이후 C-라인 감염 관리, 즉 혈류 감염 관리를 위해 다각도의 노력을 펼쳐 왔다. 2012년 C-라인 패키지를 도입하고, 2013년에는 C-라인 소독횟수 근거 등을 마련했으며, 2014년에는 C-라인 번들 적용범위를 확대했다. 이후 2015년에는 정맥주사팀 C-라인 드레싱 전담팀을 운영하고, 지난해에는 클로르헥시딘이 함유된 테가덤을 도입했다. 이런 활동들에 힘입어 감염률이 지속적으로 감소했다."

좋은 기사지만 안타깝게도 이 기사를 읽은 독자들에게는 단순히 아산병원이 좋은 병원이라는 것 외에 어떤 메시지도 줄 수 없다. 전문지의 특성이겠지만 읽고도 무슨 말인지 알 수 없는 단어가 많다. 의료 현장의 의료진에게는 의미있는 울림을 던지는 기사일까. 그럴 것 같지는 않다.

다음은 아툴 가완디의 설명이다.

"우리는 단순한 문제들에 둘러싸여 있다. 의학에서는 카테터를 삽입할 때 마스크를 쓰지 않았다든지 심혈관 모니터에 일직선으로 가로줄이 나타나는 심장마비의 원인 가운데 하나가 칼륨 과잉 투여라는 것을 생각해 내지 못했다든지 등이 바로 단순한 문제에 속한다. 법률 업무에서는 탈세 사건을 변호하는 주요 방법을 모두 기억해 내지 못했거나 다양한 법정의 마감 시간을 잊어버렸을 때 이런 단순한 문제가 생긴다. 경찰 업무에서는 목격자가 용의자의 얼굴을 살펴볼 수 있도록 한 줄로 정렬시키는 일을 제대로 하지 못했거나 목격자에게 줄을 선 사람들 중에 용의자가 없을 수도 있다는 말을 깜박 잊어버리고 하지 않았거나 목격자가 있는 자리에 용의자와 안면이 있는 사람을 동석시키는 등 단순한 문제가 생길 수 있다. 체크리스트는 이처럼 기본적인 실수를 막을 수 있도록 해준다."

세상의 모든 문제가 이렇게 단순하고 이렇게 간단한 아이디어로 해결할 수 있으면 얼마나 좋을까. 캐나다 요크대학교 교수 브렌다 짐머만(Brenda Zimmerman)은 세상의 수많은 문제들을 세 가지로 분류했다. 간단한 문제와 복잡한 문제, 복합적인 문제다. 이를 테면 케이크를 굽는 것은 비교적 간단한 문제다. 달에 로켓을 보내는 건 복잡한 문제고, 아이를 키우는 건 복합적인 문제다. 로켓을 쏘는 건 복잡하지만 한 번 성공하고 나면 그대로 반복할 수 있다. 하지만 아이들은 모두 다르고 날마다 다른 사건이 발생한다. 무엇보다도 결과를 예측하기 어렵다. 그래서 체크리스트가 필요한 것이다.

> 솔루션 저널리즘이 기사 작성의
> 새로운 대안이라는 확신을 갖게
> 되면서 기사에 자신감이 붙었다.
> 문제에 기반한 기존의 기사 작성을
> 포기하라는 게 아니라 우리가 할 수
> 있는 최선의 보도를 추가하라는
> 의미에 가깝다. 단순히 사실을
> 보도하는 데 그치지 않고 비슷한
> 문제를 겪고 있는 다른 지역에서 더
> 나은 대안을 실행하고 있다는 사실을
> 널리 알려야 한다는 의미다.

문제의 정의와 접근, 체크리스트를 만들어 보자.

7장

솔루션저널리즘네트워크에서는 "해법의 작은 조각을 찾으라"고 조언한다(As reporters we are often looking for the very, very perfect solution. But when it comes to really big problems you are often more likely to find small slices of a solution.). "여러분, 이것만 하면 됩니다, 제가 세상을 구원할 해법을 찾았어요." 세상 일이 이렇게 쉽게 풀리면 좋겠지만 우리가 안고 있는 많은 문제들은 복잡하고 구조적이다. 하나의 문제를 풀면 다른 문제가 터져나오고 여러 문제가 꼬여 있거나 기회비용을 수반한다. 그래서 일단 작은 아이디어부터 시작해 보자는 게 솔루션저널리즘네트워크의 조언이다.

2007년 12월 《뉴요커》에 실린 「목숨을 살리는 체크리스트」라는 제목의 기사는 해법에 접근하는 과정에 대한 몇 가지 힌트를 준다. 2차 세계 대전 때 '하늘을 나는 요새(flying fotress)'라고 불렸던 폭격기 B-17이

시험 비행에서 추락해 큰 충격을 안겨준 적 있다. 1935년 10월 30일, 미국 오하이오주 공군 비행장에서 군용 항공기를 구입하기 위한 시험 비행을 하는 도중이었다. 활주로를 뜨자 마자 100미터 상공에서 한쪽 날개가 꺾이더니 무시무시한 속도로 추락했다. 조종사를 비롯해 승무원 5명 가운데 2명이 현장에서 숨졌다.

한 장짜리 체크리스트가
사람을 살린다.

보잉의 B-17은 성능과 디자인에서 경쟁사들을 크게 앞섰다는 평가를 받고 있었고 이미 공군의 대량 구매도 예정된 상태였다. 두 배나 많은 폭탄을 싣고 두 배나 더 멀리 날 수 있었지만 새로운 기능이 너무 많아 조종사들이 이를 모두 외운다는 게 불가능하다는 게 문제였다. 조종사 한 사람이 감당하기에는 기능이 너무 많다("too much airplane for one man to fly.")는 평가도 있었다. 결국 미국 공군은 보잉 대신에 마이클더글라스의 폭격기를 선택했다.

반전은 그 다음부터다. 자칫 보잉을 파산으로 몰고 갈 뻔 했던 B-17은 간단한 아이디어로 살아났다. 조종사의 숙련도 부족을 문제의 원인이라고 판단했다면 훈련을 더 많이 시켜야 한다는 결론으로 갔겠지만 공군 조종사는 최고의 베테랑들이다. 문제는 더 많은 훈련이 아니라 어떻게 실수를 최소화할 것인가였다. 시험 비행 사고 역시 기계 결함이 아니라 조종사가 브레이크를 실수로 풀지 않았기 때문에 발생한 것으로 확인됐다.

미국 공군은 테스트 용도로 구입한 B-17을 점검하면서 조종사와 부조종사가 확인해야 할 한 장짜리 체크리스트를 만들었다. 기어 스위치는 중립으로, 연료 전송 장치는 잠겨 있어야 하고, 연료 차단 스위치는 오픈돼 있어야 한다, 오토 파일럿 기능은 꺼져 있어야 한다, 제너레이터가 작동하고 있는지 확인하고, 자이로가 셋팅됐는지도 확인해야한다 등등이다.

이 체크리스트 덕분에 B-17은 180만 마일 비행에 성공했고 보잉

보잉을 파산 위기에서 구한 한 장짜리 체크리스트.

은 1만 3000대의 주문을 받을 수 있었다. 이 기사를 쓴 사람은 외과의사 아툴 가완디다. 가완디는 "복잡한 일을 많이 처리해야 하는 현대인이 실수와 실패를 피할 수 있는 가장 간단한 방법은 체크리스트"라고 강조한다.

가완디에 따르면 미국에서 수술 도중 죽는 사람이 15만 명인데 이 숫자는 교통사고 사망자 수의 3배 규모다. 가완디는 병원에 제대로 된 체크리스트만 있어도 의료 사고를 크게 줄일 수 있을 거라고 제안한다. 실제로 피터 프로보노스트가 제안한 체크리스트를 도입한 병원들은 환자 사망률이 절반 정도로 줄었다. 가완디는 "현대 의학도 B-17의 단계에 들어섰다"고 평가했다. 4만 명 이상의 외상 환자들을 조사한 한 연구에서는 1224가지 증상을 포함한 3만 2261건의 조합이 있었다. 가완디의 표현에 따르면 3만 2261대의 완전히 다른 비행기를 착륙시키는 것과 같은 모험을 일상적으로 치러야 한다.

《뉴요커》의 기사가 2007년 기사라는 사실을 눈여겨 볼 필요가 있다. 솔루션 저널리즘이란 말이 유행하기 훨씬 전에, 그리고 기자가 아닌 의사가 솔루션 저널리즘의 모델 같은 기사를 쓴 것이다. 단순히 현장에 답이 있다는 말로는 부족하다. 문제에서 해법의 아이디어를 얻고 작은 변화를 끌어내는 과정이 중요하다는 원칙을 확인할 수 있다.

그러나 이런 아이디어는 지나치게 단순해서 오히려 설득하기 어려운 경우도 있다. 가완디에 따르면 의사들은 체크리스트가 필요하다는 프로보노스트의 제안을 불쾌하게 생각했다. 한 의사는 이렇게 말하기도 했다. "서류 나부랭이는 치우고 환자나 치료하죠."

프로보노스트가 시나이그레이스병원 경영진을 처음 만났을 때 체크리스트를 도입하라고 요청하는 대신 카테터 감염 비율을 확인해 달라고 요청한 것도 이런 이유에서다. 확인해 봤더니 전국 평균을 웃도는 수치였다. 그때서야 이 병원도 '키스톤 이니셔티브'라는 이름의 프로젝트 그룹에 참여하기로 했다. 병원마다 프로젝트 매니저를 두고 한 달에 두 번씩 전화회의를 하는 모임이었다. 병원 경영진은 처음에는 투덜거렸지만 효과가 나타나기 시작하자 전폭적으로 지원하기 시작했다.

많은 병원에서 경영진과 의사들은 사이가 좋지 않다는 사실을 감안해야 한다. 경영진이 이래라 저래라 하는 걸 좋아하는 의사는 없다. 그런데 클로르헥시딘이 비치된 집중치료실이 3분의 1도 안 된다는 사실을 확인한 뒤 클로르헥시딘 구입 예산을 늘리고 새로운 의료 장비를 개발하는 등 변화가 시작됐다. 《뉴잉글랜드 의학저널》에 따르면 미시간주에서 '키스톤 이니셔티브' 프로젝트에 참여한 병원들은 18개월 만에 1억 7500만 달러의 비용을 절감하고 1500명 이상의 환자들의 목숨을 살린 것으로 평가했다.

갈색 초콜릿은
콘서트를 중단하라는 신호다.

가완디는 한국에도 번역 출간된 『체크! 체크리스트』라는 책에서 로큰롤 그룹 밴 헤일런(Van Halen)의 사례를 소개한 바 있다. 밴 헤일런은 공연 기획사와 계약을 맺을 때 복잡한 조건을 요구하기로 유명했는데

이를테면 계약서 126번에 무대 뒤에 반드시 M&M 초콜릿 바구니를 두되 그리고 거기에 갈색 초콜릿이 섞여 있어서는 안 된다는 까다로운 조항을 넣는 게 대표적이었다. 만약 갈색 초콜릿이 하나라도 담겨 있을 경우 콘서트를 취소한다는 조건이었다. 실제로 콜로라도에서는 갈색 초콜릿을 문제 삼아 콘서트를 취소한 적도 있었다.

나중에 리드 싱어 데이빗 리 로스(David Lee Roth)가 밝힌 바에 따르면 이 갈색 초콜릿은 실제로 공연 기획사가 전체 체크리스트를 얼마나 꼼꼼하게 실행했는지 확인하기 위한 지표였다. 만약 초콜릿이 준비돼 있지 않거나 초콜릿은 있는데 갈색 초콜릿이 섞여 있다면 전체적으로 준비가 소홀했다고 볼 수 있다. 계약서의 모든 내용을 확인할 수는 없지만 갈색 초콜릿만 봐도 준비 상태를 확인할 수 있다고 봤던 것이다.

"우리가 공연할 때는 콘서트 장비를 가득 실은 대형 트레일러 9대가 이동했다. 그런데 기술적 실수가 너무 잦았다. 무대 바닥이 움푹 꺼지거나 대들보가 천장 무게를 지탱하지 못하거나 문이 작아서 콘서트 장비가 빠져나가지 못할 때도 있었다. 우리의 계약서는 중국의 전화번호부처럼 두툼했다. 만약 갈색 초콜릿이 발견됐다면 우리 계약서의 모든 조항이 제대로 지켜지지 않았다는 신호고 어디에선가 실수가 발생할 거라는 의미로 이해했다."

가완디는 "복잡한 상황을 헤쳐나가고 위기를 극복하려면 반드시 체크리스트가 필요하다"고 강조했다. "사람들이 판단해야 할 여지는 항상 남겨둬야 하지만 그 판단은 체크리스트를 통한 절차의 도움으로 향상될 수 있다"는 이야기다.

좋은 체크리스트와
나쁜 체크리스트가 있다.

가완디가 소개한 파키스탄의 비누 실험도 흥미로운 벤치마크 모델이 될 수 있다. 미국질병대책센터에서 일하던 스티븐 루비라는 의사가 파키스탄 지부에 발령이 나면서 슬럼가에 비누를 공급하자는 아이디어를 냈다. 간단하고 뻔한 아이디어였지만 프록터앤갬블을 찾아가 비누를 무상 지원하겠다는 약속을 받아냈다. 그 무렵 이 회사가 한창 밀고 있었던 트리클로카반이 들어간 비누와 들어가 있지 않은 비누 두 종류의 샘플을 받아 두 그룹에 나눠주고 손을 잘 씻는 방법을 알려줬다.

실험 대상이 된 가족들은 1년 동안 1주일에 평균 3.3개의 비누를 받았는데 1년이 지난 뒤 확인해 보니 비누 종류에 상관 없이 결핵 발병 비율이 48%나 떨어졌다. 설사는 52%나 줄었고 농가진도 35% 줄었다. 소득 수준이나 인구 밀집 정도, 심지어 어떤 물을 마시느냐와 별개로 손을 씻는 것만으로도 전염병 발병 비율이 크게 떨어진 것이다. 프록터앤갬블은 신제품 비누의 효능을 입증하고 싶었겠지만 큰 차이는 없었다.

흥미로운 대목은 단순히 비누가 아니라 비누가 생활 습관을 바꿨다는 것이다. 가완디의 분석에 따르면 두 가지 요인이 있었다. 첫째, 비누를 정기적으로 공급 받으니 비누를 아낄 필요가 없었다. 실험 이전에 비누를 쓰지 않았던 게 아니다. 다만 경제적 부담이 줄어들고 비누를 아낌 없이 쓰라는 조언을 들으니 손을 더 자주 씻게 됐다. 둘째, 손을 씻는 방법이 달라졌다. 파키스탄 사람들은 원래 손을 잘 씻는 사람들이었다.

멀리 떨어진 곳까지 가서 손을 씻는다는 비율이 80%가 넘었다. 문제는 손을 빨리 씻고 용변에 관계된 손만 씻었다는 것이다. 비누 실험을 1년 동안 진행하면서 두 손을 완전히 물에 담그고 비누 거품을 풍성하게 낸 뒤에 씻어내라는 원칙을 따르게 됐다. 과거에는 용변을 본 뒤에만 □었지만 이제는 음식을 준비하거나 아이들에게 음식을 먹일 때도 손을 씻게 됐다는 것도 중요한 변화였다.

세상의 모든 문제가 이렇게 아름답게 해결될 수 있다면 얼마나 좋을까. 안타깝게도 파키스탄의 비누 실험은 비누를 무상 공급하겠다는 비누 회사가 있었기 때문에 가능했고 그야말로 한시적으로 진행된 실험이었을 뿐이다.

보잉의 다니엘 부어맨에 따르면 체크리스트에는 좋은 체크리스트와 나쁜 체크리스트가 있다. 나쁜 체크리스트는 너무 길고 읽어도 뭐가 뭔지 잘 모르겠거나 당장 뭘 하라는 건지 명확하지 않은 경우가 많다. 사무 직원들이 만들고 정작 현장에서는 외면하게 되기 마련이다. 좋은 체크리스트는 간단 명료하고 효율적이다. 모든 것을 설명하려 하지 않고 가장 중요하고 필수적인 단계를 일깨워준다.

가완디가 소개한 호놀룰루에서 출발한 유나이티드항공 비행기의 블랙박스 녹음 파일 내용은 체크리스트가 어떻게 작동하는지 엿볼 수 있는 흥미로운 사례다. 비행기 파편이 날아다니고 소음도 엄청났다. 세 번째 엔진이 멈췄고 네 번째 엔진은 불이 붙었다. 날개 플랩의 바깥쪽 부분이 부서졌다. 폭탄에 맞은 것일까. 또 다른 폭발이 일어날까. 조종사들은 최대한 빨리 판단을 내려야 했다. 바다에 불시착시킬 것인지,

호놀룰루 공항으로 돌아갈 것인지 등등. 이들은 놀랍게도 체크리스트를 꺼내 들었다.

기장 : "내가 체크리스트를 읽을까요."

기관사 : "내가 꺼냈습니다. 준비되면 말씀하세요."

기장 : "준비됐습니다."

체크리스트에 따라 고도를 낮추고 파손된 엔진을 정지시키고 무게를 줄이기 위해 연료를 버리고 호놀룰루 공항으로 돌아가는데 성공했다. 이 체크리스트에는 명확한 정지 지점이 명시돼 있고 체크리스트를 따를 것인지 말 것인지 선택해야 할 변수가 지정돼 있었다.

해결 지향 보도를 위한
체크리스트.

솔루션저널리즘네트워크는 솔루션 저널리즘 가이드라인을 굉장히 구체적으로 제안하고 있다. 솔루션 저널리즘은 단순히 사건 보도를 넘어 컨텍스트를 제공하고 구체적인 해법을 제시해야 한다. 독자의 관여를 늘리고 임팩트를 만들 수 있어야 한다. 본스타인은 "사람들이 더 나은 세상을 만들기 위한 노력에 동참하도록 하려면 이들이 기회를 발견할 수 있도록 해야 한다"고 강조했다.

솔루션 저널리즘은 독자들에게 아이디어를 불어넣고 직접적인 행동을 끌어내는 취재 보도 방식이다. '나도 할 수 있겠다', '이렇게 하면 되겠다'는 것을 보여주는 것이다. 본스타인은 "저널리즘적 감각을 포기하라는 게 아니라 오히려 그들의 능력을 사람들이 어떻게 문제에 대응하고 어떤 결과를 얻고 있으며 어떻게 그런 결과를 얻게 됐는지 그 과정에 대해, 그리고 그런 노력에서 우리가 무엇을 배울 수 있는지를 보여주는 데 쓰라는 것"이라고 설명했다.

나는 기자들에게 솔루션 저널리즘을 설명할 때 굳이 강박에 빠질 필요는 없다고 강조하곤 한다. 여기까지가 솔루션 저널리즘이고 여기서부터는 솔루션 저널리즘이 아니다, 이런 경계나 기준이 있는 건 아니다. 다만 우리가 문제 해결을 강조할 때 좀 더 신경을 써야 할 몇 가지 포인트를 제안할 수는 있다. 취재와 데스킹 과정에서 이런 포인트들을 놓치고 있지 않은가 살펴보거나 시스템에 반영할 수 있을 것이다.

다음은 솔루션저널리즘네트워크가 제안하는 10가지 체크 포인트를 한국 상황에 맞게 풀어 쓴 것이다.

첫째, 문제의 원인을 구체적으로 설명하고 있는가. 잘 알려진 문제가 아니라면 문제의 원인을 먼저 설명하는 게 좋다. 독자들이 문제를 가볍게 생각하고 있거나 잘못 이해하고 있을 가능성을 고려해야 한다.

둘째, 문제에 대한 관련 반응에 대해 보여주고 있는가. 문제에 대한 대응이나 해법을 다루지 않는다면 솔루션 저널리즘이라고 부를 수 없다.

셋째, 문제 해결과 해결책 실행의 구체적인 방법까지 파고 들고 있는가. 매우 구체적인 수준까지 문제 해결 과정을 파고 들어야 한다. 솔루션 저널리즘은 그래서 탐사 저널리즘이 될 수도 있고 데이터 저널리즘이 될 수도 있다. 사람들에게 호기심과 열정을 불러 일으켜야 한다. 고등학생들의 학교 중퇴를 막기 위한 노력을 취재한다면 실제로 어떤 변화가 어떻게 가능했는지, 이게 어쩌다 한 번 가능한 변화였는지, 구조적인 변화가 가능한 것인지 등을 검증해야 한다. 솔루션저널리즘네트워크는 독자들이 드라마 〈하우스〉(House)나 〈CSI 과학수사대〉처럼 질문에 빠져들어야 한다고 강조한다. 기사를 끝까지 읽을 때까지 긴장을 놓치 못하게 만들어야 한다.

넷째, 문제 해결이 기사의 핵심인가. 솔루션 저널리즘도 다른 저널리즘 취재 보도와 마찬가지로 캐릭터가 있고 이들의 도전과 실험, 성공, 실패로 기사가 구성된다. 내러티브가 호기심을 끌고 의미도 있고 재미도 있다면 독자들의 관심을 끌 수 있다. 이런 내러티브를 극대화하는 전략 가운데 하나가 복잡한 문제를 규정하고 이 문제의 원인과 구조를 분석하고 해법에 접근하는 과정을 풀어놓는 것이다.

다섯째, 문제 해결과 관련된 증거를 보여주고 있는가. 기자들이 문제를 해결할 수는 없다. 다만 무엇이 최선의 해법인지 판단하고 그 근거를 설명해야 한다. 저소득 계층의 의료 접근성을 높이기 위한 해법을 찾고 있다면 이런 질문이 가능할 것이다. 이것이 정말 새로운 해법인가? 비용 대비 효율적인 방식인가? 현실적인 해법인가? 이런 질문에 대한 설명은 근거다. 직접 사례를 제시할 수도 있고 데이터와 통계로 입증할 수도 있다. 그럴 듯해 보이는 해법이지만 근거가 부실할 수도 있다. 잠정적이거나 적절하지 않을 수도 있다. 중요한 것은 과장하지 않는 것이다. 근거가 부실하다면 부실한대로, 가능성의 차원이라면 그건 그것대로 정확하게 설명하는 게 중요하다. 나중에라도 새로운 근거가 확보된다면 그 근거가 해법을 보완하는 것인지 부정하는 것인지 후속 보도가 필요할 수도 있다.

여섯째, 한계를 설명하고 있는가. 솔루션 저널리즘을 이야기할 때 계속 강조하는 건 완벽한 해법 같은 걸 기대하지 말라는 것이다. 모든 해법에는 기회비용과 한계, 불확실성, 위험이 있다. 너무 많은 비용이 들거나 어쩌다 가능한 사례는 해법이 아니다. 어떤 특별한 조건에는 작동하지만 다른 조건에서는 작동하지 않는 경우도 마찬가지다. 손에 잡히는 해법이 툭 튀어나온다면 애초에 문제가 아니었을 수도 있다. 솔루션 저널리즘이 가슴을 뛰게 하는 건 해법에 접근하는 과정이 그 자체로 의미가 있기 때문이다. 때로는 실패에서도 중요한 교훈을 얻을 수 있기 때문에 실패의 원인을 분석하고 지표를 확인하면서 한계와 가능성을 점검하는 것만으로도 훌륭한 솔루션 저널리즘 보도가 될 수 있다.

일곱째, 통찰력과 교훈을 전달하고 있는가. 솔루션 저널리즘의 매력은 발견의 기회에 있다. 더 나은 세상을 만들기 위해 우리가 무엇을 할 수 있는가에 대한 아이디어를 준다. 독자들을 관찰자나 방관자로 내몰지 않고 문제 해결에 참여하도록 끌어낸다. 세상을 바꾸는 건 거대 담론이나 정치적 결단이 아니라 통찰과 발상의 전환, 그리고 실험과 개선이다. 이를테면 한 병원에서 인공 호흡기를 부착한 환자들의 침대 높이를 적정 수준으로 높이도록 마스킹 테이프로 위치를 표시했더니 인공 호흡기를 통한 감염 사고가 줄어 들더라는 사례 같은 것들이다. 이런 작은 변화가 큰 변화를 만든다.

여덟째, 누군가를 영웅으로 만들거나 미화하고 있는 건 아닌가. 솔루션 저널리즘의 가장 큰 위험은 문제 해결이 아니라 단순히 따뜻하고 훈훈한 뉴스, 기분 좋은 뉴스로 변질될 가능성이다. 누군가를 치켜세우거나 특정 조직이나 기업, 정당 등을 추어올리는 보도는 해법과 무관할 뿐만 아니라 위험하다.

아홉째, 전문가가 아닌 최전선에서 일하는 사람들의 실용적인 통찰에 기반하는가. 교수나 연구원, 변호사 같은 전문가가 필요할 때도 있지만 현장에서 문제를 부딪히는 사람들이 해법에 가장 가까이 있을 가능성이 크다. 그리고 이들의 이야기에서 실용적인 통찰을 얻는 경우가 많다.

열째, 사람이 아니라 해법과 과정에 집중하고 있는가. 부정 편향을 극복하자는 이야기가 밝고 따뜻한 뉴스를 따라 가자는 이야기는 아니다. 이것은 저널리즘의 사명과 거리가 멀다. 자칫 현실을 단순화하거나 왜곡할 수도 있고 비현실적인 기대를 조장할 수도 있다. 사람이 아니라 그 사람이 무엇에 맞서고 있는지, 무엇을 바꾸고 있는지, 그리고 그 과정에 관심을 기울여야 한다. 여기에서 통찰을 끌어내는 것이 솔루션 저널리즘이다.

데이빗 본스타인은 "솔루션이 아니면서 솔루션인척 포장하는 가짜 솔루션을 경계해야 한다"고 거듭 강조했다. 적당히 솔루션 저널리즘을 흉내내는데 그치는 건 위험하다는 이야기다.

"솔루션 저널리즘이라고 부르려면 탐사 보도 이상으로 깊이 있는 취재가 필요하다. 단순히 '이것은 정말 좋은 프로그램이다', '또는 아이들을 도웁시다', 이런 말을 늘어놓는 걸 솔루션 저널리즘이라고 부르지는 않는다. 변화를 만들어내고 있나? 실제로 작동하고 있다고 확신하나? 검증된 결과가 있나? 성공 요인이 무엇인지, 어쩌다 한 번 우연히 가능한 사례인지 아닌지에 대해서도 말할 수 있어야 한다.”

어쩌다 한 번
가능한 사례가 아닌가?

“한계는 무엇인지, 비용이 너무 크지는 않은지, 정치적 문제가 있는지 없는지에 대해서도 확인을 해야 한다. 흑인 학생들의 중퇴율을 줄이려는 교사의 이야기, 또는 유아 사망률을 줄이려는 공무원의 이야기를 쓴다고 생각해 보자. 우리와 함께 일하는 저널리스트들의 가장 큰 요청은 어떻게 문제의 본질에 접근할 수 있는지, 그리고 어떻게 이 문제를 가볍지 않게 다룰 수 있는지에 대한 교육을 해달라는 거다.”

솔루션 저널리즘은 이를테면 이런 질문에서 출발한다. 고등학교 중퇴율이 가장 낮은 도시는 어디인가. 어느 병원이 대기 시간이 가장 짧은가. 저소득 환자에게 건강 검진을 받게 만들 가장 효과적인 방법은 무엇인가. 10대 흡연을 막는 가장 성공한 정책은 무엇인가. 흑인과 백인의 졸업률 격차를 줄이는 데 성공한 학교가 있는가. 솔루션 저널리즘 툴 킷(took kit, 도구 상자)에서는 이런 질문들을 ‘긍정적인 일탈(positive deviance)’이라고 부른다.

《클리블랜드플레인딜러》라는 신문이 미국 뉴욕주 로체스터에서 납 중독 문제를 어떻게 해결했는지를 다룬 시리즈 기사는 ‘긍정적 일탈’의 중요한 사례다. 로체스터가 어린이 납 중독 비율을 80% 이상 떨어뜨린

데는 발상의 전환이 있었다. 납 중독을 치료하는 데 사후적으로 돈을 쏟기 보다는 납 중독 위험이 크다고 판단되는 빈민층 거주 임대 주택 단지를 중심으로 검사를 시작하고 오염 물질을 제거하는 작업을 시작한 것이다. 이 기사는 간단하지만 확실한 해법을 제시하고 있다. '어떻게'라는 질문으로 시작해서 사례를 제시하고 다른 도시와 비교해 이게 어떤 의미를 갖는지 설명하면서 동기를 부여한다. 이 경우는 모든 지역을 검사하는 게 아니라 특정 지역을 찍어서 검사한다는 게 핵심이었다. 구체적으로 숫자를 들어 성과를 입증하고 단순히 개별 사례에 그치지 않고 다른 도시에도 적용할 수 있다는 가능성을 보여준다.

《퍼블릭라디오인터내셔널》(PRI)이 보도한 샌프란시스코의 산전 검진 프로그램에 대한 기사도 흥미롭다. 샌프란시스코는 1999년부터 임신부들을 한 달에 한 번씩 불러모아 집단 진료 서비스를 실시하고 있다. 병원 접근성이 낮은 이주 여성들이 대상이다. 이 프로그램에 참석한 임신부들은 자연 분만과 모유 수유 비율이 높고 조산 비율은 낮았다. 산후우울증도 줄어들었다. 지금은 샌프란시스코의 공립 병원 대부분이 이 프로그램을 도입하고 있다.

《시애틀타임스》의 교육 혁신 시리즈 기사는 문제 해결 과정을 추적하는 솔루션 저널리즘의 대표적인 사례로 꼽힌다. 《시애틀타임스》는 2013년부터 고등학교 중퇴 비율을 낮추고 기회의 불평등을 해소하기 위해 '에듀케이션 랩'을 설립하고 다양한 실험을 계속하고 있다. 대학 강의를 고등학교에 도입하거나 지역사회 현안을 놓고 토론하는 등의 새로운 시도를 지역 사회와 언론이 공동으로 실험하면서 시행착오의 경험을 공유하고 있다.

홀륭한 아이디어의 확장성(scalability)과 복제 가능성(replicability)은 솔루션 저널리즘의 핵심이다. 영웅 스토리나 하나의 미담에 끝나지 않으려면 다른 문제를 겪고 있는 곳에서도 활용할 수 있어야 한다. 그래서 노하우는 구체적이어야 하고 데이터로 입증돼야 한다. 한 번의 성공에 그치지 않고 구조의 개혁을 끌어낼 수 있는 본질적인 해법을 제시해야 하고 실패의 경험과 위험 요소까지 충분히 담고 있어야 한다.

확장성과 복제 가능성이
핵심이다.

《카이저헬스뉴스》가 보도한 텍사스주 샌안토니오 카운티의 사례는 지역 공동체의 역할에 대해 다시 생각하게 한다. 미국 법무부에 따르면 교도소 수감자의 20%가 정신 질환에 시달리고 있다. 이들은 사회에 적응하지 못하고 노숙하거나 우울증을 겪고 크고 작은 범죄를 저질러 감옥에 갇힌다. '값 비싼 회전문'이었다. 샌안토니오 카운티는 정신건강 및 약물 남용 대책과 노숙자 서비스를 통합하고 치료 프로그램을 가동했다. 샌안토니오 카운티의 문제의식은 간단했다. 감옥을 늘리는 것보다 이들이 감옥에 가지 않도록 치료하는 것이 훨씬 비용이 적게 든다고 봤기 때문이다. 실제로 해마다 1만 8000명 이상의 환자들이 48시간의 응급 입원과 90일의 회복 프로그램 등을 이용한 결과 정신질환 범죄가 크게 줄어들었고 해마다 1000만 달러 이상을 절약하게 됐다. 지금은 미국 전역에서 샌안토니오 카운티의 사례를 연구하러 찾아온다.

솔루션 저널리즘은 결과가 무엇인가 보다 어떻게 그런 결과를 얻었느냐에 집중한다. 본스타인은 방글라데시 그라민은행 사례를 취재하면서 60개의 어떻게(how)라는 질문을 준비했다고 한다. 솔루션 저널리즘은 이 수많은 질문에 답을 찾아가는 과정이다. 전문가에게 묻기 보다는 현장에서 실제로 일하는 사람들에게 물어야 한다. 개인을 부각시키지 않되, 이들의 경험을 최대한 자세히 풀어내야 한다.

솔루션 저널리즘은 단순히 좋은 뉴스(good news)를 만들어내는 게 아니라 계속해서 희망을 갖고 새로운 것과 더 나은 것과 다른 것을 찾도록 동기를 부여하는 작업이다. 본스타인은 "단순히 멋진 이야기로는 부족하다"고 말한다. 숫자로 입증해야 하고 계속해서 검증해야 한다. "완벽하게 완성된 솔루션은 있을 수 없다. 노력과 결과가 있고 저널리스트들은 이를 계속 보도하고 업데이트하는 것이다. 특정 솔루션을 대변하는 것은 위험하다."

솔루션저널리즘네트워크는 솔루션 저널리즘을 도입하려는 언론사들을 지원하는 프로그램을 운영하고 있다. 결국 문제는 편집국 또는 보도국의 희소한 자원을 어떻게 솔루션 저널리즘에 배분할 것인가다. 본스타인은 "언제나 마감 시간에 쫓기지만 기자들에게 한 번 더 본질적인 해법을 고민하도록 요구해야 한다"고 조언한다. "경험이 쌓이면 예전에 하지 않았던 질문을 시작하고 자연스럽게 솔루션 저널리스트로 성장하게 된다"는 설명이다.

《퍼블릭라디오인터내셔널》의 마이클 스콜러는 "가장 어려웠던 건 해법엔 관심이 없고 문제 자체에 집중하는 기자들의 문화였다"면서 "문제나 갈등 보다는 대안에 집중하도록 하는 본능의 변화가 필요했다"고 말했다. 《페이엇빌옵서버》의 마이클 아담스는 "데스크가 솔루션 저널리즘에 매우 회의적이었느지만 첫 번째 기사를 쓴 뒤에 완벽하게 이해하게 됐다"고 말했다. 《시애틀타임스》의 캐시 베스트는 "우리는 독자들과 예전과 다른 방식으로 소통하게 됐다"고 말했다.

"처음에는 취재·보도 과정에서 혼란을 느끼거나 망설이곤 했다. 그러나 솔루션 저널리즘이 기사 작성의 새로운 대안이라는 확신을 갖게 되면서 기사에 자신감이 붙었다. 문제에 기반한(problem−based) 기존의 기사 작성을 포기하라는 게 아니라 우리가 할 수 있는 최선의 보도를 추가하라는 의미에 가깝다. 단순히 사실을 보도하는 데 그치지 않고 비슷한 문제를 겪고 있는 다른 지역에서 더 나은 대안을 실행하고 있다는 사실을 널리 알려야 한다는 의미다."

《코퍼스크리스티콜러타임스》의 브로 크리프트는 "일단 시작해 보는 것이 중요하다"면서 "데스크가 계속해서 무엇을 할 수 있는지 질문을 던져야 한다"고 조언했다. 《타일러모닝텔레그래프》의 앨리슨 폴란도 "시도해서 나쁠 건 없다"면서 "독자와 기자들이 싫어한다면 그만 두면 된다"고 조언했다. 그리고 그는 "초기 취재 기획 단계부터 깊이 있는 접근이 필요하다"면서 "사실 보도를 넘어 가능한 대안이 무엇인지, 어떤 형식으로 보도하는 것이 최선의 방안인지 결정해야 한다"고 설명했다.

다음은 브로 크리프트의 설명이다. "우리는 그동안 당뇨병의 비용이나 조직 범죄에 대한 기획 기사 등에 솔루션 저널리즘을 적용해왔다.

이런 기획 시리즈에서 가장 중요한 부분이 다른 지역에서 이런 문제를 어떻게 대처하고 있는지 살펴보는 것이었다. 해법이 없다면 완결된 기사가 아니라고 보는 것이다. 우리는 보통 취재 기자가 기초 취재로 확보한 사실을 근거로 연재 기사의 윤곽을 잡는다. 그리고 이 가운데 일부가 솔루션 저널리즘에 할당된다. 조직 범죄에 대한 연재 기사의 경우 취재 기자에게 이 문제를 잘 해결하고 있는 지역을 구체적으로 소개해 달라고 요청했다."

첫째, 쾌도난마의 해법 같은 건 없다. 세상 일이 그렇게 간단하지 않다. 둘째, 이런 모호한 해법으로는 사람들을 움직일 수 없다. 더 구체적이고 더 손에 잡히고 더 실천적인 노하우를 담고 있어야 한다. 완벽하지는 않더라도 실험과 실패, 노하우를 숫자로 입증해야 한다.

우리에게는 더 많은 실험과 실패가 필요하다.

"뉴스는 '막장 드라마'와 비슷합니다. 수용자들이 욕하면서도 즐겨 보기 때문입니다. 뉴스는 처음부터 '막장 드라마'의 운명을 타고 났습니다. 긍정적인 뉴스보다는 부정적인 뉴스가 잘 팔리고, 긍정적인 소문보다는 부정적인 소문이 잘 퍼져 나가기 때문입니다. 달리 말하자면, '나쁜 것은 좋은 것보다 더 강하다'는 '부정성 편향(negativity bias)'은 뉴스의 숙명과도 같습니다. 서구 저널리즘은 1920년대에 언론 제국을 세운 헨리 루스의 말마따나 '좋은 뉴스'는 뉴스가 아니며 '나쁜 뉴스'가 뉴스라는 정의 하에 작동해 왔습니다. 타마 리브즈의 표현에 따르자면, 규칙보다는 예외를, 규범보다는 일탈을, 질서보다는 무질서를, 조화보다는 불협화음을 보도하는 걸 사명으로 삼아 왔던 것입니다. 하지만 이는 부메랑이 되고 말았습니다. 그 대가로 언론 신뢰도 추락이라는 비용을 지불해야 했기 때문입니다."

전북대학교 교수 강준만의 2020년 9월 한국언론학회 정기학술대회 기조 연설 가운데 한 대목이다. 강준만은 "솔루션저널리즘이 언론의 첫 번째 기능이자 사명으로 여겨져 온 '환경감시'에 대한 문제 제기라고 생각한다"면서 "시민사회까지 가세한 정파성 투쟁은 감시 자체의 정파성을 문제삼는 지경에 이르렀고, 이게 바로 '기레기'라는 모멸적 표현을 확산시킨 주요 이유가 됐다"고 지적했다. "'감시'만으론 부족한 상황이 전개됐고 그동안 뉴스 가치에서 배제된 '소통과 화합'의 필요성이 '솔루션'을 강조하는 형식으로 나타난 게 바로 솔루션 저널리즘"이라는 설명이다.

BBC 기자들이 노르웨이에 가서 쓰레기장을 뒤진 이유.

"실제로 많은 연구 결과들은 언론이 사회 문제를 고발하는 것에만 머무르고 시민들이 취할 수 있는 대응방안에 대해 침묵할 경우엔 시민들은 문제에 압도당한 채 무력감을 느껴 '사회로부터의 도피'를 택한다는 걸 보여주고 있습니다. 또한 모든 문제의 책임은 정부와 공직자들에게만 있다는 인식을 강화시킴으로써 시민에게 권리 못지 않게 요청되는 책임을 방기하는 일이 벌어져 민주주의 정상적인 작동을 어렵게 만듭니다. 그렇다고 해서 솔루션 저널리즘이 '좋은 뉴스'나 '행복한 뉴스'를 추구하는 건 아니며, 곧장 사회문제의 해법을 알려주는 것도 아닙니다. 어떤 뉴스건 문제를 제기했다면 해결에 대한 고민도 담아야 하며, 여러 프로그램을 제안하고 선택할 수 있게 하는 방식으로 사람들의 책임감을 불러 일으켜 무엇을 할 수 있는지 행동을 끌어내자는 것입니다."

영국의 공영 방송 BBC에서 가장 많은 조회 수를 기록한 온라인 콘텐츠는 「노르웨이의 플라스틱 쓰레기 해법」(Norway plastic waste solution)이라는 영상이다. 노르웨이의 빈 병 재활용 프로젝트를 소개한 이 영상은 7000만 뷰 이상의 조회수와 5만여 개의 댓글, 24만 건에 육박하는 소셜 미디어 공유를 기록했다. 특별히 대단한 영상은 아니었다. 노르웨이는 2016년에 5억 9836개의 빈 병을 재활용했는데 이는 유통량의 97%에 육박하는 비율이다. 1분 20초 분량의 이 짧은 영상에서 BBC는 선명한 메시지를 전달한다.

"보통 우리는 음료수를 먹고 난 다음 빈 병을 쓰레기통에 집어 던지

《국제신문》.

죠. 그런데 노르웨이에서는 빈 병을 슈퍼에 가져가서 기계에 집어 넣으면 돈을 줍니다. 사실은 음료수를 살 때마다 1크로네(원화 137원)을 내고 나중에 돌려 받는 것입니다."

이렇게 수집된 병을 색깔에 따라 분류하고 다시 녹여서 열두 번까지 재활용한다. 이 비용은 음료수 회사들이 일부 부담하고 정부는 그만큼 세금을 깎아준다. 이 짧은 영상은 이렇게 끝난다. "모두가 승리하는 것입니다(Every wins). 이것이 플라스틱 문제를 해결하는데 도움이 될까요(Could this help solve the plastic problem)?"

더욱 흥미로운 건 보도 이후의 변화다. 정부 대표단이 노르웨이를 방문했고 노르웨이의 실험을 영국에 도입하기 위한 논의가 시작됐다. 영국은 플라스틱 병의 재활용 비율이 노르웨이의 절반 수준에 그치고 있었다. 핵심은 인센티브를 주자는 것이다. 노르웨이의 실험을 도입한 리투아니아는 3년 만에 빈 병 회수율을 83%까지 끌어올렸다.

사실 영국의 문제는 플라스틱 병에 담긴 쓰레기였다. 노르웨이는 이 문제도 해결했다. 만약 음료수를 다 마시지 않고 남겼다면 일단 빈 병을 받긴 하지만 보증금을 돌려주지는 않는다. 대신 상점 주인이 그 보증금을 받고 이 빈 병을 다시 골라내서 비우는 수고를 하게 된다. 노르웨이의 실험은 에스토니아와 독일, 미국과 유럽의 일부 나라들로 확산되고 있다.

BBC의 추가 취재에 따르면 노르웨이의 빈 병 수집 기계는 사전에 승인된 라벨이 붙어 있는 병만 받는다. 재질과 크기가 규격에 맞아야 하고 쉽게 라벨을 제거할 수 있는 병이어야 한다. 노르웨이에서는 상점 주인들도 이런 시스템을 환영했다. 빈 병을 돌려주면서 보증금을 환불하려 상점을 다시 찾는 고객들이 다른 물건을 또 구매할 가능성이 크기 때문이다. 노숙인들이 길거리에서 빈 병을 수집해서 찾는 경우도 있는데 역시 환영할 일이다. 노르웨이에서도 여전히 재활용이 가능한 빈 병을 아무렇게나 일반 쓰레기와 섞어서 버리는 사람들이 있고 특히 학생들이 심했다. 그래서 일부 학교에서는 교문 앞에 빈 병 수집 박스를 설치하기도 했다. 가장 재활용을 잘 지키는 고객들은 나이 든 맥주 애호가들이었다. 이들은 새로 맥주를 사러 가는 길에 빈 캔을 반환했다.

BBC는 노르웨이의 고민을 지적하는 것도 빠뜨리지 않았다. 회수되지 않은 빈 병이 3%뿐이지만 여전히 절대적인 규모는 크다. 깨끗한 빈 병이 아니면 식품 용기로 재활용하기 어렵고 가구 제작 등으로 활용되는데 이 때문에 큰 병의 보조금을 늘리는 방안도 검토 중이다. 노르웨이에서는 빈 병이 다른 쓰레기와 섞이지 않도록 쓰레기통 뚜껑을 둥근 선반으로 만드는 아이디어도 채택했다. 노숙인들이 빈 병을 찾기 위해 쓰레기통을 뒤지지 않도록 하자는 취지도 반영된 것이다. 실제로 이런 제도가 도입되려면 음료수 병의 디자인부터 용기의 제작과 유통 과정 전반에 재활용 원칙이 녹아들어야 한다.

바다의 비명,
국제신문이 찾은 해법.

《국제신문》의 기획 기사「미세 플라스틱의 습격, 바다의 비명」은 단순히 해양 쓰레기 문제를 지적하는 데 그치지 않고 해법과 대안을 제안한 눈에 띄는 기사였다. 한국에서도 연간 6만 7000톤의 플라스틱이 바다로 유입되고 있으며 80년 뒤에는 부산과 울산, 경남은 물론이고 연안의 82%가 플라스틱 바다로 변한다는 무시무시한 전망과 함께 이 신문이 소개한 해법은 다음과 같다.

첫째, 고품질 생분해성 그물 보급을 늘려야 한다. 생분해성 그물은 강도와 유연성은 뛰어나지만 시간이 지나면 물과 이산화탄소로 분해되는 재질이다. 국립수산과학원이 민관협력으로 PBEAS라는 원료를 개발해 보급하고 있다. 기존의 PBS(폴리부틸렌석시네이트) 그물 보다 강도는 10%, 유연성은 20%가 높다고 한다. 원가도 5% 가까이 줄었다.

둘째, 스티로폼 부표 대신에 친환경 부표가 대안이 될 수 있다. 전체 부표의 72%를 차지하는 발포스티렌(EPS) 부표가 미세 플라스틱의 주범이라는 판단 때문이다. 해양수산부는 이와 관련한 보조금 등 지원 예산을 지난해 200억 원에서 571억 원으로 늘렸다. 강화 플라스틱이나 알루미늄, 에어셀 등이 대안 소재로 거론된다. 64개 업체가 인증을 받아 460여 개 종류의 부표를 만들고 있다.

셋째, 해양 쓰레기를 수거하는 친환경 선박도 투입될 예정이다. 아직 개발 단계지만 국비 290억 원과 지방비(부산 · 울산 · 경남) 100억 원, 민자 60억 원 등 450억 원이 잡혀 있다. 선박에서 해양 쓰레기를 수거하고 처리하는 과정을 원 스톱으로 해결하는 게 목표라고 한다. 부산대학교에서 개발하고 있는 LNG 기반의 쓰레기 수거 선박은 쓰레기를 수거해 극저온에서 동결해 분말 파쇄하고 공해가 없는 플라스마 소각을 할 수 있다. 40억 원의 예산으로 180억 원 규모의 쓰레기를 처리할 수 있을 거라는 분석이다.

넷째, 해양 쓰레기 모니터링도 확대할 계획이다. 데이터 구축 사업에 19억 원의 예산이 배정돼 드론 등으로 해양 쓰레기 관련 데이터를 수집하고 분석하는 작업이 시작된다.

《국제신문》 기사를 읽으면서 드는 생각은 '이게 전부인가?'였다. 일단은 너무 아름다운 결말이고 이렇게 해법을 찾았으니 이제 우리는 걱정을 내려 놓아도 되는 것일까. 이런 의구심을 떨치지 못했던 건 이 기사에 해법의 한계가 드러나 있지 않기 때문이다. 이런 가능성을 발견했지만 그럼에도 여전히 해결되지 않고 있는 문제가 무엇인지 짚어줘야 하고 이런 해법이 전체 문제의 어느 정도를 해결할 수 있을 것인지, 여전히 부족한 부분이 어디인지, 무엇을 더 할 수 있는지까지 설명해야 논의를 확장할 수 있다.

다른 나라들이
한국에 와서 배워가는 해법.

「음식물 쓰레기와의 전쟁에서 승리한 나라」, 《허핑턴포스트》의 이 기사에서 말하는 나라가 바로 한국이다. 해외 언론 보도로 읽으면 낯설지만 한국이 만든 해법이 다른 나라들에게 롤 모델이 되는 경우도 얼마든지 있다. 한국은 음식물 쓰레기 재활용률을 2%에서 95%로 높이는 데 성공했다. 특히 서울은 세계에서 가장 엄격한 음식물 쓰레기 재활용 프로그램을 운영하고 있는 도시 가운데 하나다. 한국 정부는 2005년 음식물 쓰레기 매립을 금지했다. 2013년에는 음식물 쓰레기에서 나온 침출수를 바다에 버리는 것도 금지했다. 그 결과 음식물 쓰레기 재활용 비율이 1995년 2% 수준에서 2019년 기준으로 95%까지 늘어났다. 서울시에서만 음식물쓰레기 배출량이 하루 400톤이 줄어들었다.

다음은 《허핑턴포스트》 기사의 한 대목이다. "서울의 주택가를 걷다 보면 그 이유를 알게 될 것이다. 해질녘이면 주민들이 작은 노란색 봉투를 지정된 쓰레기 수거통에 넣어 두기 위해 거리로 나선다. 한국에서는 2013년부터 음식물 쓰레기를 생분해성 봉투에 담아 버리고 있다. 양에 따라 가격이 책정되는데 4인 가족의 평균 비용은 한 달에 약 6달러 정도다. 이 봉투는 동네 편의점이나 슈퍼마켓에서 구입할 수 있다. 봉투를 구입하는 것으로 음식물 쓰레기를 처리하는 데 드는 비용을 미리 납부하는 방식이다. 쓰레기 봉투 판매 금액으로 쓰레기 수거 및 처리 비용의 60% 정도를 충당한다. 쓰레기를 줄이는 인센티브를 제공하면서 비용을 분담하는 방식이다. 얼마나 많은 음식 폐기물을 만들어내고 있는지 시각적 효과도 줄 수 있다."

최근에는 음식물 쓰레기 봉투 없이 RFID(무선주파수식별) 판독기로 주소를 입력하고 무게를 측정한 뒤 월 단위로 과금하는 방식으로 진화했다. 부피가 아니라 무게에 따라 비용이 늘어나기 때문에 인센티브 효과가 더 커졌다. 음식물 쓰레기의 80%를 차지하는 수분을 줄이면 비용을 크게 줄이고 당연히 처리 비용도 줄어든다. 《허핑턴포스트》가 인터뷰한 이강수 서울시 송파구 식품재활용사업단장은 "지난 6년 동안 음식물 쓰레기를 4만 7000톤 가까이 줄였다"고 말했다. 수거된 음식물 쓰레기는 압착해서 동물 사료나 비료로 가공된다. 폐기물에서 짜낸 액체는 바이오 가스로 변환해 산업용 연료로 활용할 수 있다.

《허핑턴포스트》 기사는 단순히 모범 사례를 소개하는 데 그치지 않고 한계를 짚고 있다. 서울시의 음식물 쓰레기 처리 방식은 매우 효과적이었지만 최근에는 건조 비료가 사용되지 않은 채 쌓여가고 있다. 근본적으로 음식물 쓰레기를 더 줄여야 한다는 이야기다. 《허핑턴포스트》가 인터뷰한 한 시민단체 활동가는 "음식물 쓰레기를 비료를 사용하는 데도 한계가 있다"면서 "다른 나라들처럼 한 접시 요리 문화로 옮겨가거나 반찬 양을 줄이는 등 근본적으로 식생활 변화가 필요하다"고 지적했다.

세계 곳곳에
실험과 해법이 있었다.

《한겨레21》이 쓰레기 관련 기획 기사들을 모아 『쓰레기TMI』라는 제목으로 묶어낸 통권호가 있다. '알면 알수록 알게 많은 쓰레기에 관한 신비한 잡학 사전'이라는 부제가 붙어 있다. 솔루션 저널리즘 기법으로 쓰여진 기사들은 아니지만 충실한 취재는 솔루션을 담고 있다는 사실을 확인할 수 있는 책이다. 이 책에서 발견한 몇 가지 흥미로운 솔루션은 다음과 같다.

인구 580만 명의 싱가포르에는 환경 미화원이 5만 7000명에 이른다. 인구 1000만 명의 서울시에는 6000명이 조금 넘는다. 싱가포르에서는 쓰레기를 무단 투기했다가 적발될 경우 최대 2000싱가포르 달러, 한국 돈으로 170만 원 정도를 내야 한다. 두 번째부터는 340만 원, 세 번째는 최대 850만 원으로 늘어난다. 벌금이 무섭기도 하지만 50미터 간격으로 쓰레기통이 있어서 굳이 무단 투기를 할 이유가 없다. 《오마이뉴스》 시민기자로 활동하고 있는 싱가포르 교민 이봉렬이 쓴 글이다.

싱가포르가 한국의 롤 모델일까. 이봉렬은 그 한계를 지적하고 있다. 환경 미화원이 많고 공용 쓰레기통이 많다 보니 분리 배출이 거의 안 된다. 이주 노동자들과 관광객들이 많아서 대안이 될 수 없다. 만약 분리 배출을 강제하면 집에 있는 쓰레기통을 들고 나와 공용 쓰레기통에 내다 버릴 거고, 그렇다고 공용 쓰레기통을 줄이거나 없앨 수도 없다. (한국과는 반대다.) 그래서 싱가포르는 쓰레기를 모은 다음 재활용

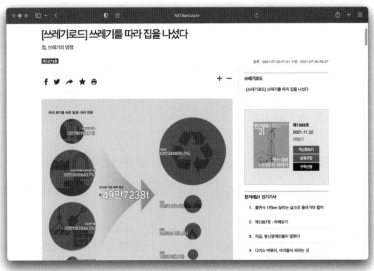

《한겨레》.

할 수 있는 것들을 골라내고 나머지를 불에 태운다. 여기에서 나온 열로 싱가포르 전체 전력의 3%를 만든다.

싱가포르와 비교하면 일본은 쓰레기 재활용이 매우 엄격한 나라다. 도쿄에서 인테리어 사업을 하면서 작가로 활동하고 있는 박철현에 따르면 산업 폐기물 처리 비용이 꽤 비싼 편이다. 인테리어 공사를 끝내고 나온 쓰레기는 1입방미터에 2만 엔(21만 원), 목재는 5000엔 정도를 내야 한다. 운반 비용까지 감안하면 거의 1톤에 한국 돈 100만 원 정도의 부담이 된다. 불법 투기의 유혹이 없는 건 아니지만 애초에 발주 계약서에 산업 폐기물 처리 계획을 명시해야 하고 사전 계획과 해체 완료 보고서 등을 지방 정부에 제출해야 한다. 이런 엄격한 절차 덕분에 일본의 산업 폐기물과 일반 쓰레기는 2006년을 고점으로 줄어드는 추세. 쓰레기 소각 시설도 2006년 1200여 곳에서 2019년에는 1082곳으로 줄어들었다.

오스트레일리아는 2025년까지 모든 포장재를 재활용이나 재사용 또는 생분해성으로 만든다는 계획을 발표한 바 있다. 2022년부터 시드니에서는 플라스틱 봉투와 식기류, 빨대 등 일회용품의 사용과 판매가 금지된다. 파격적인 조치이긴 하지만 오스트레일리아가 1인당 플라스틱 배출량이 세계 1위라는 문제 의식에다 중국 정부가 폐기물 수입을 금지하면서 변화가 시작됐다. 한국무역진흥공사 무역관 황슬아에 따르면 슈퍼마켓에 섬유유연제나 바디워시 용기를 가져가서 리필을 받으면 절반 이상 할인을 해주는 경우도 있다. 배달 음식도 생분해성 용기에 나무 수저와 포크로 바뀌는 추세다.

홍콩에서는 그린먼데이(Green Modday)라는 시민단체가 추진하는 '식물 기반 운동'이 큰 호응을 얻고 있다. 일주일에 하루라도 고기를 먹지 말자는 운동이다. 그린먼데이는 GMO(유전자 변형 식품)를 쓰지 않는 옴니포크를 만들어 파는데 맥도널드나 세븐일레븐 등에서 쉽게 구입할 수 있고 옴니포크를 쓰는 음식점도 늘어나고 있다. 사회적 기업 보틀리스(BottLess)는 이름에서 알 수 있듯이 일회용품 대신에 재사용 가능한 용기를 쓰자는 운동을 벌이고 있다. 2019년에는 '홍콩 럭비 세븐스'라는 대회에서 관중 12만 명에게 재사용할 수 있는 컵에 맥주 등 음료수를 서비스하고 다시 수집해서 세척하는 이벤트를 벌이기도 했다. 보틀리스는 누적 28만 건의 재사용 실적을 기록하면서 일회용품 30만 개 이상을 절약했다는 평가를 받고 있다.

《한겨레》통신원 박은주가 쓴 독일의 '쓰레기 발굴 운동'에 대한 기사도 흥미롭다. 베를린의 환경 운동가들이 쓰레기통을 뒤져서 쓸만한 음식을 찾아내 직접 집어먹는 이벤트를 벌여 충격을 안겨줬다. 껍질을 까지 않은 채 버려진 바나나나 포장도 벗기지 않은 치즈는 물론이고 먹다 남은 파스타와 스시 등등. 이들의 '엽기적인' 퍼포먼스를 다룬「이 음식들이 왜 쓰레기통 안에 들어갔을까」라는 다큐멘터리가 공개되면서 엄청난 논란을 불러 일으켰다.

베를린에 거주하는 독일정치문화연구소 소장 이진은 뒷마당에 '벌레 상자'를 두고 음식물 쓰레기를 퇴비로 바꿔서 쓴다. 1년쯤 지나면 음식물 쓰레기가 고운 흙으로 변하고 이 기름진 흙을 먹고 온갖 채소가 자란다. 이진은 "음식물 쓰레기를 직접 처리하는 경험을 하면 밥상이 바꾼다"고 말한다. "필요한 만큼 장을 보고 남지 않을만큼 조리한다. 결과적으로 쓰레기가 크게 줄어든다."

스웨덴의 스타트업 모타토스(Motatos)는 '음식물 구조'라는 구호를 내걸고 유통기한이 임박한 식료품을 유통하는 사업을 한다. 프랑스에서는 2016년부터 슈퍼마켓에서 식료품을 폐기하지 못하도록 하는 법이 시행됐다. 프랑스 국회는 유통기한을 적지 않아도 되는 식료품을 늘리고 표기 방식을 개선하는 새로운 규정을 검토하고 있다.

식당에서 팔다 남은 음식을 싸게 판매하는 '투굿투고(Too Good To Go)'라는 앱은 덴마크에서 시작해 유럽 13개국에서 서비스하고 있는 '음식물 구조 앱'이다. 앱을 설치하고 위치 등록을 하면 근처에 있는 음식점에서 등록한 음식을 확인할 수 있다. 미리 결제를 하고 가게에 가서

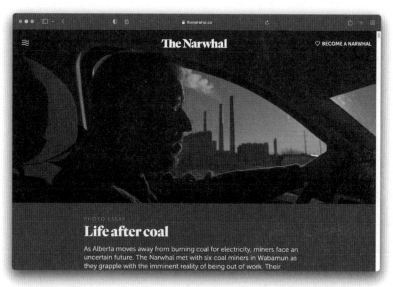

《The Narwhal》.

음식을 받아 오면 "음식을 구해주셔서 고맙습니다"라는 메시지가 뜬다. 매직백(Magic Bag)이라는 옵션은 식당에서 남는 식료품들을 모아서 파는 패키지인데 3~5유로에 1인 가구가 2~3일 먹을 만한 분량이다. 박은주는 "음식물 구조 경험은 지금까지 익숙했던 장보기 습관을 다시 돌아보게 한다"면서 "문 닫기 직전의 식당을 찾아가 받아온 '투굿투고'의 매직백은 마지막 빵 한 조각까지 비우고 살 때부터 시들시들한 채소를 아껴가며 먹게 된다"고 말했다.

문 닫은 공장의 노동자들은
어디로 가는가.

캐나다의 탐사 보도 신문, 《더나르왈》(The Narwhal)이 전한 캐나다 앨버타의 석탄 공장 노동자들의 이야기는 우리에게도 시사하는 바가 크다. 석탄 광산은 언젠가는 고갈되거나 경제성이 떨어져 채굴을 할 수 없는 상황에 이르게 된다. 과거에는 탄광이 문을 닫으면 다른 탄광으로 옮겨갈 수 있었지만 이제는 국가 차원에서 화력 발전 의존도를 단계적으로 낮추면서 그나마 잘 돌아가는 탄광들도 철수를 준비하는 상황이다. 캐나다의 경우 석탄이 전력 생산의 9% 미만이지만 온실가스 배출량의 75%를 차지한다.

와바문(Wabamun)의 경우 전체 인구의 3분의 1이 석탄 산업에 종사하고 있고, 세수의 58%를 석탄 산업에 의존하고 있었다. 캐나다 정부가 석탄 공장을 폐쇄하는 대가로 14년 동안 10억 달러 이상을 공장에 지급했지만 정작 노동자들에게 제대로 된 보상이 지급되지 않고 있다. 이들은 시간당 26달러에서 많게는 47달러를 받는다. 한 번도 공장을 떠날 거라고 생각하지 못했고 이곳에서 은퇴할 거라고 믿었다. 다른 직장을 얻을 수도 없다.

오스트레일리아국립대학교 교수 폴 버크에 따르면 오스트레일리아에서도 12개 석탄화력 발전소가 문을 닫았는데, 정부의 조치가 아니라 민간 기업의 요청에 따른 것이었다. 과거에는 공장을 폐쇄하기 6개월 전에 통보하면 됐는데, 이제 3년 전에 통보 하도록 바뀐 것이 중요한 변화다. 많은 나라들이 석탄화력 발전소를 단계적으로 줄이면서 노동자들의 피해를 최소화하는 사회적 타협의 지점을 찾고 있다. 재생 에너지 분야에 새로운 일자리를 만드는 것도 단계적 해법 가운데 하나다.

솔루션저널리즘네트워크의 이규원 연구원은 『솔루션 저널리즘』에서 "탈 석탄을 추진하는 세력과 광부들의 입장을 단순히 환경 보호 대 환경 파괴나 진보 대 보수, 에너지 정책 대 경제 정책의 이분법 틀 안에서 전달하는 게 아니라 입체적이고 다면성을 지닌 개인으로서 광부들이 꿈꾸는 각자의 삶의 모습과 계획이 폐광이라는 사건과 맞물려 어떻게 영향을 받고 있는지 기술하고 있다"고 평가했다.

"석탄이 환경에 주는 영향 자체를 부정하는 극단주의자의 전형적인 내러티브라기 보다는 그저 사회적으로 천덕꾸러기 취급을 받게 된 산업에 종사하게 된 한 노동자의 넋두리에 가깝다. 기사에 나타난 한 개인의 이 같은 입체성은 독자들이 문제를 해석하는 이분법에서 벗어날 수 있는 계기를 마련해 준다. 나와 다른 시각을 가진 이들이 불가해

한 존재가 아니라 나름의 합리성과 선한 의도를 지닌 존재라고 인식할 수 있는 토대가 된다. 이처럼 갈등 상황과 이에 얽힌 이해 당사자들을 흑백 논리와 몇몇 짧은 단어로 규정하는 습관에서 벗어나면 언론 보도가 사회적 갈등과 집단의 상호 불신을 지속적으로 부추기는 매개로 되풀이되는 과정을 끊어낼 수 있다."

스웨덴의 자석 낚시가
한국에도 해법이 될까.

EBS는 스웨덴에 '자석 낚시(magnetfiske: magnet fishing)'가 유행이라는 사실을 보도한 바 있다. 초강력 자석을 이용해 호수나 강 바닥의 고철을 낚는 레저 활동이다. 주머니 칼이나 자전거, 골동품 동전, 보석 상자 등을 건져 올리는 경우도 있다고 한다. 뜻밖의 물건을 건져 올리는 재미에다 수질 오염을 해결하는 효과도 있어서 유행처럼 확산되고 있다. 네오디움 자석과 15~30m 길이의 로프, 여기에 두꺼운 장갑 정도만 있으면 된다. 스웨덴은 특히 10만 개 가까운 호수가 여기저기 흩어져 있어서 접근성도 좋다.

EBS의 보도가 흥미로운 건 단순히 이러이러한 게 유행이라는 데 그치지 않고 실제로 데이터를 제시하고 매뉴얼을 제안하는 단계까지 나갔기 때문이다. 일단 자석낚시 그룹에 가입한 페이스북 회원만 9000여 명에 이른다. 외레브로의 주말 모임에서는 자전거 74대와 6톤 가량의 고철을 끌어올리기도 했다. 이렇게 수거한 고철더미는 지방자치단체가 무료로 수거한다. 총기나 가스통 같은 위험한 물건은 경찰이 출동해서 수거한다는 것도 포인트. 지방자치단체게 적극적으로 자석낚시 모임을 지원하고 장려한다는 게 이 가벼운 취미가 변화를 만드는 비결이다.

옥상 정원이
온난화의 해법이 될 수 있을까.

《경향신문》이 제안한 옥상 정원의 아이디어도 흥미로웠다. 2021년 8월 3일 오후 3시 응봉산 공터에서 측정한 얼굴 표면 온도는 섭씨 38.1도였다. 그런데 응봉산 옆 서울숲에서 잰 온도는 36.0도로 2.1도 낮았다. 《경향신문》 기자와 함께 동행 취재에 나선 서홍덕 국립산림과학원 연구사는 "숲의 기온 저감 효과가 3~7도라고 하지만 여름에는 얼굴 표면 온도 기준으로 10~15도까지 차이가 난다"고 설명했다.

아파트와 콘크리트로 덮인 도심에 열섬 현상이 있다면 도시 숲에는 냉섬 현상이 있다는 게 《경향신문》의 분석이다. 실제로 서울숲은 28.8도인데 인근 건물은 38.4도까지 치솟았다. 대구에서도 도심 한 가운데 있는 국채보상공원의 숲은 33.1도, 인근의 중구청 옥상은 41도를 웃돌았다. 그늘이 없는 공터에서 얼굴 표면 온도는 40.7도, 100미터 떨어진 숲 속 그늘에서는 36.6도로 4.1도나 차이가 났다. "공원이 작아도 나무 한 그루만 있어도 제 역할을 한다"는 설명이다.

이 기사는 가능성을 보여주지만 뚜렷한 해법을 제시하고 있지는 않다. 다만 "도시 숲의 기준이 나무 한 그루 이상"이고 "도로 옆에 줄지어 있는 가로수, 아파트 단지나 학교 내의 조경, 건물 옥상과 벽면의 녹화 사업, 수목원이나 정원 같은 것까지 모두 도시 숲에 포함된다"는 설명에서 가능성을 발견할 수 있다. 서울숲 같은 규모가 큰 공원을 조성하면 당연히 좋겠지만 이미 존재하는 공간을 녹지화하는 것도 대안이 될 수 있다는 이야기다.

대나무로 만든 모래 포집기가 불러온
기적 같은 변화.

해안 침식으로 걱정하고 있는 지방자치단체라면 충청남도 태안시의 경험을 참고할 수 있을 것이다. 《중앙일보》 보도에 따르면 국립공원공단이 2001년부터 기지포 등 태안해안국립공원 해안에 모래 포집기를 설치한 결과 침식을 막고 모래가 쌓여 해안선을 복원하는 효과를 거뒀다. 모래 포집기는 대나무를 엮어 만든 1.2미터 높이의 울타리다. 갈지자 형태로 설치하면 바람에 날려온 모래가 쌓이게 된다. 태안군 해안 10.7km 길이로 쌓은 모래 포집기는 25톤 트럭 4641대 분량의 모래를 끌어 모았다. 7만 8900입방미터 규모다. 모래가 쌓이면서 통보리사초와 갯그령 등 사구 식물들이 조성된 것도 또 다른 효과다.

《한겨레》가 서울시 24개 자치구 공무원들의 야근 수당을 분석해 봤더니 월 평균 35시간 초과 근무를 하는 것으로 나타났고 초과 수당이 평균 47만 7000원으로 집계됐다. 은평구가 24.9시간으로 가장 적었고 가장 많은 곳은 송파구, 53.8시간이었다.

은평구의 실험,
야근이 절반으로 줄었다.

《한겨레》는 단순히 숫자를 늘어놓는 데 그치지 않고 원인을 분석하고 대안을 제시하는 단계까지 들어갔다. 일단 직원 수와 주민 수의 비율은 직접적인 관련은 없었다. 송파구가 주민 수가 많은 건 사실이지만 비슷한 규모의 강서구나 양천구는 상대적으로 초과 근무가 많지 않았다. 인사혁신처의 인식 조사에 따르면 초과근무가 발생하는 원인으로 과도한 업무량과 국정 감사나 재해 재난에 따른 비상근무, 조직 문화에 따른 대기성 근무 등을 꼽았다. 하지만 코로나 확진자 수와 초과 근무 시간도 직접적으로 비례하지 않았다. 결국 제도와 관행이 자치구마다 차이를 만든다는 게 《한겨레》의 분석이다.

《한겨레》는 초과 근무가 가장 적은 은평구의 사례를 집중 분석했다. 은평구는 초과 근무를 월 48시간으로 제한했고 초과 근무 중간 인증 제도를 도입했다. 중간 인증이란 근무 중에 본인이 일하고 있다는 사실을 한 번 더 인증 받도록 하는 걸 말한다. 일부 공무원들이 초과 근무를 신청한 뒤 바깥에서 시간을 보내다가 퇴근 인증만 하고 초과 근무 수당을 받아가는 부정 수급을 막기 위한 조치다. 분명한 것은 지급 절차를 강화하니 초과 근무가 줄더라는 사실이다.

야쿠르트가 살린
독거 노인.

|

《중앙일보》가 보도한 「야쿠르트 2개가 살렸다… 80대 독거노인 구한 '한 달 1만 원'」도 영감을 불러 일으키는 기사였다. 2021년 8월 8일, 강원도 춘천시의 한 아파트에 야쿠르트 2개가 며칠 째 그대로 있는 걸 이웃 주민이 발견하고 119에 신고했다. 출동한 소방대원은 문을 열고 들어가 쓰려져 있는 80세 노인을 구조했다.

이 야쿠르트는 춘천시 후평 1동 주민들이 고독사 예방을 위해 독거노인들에게 1주일에 두 차례 배달하는 '사랑의 야쿠르트'다. 20명이 혜택을 받고 있는데 예산은 월 20만원이다. 한 주민의 아이디어로 시작했고 주민들 사정을 잘 아는 통장 등이 대상자를 추천했다. 예산은 춘천 시민들의 자발적 모금으로 조성했다.

《중앙일보》에 따르면 한 지역 주민은 "혼자 사는 어르신들이 경로당에 나올 때는 하루만 안 보여도 안부를 확인할 수 있는데 코로나 팬데믹 이후 모이기가 어려워 관리가 쉽지 않았다"면서 "사랑의 야쿠르트처럼 현실적인 지원 대책을 확대할 필요가 있다"고 말했다.

2000원으로 기본 소득을?
판동초등학교의 실험.

|

《오마이뉴스》가 보도한 매점 기본소득의 사례도 흥미롭다. 「전교생

에 매주 2000원, '매점 기본 소득' 후 이렇게 변했다」는 기사는 충청북도 보은군에 위치한 판동초등학교의 '격차 없는 매점' 실험을 다룬 기사다. 이 학교는 학생 41명에게 1주일에 2000원씩 매점 화폐를 지급했다. 엄밀하게 '기본 소득'이라고 말하기는 어렵지만 학교 안의 불평등을 해소한다는 차원에서 의미 있는 실험이다. 강환욱 교사는 "항상 매점에 오는 학생들만 왔다"면서 "가정 형편에 상관 없이 용돈이 없거나 부족한 경우도 있고 학생들이 이 공간에서조차 격차를 느끼게 된다"고 말했다. '격차 없는 매점' 실험 예산은 팔판동 사회적 협동조합에서 들어온 기부금 100만 원이었다. 이 학교는 기부금을 어떻게 의미있게 쓸 수 있을까 고민하다가 매점 기본 소득 실험을 하기로 했다고 한다.

《오마이뉴스》는 이 기본 소득의 유통 과정을 구체적으로 소개했다. 먼저 월요일 아침이면 기본 소득 게시판에 매점 쿠폰을 붙여 놓는다. 나눠주는 방식이 아니라 찾아가는 방식이다. "누군가가 베풀어서 받는 용돈이 아니라 이 학교 학생이라면 당연히 누려야 할 권리로서의 기본 소득이 돼야 한다고 판단했기 때문"이라는 설명이다.

밥 먹다가 발견한 해법,
그 아이는 왜 카드를 내밀지 못했을까.

기본 소득 도입 이후 확인된 몇 가지 변화는 다음과 같다. 첫째, 그동안 매점에 오지 않던 학생들이 매점을 찾게 됐다. 둘째, 학교 가는 게 더욱 즐거워졌다고 말하는 학생들이 늘어났다. 셋째, 연대의 가치를 배우게 됐다. 매점에서 배출되는 쓰레기 분리 수거에 학생들이 자발적으로 참여했고 기본 소득을 주제로 활발한 토론도 이뤄졌다.

TJB 대전방송 기자 조혜원은 어느날 식당에서 밥을 먹다가 아이누리 카드라는 걸 처음 알게 됐다. 한 어린이가 쭈뼛쭈뼛 식당에 들어서더니 물었다. "사장님, 여기 아이누리 카드로 밥 먹을 수 있나요?" 식당 주인의 답변은 "아이누리 카드가 뭐니? 그런 카드는 받아본 적도 본 적도 없어서"였다. 아이는 문을 닫고 도망가듯 달려나갔다.

아이누리 카드는 대전 지역의 급식 카드다. 결식 아동들에게 한 끼에 4000원에서 최대 9000원까지 식비를 지원하는 선불 카드다. 확인해 보니 식당에서는 아이누리 카드를 받지 않는 곳이 많아 대부분 아이들이 편의점에서 삼각김밥이나 라면 같은 걸로 식사를 해결하고 있다는 것이었다. 그래서 취재를 해봤더니 일단 신용카드나 체크카드와 다르게 생겨서 아이들이 카드를 꺼내는 것 조차 불편해하는 경우가 많고 실제로 가맹점이 정해져 있어서 쓸 수 있는 곳이 많지 않기도 했다. TJB가 확인한 결과 2020년 기준으로 대전에서만 10억 원의 예산이 제대로 쓰이지 않고 소멸됐다는 사실도 드러났다. 조혜원은 "아이들에게 돈만 쥐어줬지 제대로 사용되고 있는지에 대한 어른들의 고민이 부족했다"고 지적했다. 보도 이후 대전시 유성구가 나서서 '아이누리 가맹점'이라는 스티커를 만들어서 배부하기도 했다. 요식업중앙회와 제휴를 맺고 가맹점도 두 배 이상으로 늘리기로 했다.

솔루션 저널리즘이 언론이 해법을 내놓는 게 아니라는 사실을 여러 번 강조했지만 사실 이런 경우는 해법이 없어서가 아니라 제대로 실행되지 않기 때문에 문제라고 할 수 있다. 왜 아이들이 카드를 받는지 안 받는지 물어보게 만드느냐는 당연한 질문, 여기에 해법이 있었고 실제로 변화를 만들어 낸 경우다.

4년에 걸친 토론,
사회적 합의가 필요했다.

《부산일보》의 '신맹모삼천지교' 기획도 돋보이는 솔루션 스토리텔링 기사였다. 이 신문은 부산시에 적용가능한 교육 공동체 모델을 찾기 위해 경기도 시흥시와 전라북도 완주군, 서울 은평구 등을 찾았다.

완주군은 4~5년 전까지만 해도 학생들이 빠져나가는 지역이었다. 2013년 기준으로 6년 동안 1000명 정도 학령 인구가 줄었다. 학급 수가 크게 줄었고 교원 수도 줄었다. 학업 성취도 평가도 평균을 밑돌았다. 완주교육지원청이 만든 해법이 교육 공동체 '로컬 에듀'였다. "마을이 아이를 키운다"는 공감대를 만들기 위해 정책 토론회와 설명회, 원탁 토론을 거쳐 혁신 교육 특구를 조성했다. 4년 동안 예산은 연간 10억 원.

'로컬 에듀' 프로젝트의 핵심은 공교육 강화였다. 인문학 토크와 학습 부진아 대상의 집중 교육, 교사 동아리, 마을학교 등의 다양한 프로그램이 도입됐고 돌봄교실과 학부모 교육 등을 학교와 분리해 마을교육지원센터를 출범하고 교육 공동체에 위탁했다. 교육 특구 협약을 맺기까지 1년, 300인 원탁 토론이 열리기까지 1년 10개월이 더 걸렸다고 한다.

완주교육지원청 장학사 추창훈은 "교육을 바라보는 관점에 대한 사회적 합의가 중요했다"면서 "시간과의 싸움일지도 모른다"고 말했다. '로컬 에듀' 프로젝트 출범 3년 뒤인 2018년 기준으로 혁신 학교가 5개교에서 20개교로 늘었고 완주군의 고등학교로 진학하는 학생이 30% 가까이 늘었다.

이 시리즈는 취재도 잘 됐고 다양한 지역의 실험 사례를 소개했지만 전체적으로 선언적이라는 느낌을 지울 수 없었다. 시흥시나 서울 은평구의 사례는 예산을 확보해 무슨무슨 센터를 짓고 무슨무슨 프로그램을 만들었다는 내용을 정리하는 데 그쳤다. "성공적으로 교육 공동체를 정착시킨 데는 지방자치단체의 전폭적인 지지가 동반됐다"면서 "부산도 민·관·학 거버넌스가 구성된 만큼 그런 역할을 기대한다"고 결론을 내렸지만 구체적인 매뉴얼이나 노하우가 담겨 있지 않아 아쉬웠다.

솔루션 저널리즘과
민원 해결 저널리즘의 차이.

전주 MBC가 보도한 「산골 시외버스 부당 요금 10년 만에 인하」는 강준만이 제안한 문제 해결 저널리즘의 모델 같은 기사다. 전라북도 무주군과 진안군, 장수군, 합쳐서 '무진장'이라고 부르는 이 곳은 해발 고도가 높고 철도가 연결되지 않은 곳이다. 당연히 버스가 외부와 연결되는 유일한 교통 수단인데 문제는 통행량이 많지 않다 보니 버스 노선조차 많지 않다는 것이었다. 전주 MBC가 2017년 3월, 이 지역에서 운행하는 동부권 시외버스들이 편법으로 요금을 올려 받고 있다는 사실을 보도했다. 전주 MBC에 따르면 시외버스가 고속도로를 경유하면 1km에 62원씩 요금을 받을 수 있는데 일반 국도를 통과하면 116원을 받을 수 있다. 그래서 일부러 고속도로를 두고 산길을 오르내리면서 요금을 더 비싸게 받아 왔다. 전주 MBC 기자 유룡은 버스 회사들이 이렇게 챙긴 부당 이득이 3억 원 이상인 것으로 추산했다.

전주 MBC는 한 달 동안 13여 차례에 거쳐 비판기사를 내보냈다. 결국 전라북도가 나서서 요금을 900원 인하한다는 발표를 했고 그것으로 끝난 것처럼 보였다. 그러나 전주 MBC가 추가로 확인한 사실은 전라북도가 연간 3억 원을 손실 보전하는 조건으로 요금을 내리자는 합의가 있었다. 전주 MBC는 이런 사실을 추가로 폭로했고 결국 보조금 없이 요금을 인하하는 것으로 정리됐다.

유룡은 방송기자연합회 이달의 기자상 수상 소감에서 다음과 같이 말했다. "요금을 더 받기 위해 10년 동안 국도를 고집했다는 뉴스 보도가 나가자 지역 주민들이 분노했다. 어떻게 화를 내야할지도 모르는 순진한 사람, 그런 사람들이 서명운동을 시작했다. 촌로들이 요금 인하 탄원 서명부를 만들어 경로당에, 농협에 비치했다. 할머니 할아버지들이 굽은 손으로 이름 한자 한자를 적어 내려갔다. 전국이 촛불로 뒤덮였던 지난 겨울, 진안이라는 작은 군에서는 서명운동이라는 감격스러운 혁명이 들불처럼 번져나가고 있었다. 지역 정치권과 행정을 질타하는 목소리도 이어졌다. 고속도로가 뚫린 지 10년, 분명 요금을 내리는 방법을 알 터인데, 그들은 그 긴 시간을 침묵했다. (중략) 요금 인하 첫 날, 4600원을 내고 전주에 나오던 할머니의 얼굴에 웃음꽃이 피었다. 요금이 3700원으로 뚝 떨어진 것. 거스름돈을 세어보고 또 세어봤다 한다. 버스는 이제 구불구불한 산길 대신 고속도로로 고객을 안전하게 모신다. 뉴스는 여기까지이다. 하지만 뉴스가 여기서 멈춰서는 안 된다. 전국에 아직도 산길을 고집하는 수많은 버스가 있을 것이다. 지역 방송의, 지역 신문의 누군가가 이런 불합리에 메스를 들이대야 한다. 국토부가 문제점을 인지하고 대책을 검토하겠다고 했지만 전국의 버스 노선이 몇 개인가? 지역의 언론이 바로서야 나라가 바로 설 수 있다."

전주 MBC의 기사는 강준만이 강조했던 자기 효능감을 높여주는 기사라고 할 수 있다. 강준만은 "중요한것은 '지역 살리기'에 나서 보겠다는 의지이므로, 욕심 내지 말고 아주 작은 일부터 시작해 성과를 거두는 '작은 성공의 힘'을 믿어보기로 하자"고 제안한 바 있다. 엄밀하게는 솔루션 저널리즘이라기 보다는 문제를 드러내는 것으로 해법을 촉구하는 기사였고 실제로 변화를 만들어낸 생활 밀착형 저널리즘이라고 할 수 있다. 강준만은 민원 해결 저널리즘을 다음과 같이 설명했다. "사사로운 민원이 아니라, 공적 성격을 갖는 민원해결에 지역언론이 앞장섬으로써 생활밀착형 저널리즘을 실천하는 동시에 지역민의 신뢰를 얻어 지역발전의 동력을 스스로 만들어내자는 것이다."

여러 가지 솔루션 스토리텔링 기사를 분석하면서 이런 생각을 하게 됐다. 첫째, 쾌도난마의 해법 같은 건 없다. 세상 일이 그렇게 간단하지 않다. 둘째, 이런 모호한 해법으로는 사람들을 움직일 수 없다. 더 구체적이고 더 손에 잡히고 더 실천적인 노하우를 담고 있어야 한다. 완벽하지는 않더라도 실험과 실패, 노하우를 숫자로 입증해야 한다.

쾌도난마의 해법을
기대하면 안 된다.

스웨덴의 자석 낚시 기사는 재미있지만 한국에서도 이게 될까 하는 궁금증을 풀어주지 못했다. 이를 테면 성남시 율동공원에 있는 호수에 낚시줄을 드리우면 자전거 같은 게 걸려 나올까? 한강은 물살이 센데 여기에서도 가능할까? 자석은 어느 정도 강한 자석이어야 할까? 자전거를 끌어올리려면 로프가 꽤 두꺼워야 할 텐데 어느 정도일까? 한국에서도 이런 실험을 해본 사람이 있을까? 이런 질문을 풀어주지 못한다면 이 기사는 여전히 지구 반대편 다른 나라의 색다른 이야기일 뿐이다.

옥상 정원을 만들자는 아이디어도 흥미롭지만 읽고 나면 '나무를 심자'는 공허한 결론만 남게 된다. 나무를 많이 심으면 열섬을 막을 수 있다는 걸 누가 모르나. 일단 이 기사를 읽고 나면 누가 나무를 어디에 어떻게 무슨 돈으로 심을 것인가? 하는 질문이 남는다. 결국 시청이나 구청이 할 일이다. 여기에서 조금 더 들어가면 나무 한 그루의 가격과 예산, 그리고 구체적으로 도심에 숲을 조성했을 때 어떤 효과가 있는지, 당장 유동 인구가 늘고 상권이 살아났다든가 이런 경제적인 효과 말고 다른 방식으로 공적 가치를 측정할 방법이 있는지 궁금해진다. 나무가 많으면 당연히 좋겠지만 나무가 많으면 덜 덥다는 메시지는 더 이상 움직이지 않는 느낌이다.

태안군의 모래 포집기는 당장 활용할 수 있는 아이디어다. 하지만 내가 데스크라면 이게 20년 동안 누적된 결과라는 데 주목할 것 같다. 그럼 이렇게 포집기를 심어놓고 20년을 기다려야 하나? 다른 요인은 없고 포집기의 효과라고 할 수 있나? 포집기를 만드는 가격, 그리고 포집기를 심어두고도 해안이 관광지로써 역할을 할 수 있는지, 애초에 모래가 줄어드는 근본 요인을 해결할 수는 없는 것인지도 의문이다.

공무원 야근 수당 문제를 중간 보고를 도입해 해결했다는 서울시 은평구의 사례도 흥미롭다. 이 기사를 읽고 드는 의문은 송파구는 이걸 몰라서 안 하는 건가? 아니면 알면서도 방치하는 건가? 많은 공무원들이 초과 근무 수당을 부족한 임금을 보완하는 것처럼 생각하는 경향이 있다는 건 기사에도 나와 있다. 실제로 업무가 많아서 초과 근무를 할 수밖에 없는 경우를 따로 뽑아 계산할 방법은 없을까? 초과 근무를 하지 않을 정도로 업무가 많다면 인력을 충원해야 하는 것은 아닐까? 은평구가 모범 사례로 거론되고 있지만 중간 인증 제도가 10년 전에 도입된 거라 비포 애프터를 구분하기 어렵다는 것도 아쉬운 대목이다.

춘천시의 사랑의 야쿠르트는 훈훈한 이야기지만 과연 1주일에 두 번 배달되는 야쿠르트로 비극을 막을 수 있을까? 기사의 사례에서는 다행히 어르신을 돌아가시기 전에 발견했지만 길게는 사흘 이상 방치돼 있을 수도 있다. 사실 야쿠르트가 어르신을 살린 게 아니라 야쿠르트가 사라지지 않았다는 사실을 발견한 이웃의 관심이 살린 것이다.

판동 초등학교의 '격차 없는 매점' 기사는 완성도 높은 솔루션 스토리텔링 기사다. 하지만 이 학교처럼 작은 학교에서만 가능한 실험이기도 하다. 이 기사가 공짜 매점의 훈훈한 미담 기사로 그치지 않으려면 100만 원의 재원을 어떻게 마련할 것인가에 대한 질문이 담겼으면 더 좋았을 것 같다.

더 중요한 건 최고의 의사라도
실수를 하기 마련이고 의도하지
않은 실수로 이들을 매장시켜서는
안 된다는 것이다. "이들이 크고
작은 실수를 저지르고 스스로를
질책하거나 우울증에 시달리고
자살 충동을 느낀다면 이건
시스템의 위기로 이어진다"는
지적이다.

"이건 해결할 수 없는 문제였어요. 그런데⋯."

산타아나(Santa Ana)의 성매매와의 전쟁을 다룬《오렌지카운티레지스터》(Orange County Register)의 기사는 문제 해결의 과정을 다시 생각하게 한다. 사라 프레머(Sarah Premer)라는 21세 여성은 세 차례나 경찰에 체포됐다. 성매매 현장에서 붙잡힌 이 여성은 풀려나자마자 다시 거리로 나왔고 위장 경찰에게 다시 붙잡혔다. 경찰이 해마다 수백 명을 체포하고 기소하지만 범죄는 줄어들지 않았다. 전과가 있으면 취업을 할 수 없고 취업을 할 수 없으니 다시 성 판매를 시작할 수밖에 없다. 전형적인 회전문 현상이다.

성매매는 자동차 대리점과 정비소, 쇼핑몰이 밀집해 있는 산타아나 항구에서 번창했다. 수많은 사람들이 오고가고 통근 버스와 스쿨 버스가 멈추는 일상적인 공간이다. 그러나 오히려 출퇴근 시간에 100달러 미만의 성매매가 성행하고 있다. 콘돔과 주사기가 거리에 굴러다니는 것도 일상적인 풍경이었다. 산타아나 경찰서장 카를로스 로자(Carlos Rojas)의 이야기다. "경찰들은 알고 있었죠. 이건 해결할 수 없는 문제였어요. 감옥에 갈 거라는 위협으로 성매매를 그만 둘 거라는 건 착각이었죠. 이들은 한 지역을 단속하면 다른 지역으로 옮겨갑니다. 오히려 단속을 하면 할수록 음습한 성매매 구역이 늘어나죠."

범죄와의 전쟁이 만든
회전문 현상.

성 판매 여성의 절반 가까이가 아프리카계 미국인이라는 사실도 중요한 포인트다. 캘리포니아 주민 가운데 아프리카계 미국인은 6.6% 밖에 안 되지만 외부에서 유입된 소수 인종 이민자들이 성 판매에 뛰어드는 경우가 많다는 이야기다. 이들은 하루 평균 700달러, 주말에는 하루 1000달러 정도를 번다고 한다.

마약 중독자였던 사만다라는 한 여성은 아이들을 제대로 돌보지 못해 사회복지기관에 보내야 했다. 가족을 잃은 뒤 마약에 더욱 빠져들었고 마약을 사기 위해 매춘에 뛰어들 수밖에 없었다고 한다. 이들은 유죄 판결을 받고도 법정에 출석하지 않았고 벌금을 내기 위해 다시 매춘을 시작했다. 성매매가 줄어드는 것처럼 보일 때도 있었다. 그런데 알고 보니 경찰이 열심히 단속을 하느냐 하지 않느냐에 따라 숫자가 달라지는 것 뿐이었다. 애초에 정확한 통계조차 확보하지 못한 상태였다.

《오렌지카운티레지스터》는 이 문제를 해결하기 위해 애너하임의 사례를 연구했다. 애너하임도 성매매로 골머리를 앓았던 도시다. 1994년에는 성 판매 여성 688명이 체포됐다. 산타아나처럼 아무리 체포를 하고 벌금을 부과해도 줄어들지 않았다.

애너하임의 부시장이었던 크레이그 프라이센(Craig Friesen)은 전략을 바꿨다. 매춘 여성이 아니라 포주(pimp)를 단속하는 것이다. 그리고 성 판매 여성들에게는 마약 중독 치료와 주택 지원, 고용 알선 등을 지원하면서 다시 일상으로 복귀하도록 돕는 퇴직 프로그램을 시작했다. 일부는 다시 고등학교에 진학하기도 했다. 애너하임에서는 1994년에 688명의 성 판매 여성이 체포됐는데 2010년에는 76명으로 줄었다.

성 판매 여성이 아니라 성을 구매하는 남성을 처벌해야 한다는 주장도 있었다. 실제로 1990년대에는 남성과 여성의 체포 비율이 거의 비슷했던 때도 있었다. 그러나 구매자를 체포하려면 성 판매 여성으로 위장할 수 있는 여성 경찰이 필요한데 그게 현실적으로 쉽지 않았다. 구매자를 처벌한다고 해도 처벌 수위가 높지 않았고 근본적으로 성매매를 근절하는 데는 한계가 있었다. 성매매 남성들을 위한 의식 교육도 어느 정도 효과가 있었다. 벌금을 깎아주는 대신에 '존 스쿨(John School)'이라는 이름의 의식 교육 프로그램을 이수하도록 한 것이다. 이 프로그램을 이수하지 않은 남성들 가운데 21%가 1년 안에 다시 범죄를 저질렀는데 이 프로그램을 이수한 남성들은 재범 비율이 6%에 그쳤다.

산타아나와 애너하임의 사례는 쾌도난마의 해법이란 건 가능하지 않다는 사실을 다시 일깨운다. 《오렌지카운터레지스터》는 "애너하임의 실험이 실질적으로 성매매를 줄였는지에 대한 입증된 자료는 없다"고 한계를 지적했다. 사라 프레머는 그래서 성매매를 그만두고 아이들을 다시 만났을까. 안타깝게도 6개월 만에 다시 수갑을 차게 됐다.

그래서 이들의 실험은 실패한 것일까. 일단은 문제를 정확히 드러내고 문제와 맞서 싸우는 과정을 보여주는 좋은 사례라고 할 수 있다. 비슷한 문제로 고민하는 도시들은 산타아나 방식과 애너하임 방식 가운데 선택을 하거나 이들의 실패에서 다른 아이디어를 얻을 수도 있을 것이다.

교도소에서 마음 챙김
수업을 했더니 나타난 변화.

케냐의 교도소에서 마음 챙김 실험을 도입했더니 수감자들과 간수들의 갈등이 줄어들었다는 BBC의 보도도 흥미롭다.

"숨을 깊게 들이마시고, 이제 천천히 내뱉으세요. 눈을 감고, 마음의 소리에 귀를 기울여 보세요. 이제 다시 천천히 숨을 들이마십니다."

케냐의 나이바샤 교도소에는 2000명 이상의 죄수들이 종신형을 선고 받거나 사형을 기다리고 있다. 케냐의 많은 교도소가 수용 능력의 300%가 넘는 죄수들을 수용하고 있고 수감자의 80% 이상이 아예 사법 접근이 불가능한 상태로 운영되고 있었다. 당연히 이곳은 폭력의 온상이었고 교도소 안에서 폭력과 살인이 끊이지 않았다.

그런데 놀랍게도 마음 챙김 프로젝트를 시작하면서 변화가 일어났다. 간수들은 "나는 그들이 모두 살인마처럼 보였고 가까이 다가갈 엄두도 내지 못했다"고 말했다. 어떤 죄수는 "동료가 죽었는데, 내가 죽인

게 아니라도 엄청난 구타를 받을 거라 생각했기 때문에 사흘 동안 시체와 함께 누워있었다"고 말하기도 했다. 그런데 언젠가부터 죄수들이 간수를 선생님이라고 부르기 시작했다.

죄수들이 촛불을 가운데 두고 원을 그리며 앉고 오랫동안 마음에 맺혀 있었던 이야기들을 종이에 적은 다음 하나씩 앞으로 나와 불을 붙여 태우는 의식을 진행하기도 했다. 분노와 슬픔, 복수 같은 단어들이 연기로 사라졌다. 간수들도 함께 참여했다.

한 죄수는 여자 친구가 임신했을 때 교도소에 오게 됐는데 무사히 아이를 낳았는지 아들인지 딸인지도 모르는 상태였다. 아무도 면회를 오지 않았고 누구에게도 이런 이야기를 하지 않았다. 그런데 어느날 마음 챙김 프로그램이 끝난 뒤 한 간수에게 찾아가 이런 이야기를 털어놓았고 그가 여자친구가 딸을 데리고 면회를 올 수 있도록 자리를 만들어줬다.

물론 여전히 냉소적인 재소자들도 많았다. 누군가는 "바보 같다는 생각이 들었다"고 말했고 "10분 동안 숨쉬기 운동을 하는 게 무슨 의미가 있느냐"고 묻기도 했다. "집중할 수가 없다"고 말하는 재소자들도 있었다. 그러나 설문조사를 했더니 응답자 140명 가운데 80% 이상이 "스트레스와 분노를 덜 느끼게 됐다"고 말했다. 나이바샤 교도소 부소장은 "폭동과 탈출 시도가 크게 줄었고 이제 무장하지 않고도 죄수들을 만날 수 있게 됐다"고 말했다.

여전히 참여하지 않는 재소자들도 많지만 참여한 재소자들은 만족도가 높았다. "일주일만 해보라고 권유하고 해보고 맘에 들지 않으면 떠나라고 합니다. 그런데 프로그램에 참여했다가 떠나는 사람은 거의 없습니다."

살인을 부르는 층간 소음,
해법 지향 접근은 가능할까.

층간 소음 문제에 대한 주거문화개선연구소 소장 차상곤의 조언도 흥미롭다. 차상곤은 일단 6개월이 골든 타임이라고 제안한다. 6개월도 참기에는 긴 시간이지만 6개월이 넘어가면 단순히 소음 문제가 아니라 감정적인 문제로 번진 뒤일 가능성이 크기 때문이다. 디테일도 중요하다. 처음 대화를 건넬 때는 윗층에 뛰어 올라가 초인종을 누르기 보다는 인터폰으로 이러이러한 문제로 한 번 만나 뵙고 싶다고 이야기하고 서로 마음의 준비를 한 뒤에 만나는 게 좋다.

"예를 들어서 매트를 깐다, 라고 했을 때 매트를 깔았으니까 나는 할 만큼 했다, 더 이상 어떻게 하느냐. 이렇게 하시는 것도 좋지만 그것 보다 더 중요한 것은 매트를 까는 모습을 보여주시는 게 좋습니다. 그래서 매트를 이렇게 까는데 중간에 관리소든 한 분이 서 계시고. 매트를 이렇게 까시고 깔고 난 다음에 더 괜찮으시다면 아랫집에 내려와서 위층에다가 아이들도 놓고 뛰어보고 이렇게 해서 과연 매트 자체가 생각한 것처럼 완전하게 효과가 있는 것인지를 같이 한번 들어보는 거죠. 그래서 윗층 입장에서는 생각보다는 매트의 효과가 별로구나 라고 느끼실 거고 아래층 입장에서는 노력하고 있구나 하는 걸 느낄 수 있겠죠."

우리가 부딪히는 많은 문제가 뾰족한 해법이 있는 건 아니지만 사람들의 문제는 상당 부분 이야기로 풀 수 있는 부분도 많다.

아랫층이 너무 예민해서 손님을 데리고 올 수 없다고 불만을 늘어놓는 경우도 있지만 이런 메모를 붙여 놓을 수도 있다. "내일 오후 3시 ~5시 사이에 저희 집에 손님이 옵니다. 최대한 조심하겠지만 혹시라도 천정이 울릴 수도 있으니 이해해 주시면 고맙겠습니다." 아래층 사람들은 두 가지 행동을 할 수 있다. 마음의 준비를 하고 있다가 "그래, 손님 오신다더니 오셨네"하고 받아들일 수도 있고, "적어도 우리에게 미안한 마음은 있구나"하고 불편을 감수할 수도 있다.

《서울경제신문》이 차상곤을 인터뷰했는데 여기에는 좀 더 실천적인 해법이 담겨 있다. 아파트 단지마다 층간소음 문제를 즉각적 · 전문적으로 해결할 수 있는 층간소음관리위원회를 두자는 제안이다. 층간소음 문제는 해결이 아니라 관리 차원에서 접근해야 한다. 위층과 아래층의 문제가 아니라 아파트 공동체 전체가 문제를 인식하고 함께 고민해야 한다는 이야기다. 층간소음관리위원회 운영 비용을 아파트 입주자들 뿐만 아니라 정부와 시공사에서도 일부 부담하는 방안도 제안했다.

무엇보다도 모든 아파트에 층간 소음이 발생한다는 사실을 받아 들여야 한다. 건설회사들 과장 광고 탓도 있지만 최신 첨단 공법으로 지은 아파트에도 층간 소음이 심하다는 사실을 인정해야 한다. 우리 윗집만 유난히 더 시끄럽다는 편견에서 벗어나야 한다는 이야기다.

가솔린 차 없는 도시,
오슬로의 실험에서 배울 수 있는 것들.

노르웨이 오슬로는 2018년부터 1300개의 공공 충전소를 설치하고 전기 자동차 고속도로 통행료를 받지 않기로 했다. 그 결과, 오슬로에 들어오는 자동차가 월 50만 대나 줄어들었다. 이산화질소도 10~15% 가까이 줄었다. 오슬로는 1980년대 후반부터 미세먼지를 관리해 왔다. 디젤 자동차 판매를 제한했고 미세먼지 발생량이 많은 스터드 스노우 타이어 사용을 금지했다. 오슬로가 처음부터 친환경 도시였던 건 아니다. 2013년까지 온실 가스 배출량은 줄지 않았고 자전거 타기 좋은 도시라는 공약도 지켜지지 않았다. 2015년 59명의 시의회 의원 가운데 녹색당이 5명을 확보하면서 변화가 시작됐다.

《데저트뉴스》는 미국 유타주 솔트레이크시티에 있는 신문사다. 이 신문사는 지구 반대편의 오슬로를 찾아 오슬로의 실험에서 얻은 교훈을 네 가지로 정리했다.

첫째, 욕심쟁이(greedy) 전략이었다. 완벽한 해법을 찾지 않고 당장 가능한 변화를 실험했다. 도시 계획을 바꾸려면 몇 년이 걸리겠지만 당장 혼잡 지역에 차량 통행을 제한하도록 임시 표지판을 세워 도로를 좁히거나 차단했다. 차 없는 광장을 만드는 데 걸린 시간은 하루면 충분했다. 과거에는 자전거 도로를 확보했지만 이제는 자동차 도로를 일방통행으로 남겨 두고 모두 자전거 도로로 개방했다. 차 없는 오슬로 프로젝트를 출괄하고 있는 스투어 포트빅(Sture Portvik)은 이렇게 말했다. "우리는 해법이 나타날 때까지 기다릴 수 없어요. 해법을 찾는 것부터 시작해야 합니다."

쓰레기 매립을 금지한 것도 파격적인 변화였다. 재활용할 수 없는 가정 쓰레기는 모두 소각하고 이 과정에서 발생한 열은 물을 데우는데 쓴다. 음식물 쓰레기에서 바이오가스와 생물 비료를 만든다. 탄소 포집 공장도 건설하고 있다. 바다 밑에 오일 추출로 비어있는 구멍으로 밀어넣을 계획이다. 이곳에서 1000년 이상 머무르게 된다. 2017년 기준으로 2013년 대비 미세 먼지 농도가 60% 가까이 줄어든 것으로 나타났다.

이런 파격한 실험에 문제가 없었던 건 아니다. 차량 진입이 차단되면서 배관공이나 배달원 등은 아예 일을 할 수 없는 상황에 맞닥뜨리기도 했고, 주차 공간이 사라지면서 관광 산업도 큰 타격을 입었다. 아무

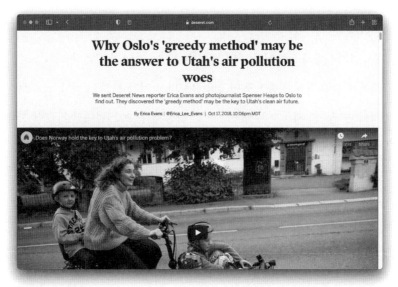

《Deseret News》.

래도 교통이 편한 곳으로 관광객들의 동선도 바뀌기 마련이다. 그러나 오슬로 시민들이 합의한 건 이런 문제를 하나씩 역추적하고 해결해야 한다는 것이었다. 배관공 등 특별한 경우에는 차량 진입을 허용하기로 했고 장애인 주차 공간도 예외로 하기로 했다.

두 번째 교훈은 비용과 편의성이 핵심이라는 것이다. 많은 대도시처럼 오슬로에도 위성도시에서 출퇴근하는 사람들이 많은데, 운전에 드는 비용이 크게 늘어났다. 오슬로 인근 드라멘(Drammen)에서 출퇴근하는 마틴 칼버그(Martin Carlberg)의 경우 40분 운전해서 시내에 들어오려면 통행료 7.5달러와 1갤런에 8달러에 이르는 휘발유 가격을 감당해야 한다. 대신 한 시간에 한 번 오는 버스를 타고 나와 기차를 갈아타고 출근하면 50분 정도 걸리는데 비용은 절반으로 줄어든다. 대중 교통 요금이 싼 편은 아니지만 운전하는 비용이 너무 커서 대중교통을 이용하게 된다는 이야기다.

전기자동차도 늘어나고 있다. 정부 보조금이 1만 달러나 되고 노르웨이는 수력 발전 비중이 높아 휘발유보다 전기가 훨씬 더 싸다. 오슬로에서 판매되는 자동차의 58%가 전기 자동차다. 2025년이면 가솔린 차량 판매가 전면 금지될 전망이다. 《데저트뉴스》는 칼버그 가족의 사례를 소개하면서 "지구를 구하기 위해서든 가족을 위해서든, 아니면 그냥 비용 절감을 위해서든 이런 인센티브가 행동을 바꾸는 데 매우 효과적이었다"고 평가했다.

세 번째 교훈은 삶의 질을 희생하지 않아도 된다는 것이다. 오슬로 시내에 사는 카리 앤 소피드 이드(Kari Anne Solfield Eid) 부부는 자녀 5

명을 두고 있는데, 차 없이 자전거로 이동한다. 5살과 3살 아이들을 어린이집에 데려다 줄 때는 어린이용 시트가 달린 화물 자전거를 타고 간다. 소필트 이드는 이렇게 말했다. "내 아이들에게 안전하지 않다면 이렇게 못하겠죠. 오슬로는 길이 좁고 언덕이 많고 겨울에 춥죠. 우리는 이곳이 자전거를 탈 수 있는 도시라면 세계 어디든 가능하다는 것을 세계에 증명하고 있습니다."

오슬로는 2025년까지 인구의 25%가 날마다 자전거를 타도록 하는 목표를 잡고 있다. 자전거 타는 사람들이라면 실감하겠지만 교차로나 횡단보도 앞에서 자전거 페달에서 내려오지 않아도 되도록 자전거 발판을 설치하고 자전거가 차 앞에 멈출 수 있도록 자전거 정차 공간을 따로 표시하는 등 신경을 썼다. 무엇보다도 도로 위에 자동차가 적다는 게 가장 좋은 조건이다.

네 번째 교훈은 건강이 최우선 목표라는 것이다. 많이 개선됐다고 하지만 오슬로는 여전히 이산화질소 농도가 기준 이상이다. 오슬로 거주 어린이의 20%가 천식 질환을 앓고 있다는 조사 결과도 있었다. 이 기사는 "어떤 사람들은 많지 않은 몇 명의 건강을 위해 사회 전체를 바꿔야 하는 이유가 뭔지 묻는다"면서 "우리는 처음으로 자동차 운전자의 편의가 아니라 어린이와 아픈 사람들, 나이든 사람들의 건강을 먼저 생각하기 시작했다"고 지적하는 것으로 끝난다.

미국 콜로라도주의 《듀랑고헤럴드》라는 신문은 플라타 카운티의 청소년 자살 문제를 집중 취재한 뒤 연결이 자살을 막는 해법이라는 결론을 내렸다. 전반적으로 자살 사건이 늘어나는 것도 문제였지만 이 지역에서는 특히 25세 미만 청소년들 자살 비중이 크게 늘어났다. 2017년 기준으로 전체 131건 가운데 25세 미만이 46명이나 됐다. 사실 이 지역의 문제라기 보다는 미국 전체의 문제였다. 미국에서는 2010년에서 2015년 사이에 10대 청소년들의 우울증이 33% 늘어났고 자살률도 31% 늘어났다. 성적과 대학 진학에 대한 압박이 더 커졌고 소셜 미디어가 우울증과 불안을 키운다는 분석도 있었다. 전자기기 사용 시간이 늘어날수록 우울증 발생 빈도도 높았다.

청소년 자살,
문제가 아니라 원인을 보자.

사실 청소년 자살 역시 뾰족한 해법이 있을 수 없는 문제다. 소셜 미디어를 이용하지 말라고 할 수도 없고, 성적에 대한 압박은 사회 구조의 문제다. 친구들과의 갈등은 애초에 개인적인 영역이다. 다만 주변에서 위기 신호나 구조 신호를 알아 차리고 대응하는 것만으로도 극단적인 상황을 피할 수 있다.

《미국정신의학저널》(American Journal of Psychiatry)에 실린 한 논문에 따르면 스스로 목숨을 끊은 사람들 가운데 45%가 한 달 안에 주치의를 만난 적이 있다는 통계도 있었다. 주치의가 이상 신호를 알아차릴 수 있다면 자살률을 크게 줄일 수 있다는 이야기다.

이 신문은 자살을 정신 질환으로 취급하지 말고 위험 요소를 식별하고 해결하는데 집중해야 한다고 제안했다. 액시스헬스시스템에서는 환자의 자살 위험을 모니터하고 위험이 높다고 판단되는 환자를 추적 관리하면서 이상 신호가 발생할 경우 대응하는 프로세스를 만들었다. 만약 환자가 예약을 취소하고 추가 예약을 하지 않는다면 확인이 필요한 상황이라고 판단하는 것이다. 실제로 이런 개입이 실제로 많은 사람들을 살려냈다. 2년 동안 1327건의 위험 평가를 했는데, 자살을 시도할 가능성이 높다고 판단한 환자의 50%가 1~2일 사이에 후속 치료를 받았다.

이 신문은 노스다코타에서 개발한 SOS(Sources of Strength, 힘의 원천)라는 프로그램을 해법으로 소개했다. 듀랑고에서는 2018년부터 모든 중학교와 고등학교에서 이 프로그램을 실행하고 있다. 학생들이 SOS 프로그램의 멘토가 되고 미리 준비된 템플리트를 활용해 다른 친구들과 대화하면서 긍정적인 메시지를 전파하게 된다. 담배를 피우는 학생과 친구가 되면 담배를 피우게 되는 것처럼 밝고 긍정적인 에너지가 있는 친구가 있으면 회복 탄력성이 전염된다. 여러 학교에서 같은 프로그램을 운영하면서 발견한 성공 비결은 여러 환경과 소속 집단에 맞춰 멘토를 선발하는 것이다. 핵심은 학생들이 서로 연결돼 있다는 사실을 깨닫는 것, 그리고 정말 어려운 상황에 맞닥뜨렸을 때 누군가에게 손을 내밀 수 있다는 사실을 미리 알려주는 것이다.

애니마스(Animas) 고등학교의 프로젝트베이스캠프(Project base-camp)는 한국에서도 시도해봐도 좋을 것 같은 실험이다. 학생들은 조지프 캠벨의 영웅 여정 10단계에 따라 스스로를 이야기로 작성하라는 과제를 받는다. 자서전을 영웅 서사로 꾸미라는 게 아니라 내가 이야기의 주인공이라는 사실을 깨닫게 하는 프로그램이다. 그 과정에서 서로를 더 잘 이해하게 된다.

그리고 이 수업은 2박 3일의 주말 야영으로 이어진다. 무작위로 상대방을 지정해서 편지를 쓰고 낭독하는 시간도 갖는다. "교실에 있을 때와 달리 서로를 더 많이 의존할 수밖에 없기 때문에 협력 관계가 강화됩니다. 단순히 밖에서 시간을 보내는 것만으로도 불안과 우울증이 사라지고 자기 효능감이 높아집니다. 문제를 공유하는 능력도 생기고요."

**변화가 있는 곳에
해법의 아이디어가 있다.**

《복스》가 의료진의 트라우마를 다룬 기사도 솔루션 스토리텔링의 구조를 살피는데 도움이 될 것이다. 시애틀아동병원에서 일했던 간호사 킴 하이엇(Kim Hiatt)에게 2010년 9월 14일은 인생이 바뀐 날이었다. 9시 30분 무렵, 의사가 생후 9개월 환자에게 염화칼슘 140mg을 투여하도록 지시했다. 하이엇은 1ml이 10mg이라고 생각하고 14ml를 투여했다. 점심 무렵 환자의 심장 박동수가 급격히 치솟았다. 혈액 샘플을 채취해 보니 칼슘 수치가 너무 높았다. 그때서야 다른 간호사가 1ml는 100mg이라는 사실을 알려줬다. 그러니까 적정량의 10배 이상되는 염화칼슘을 투여한 것이다.

뒤늦게 이 사실을 확인한 의사는 하이엇에게 당장 병원을 떠나라고 소리 질렀고 하이엇은 울면서 집으로 차를 몰았다. 그의 어머니 린 하이엇(Lyn Hiatt)의 증언은 다음과 같다. "딸이 전화를 걸어 내가 주사를 잘 못 났다, 모두 내 잘못이다, 어떻게 해야 할지 모르겠다고 말했어요. 그 외중에 내 걱정을 하길래, 괜찮다고 했죠."

어린 환자는 사고 나흘 뒤에 죽었고 하이엇은 해고됐다. 하이엇의 주변 사람들은 그가 병원에서 잘린 뒤 전혀 다른 사람이 됐다고 말했다. 계속 울었고 자신이 쓸모없는 사람이 됐다고 말하곤 했다. "그는 절망 적인 상태였어요. 해고되기 전에 이미 충분히 벌을 받고 있었죠. 하지 만 빠져 나갈 방법이 없었어요. 옆에서 지켜보기에도 정말 마음이 아팠 습니다."

이 사건은 TV 뉴스에도 나왔다. 주 보건부의 조사가 시작됐고 조 사가 진행되는 5개월 동안 일자리를 구할 수 없었다. 간호사 자격을 유

Cratine Byuk

Fatal mistakes

Doctors and nurses make thousands of deadly errors every year. They are
reprimanded. Do they also deserve support?

By Sarah Kliff | sarah@vox.com | Mar 15, 2016, 7:00am EDT

f 𝕏 SHARE

© VOX.

지하려고 긴 탄원서를 주 조사관에게 냈지만 결국 4년 동안 자격 정지 결정이 내려졌다. "간호사는 내 전부입니다. 내가 가장 잘 하는 일을 하면서 살고 싶습니다." 이런 내용의 탄원서를 보냈지만 달라지지 않았다. 결국 사고 이후 반 년쯤 뒤인 이듬해 4월 3일, 하이엇은 가족들이 햄버거 가게에 나간 사이에 스스로 목숨을 끊었다.

안타까운 실수였지만 늘 일어나는 일이고 결코 가볍게 넘어가기 어려운 사건이다. 하이엇의 장례식에는 500여 명이 참석했다. 사고 이후 이 병원은 비슷한 실수를 차단하기 위해 구두로 투약 지시를 하지 못하도록 했다. 그러나 하이엇이 겪었던 고통에 대해서는 아무런 언급이 없었다. 익명을 요구한 하이엇의 동료는 "여기 사람들은 여전히 우리의 실수를 인정하는 것을 두려워한다"고 말했다.

존스홉킨스대학교 보건서비스연구센터의 알버트 우 센터장은 《복스》와 인터뷰에서 "의료 사고는 끔찍한 일이지만 의료 사고를 낸 의료진 역시 심각한 고뇌와 혼란, 정서적 외상을 감당해야 한다"면서 "이들 역시 두 번째 희생자들"이라고 말했다. "절반 이상이 우울증을 겪고 있고 3분의 1은 비슷한 실수를 할까봐 비슷한 환자를 피한 적 있다"고 답변했다. "심지어 이들 가운데 일부는 스스로 목숨을 끊을 생각을 했다"고 말했다.

알버트 우의 연구에 따르면 의사와 간호사들은 동료의 실수를 이야기하는 걸 꺼린다. 그래서 이들은 더더욱 고립돼 있다고 느끼게 된다. 아무도 이들의 고통에 관심을 기울이지 않는다는 이야기다. 우리가 간과하기 쉬운 건 이들이 불안과 공포에 시달릴 때 또 다른 환자를 위험에 빠뜨릴 수 있다는 사실이다. 더 중요한 건 최고의 의사라도 실수를 하기 마련이고 의도하지 않은 실수로 이들을 매장시켜서는 안 된다는 것이다. "이들이 크고 작은 실수를 저지르고 스스로를 질책하거나 우울증에 시달리고 자살 충동을 느낀다면 이건 시스템의 위기로 이어진다"는 지적이다.

슈 스콧(Sue Scott)은 의료진의 트라우마 극복을 돕는 서비스를 운영하고 있다. 스콧은 의사나 간호사들이 의료 사고를 저질렀을 때 전화할 수 있는 핫 라인을 개설했다. 핫 라인은 병원 법무팀과 아무런 관계가 없었고 원한다면 이름이나 부서, 직책 등 개인 정보를 이야기하지 않아도 된다. 이 핫라인은 여러 가지 논란에 부딪혔다. 의료 사고 가해자가 이런 지원을 받아도 되느냐는 항의도 있었다. 법무팀도 불편해 했다. 이런 서비스가 자칫 병원의 배상 책임을 키우는 것 아니냐는 지적도 있었다.

미국에는 4000곳 이상의 병원이 있는데 이런 핫 라인을 도입한 병원은 12곳 밖에 안 된다. 누구도 트라우마를 겪고 있는 의사나 간호사에게 치료를 받고 싶지 않을 것이다. 만약 트라우마를 겪고 있다면 적절한 치료를 받는 게 의료진의 의무이기도 하다. 《복스》는 문제를 근본적으로 개선하려면 의료진이 트라우마를 드러내고 적극적으로 치료받을 수 있도록 지원하는 프로그램이 필요하다는 결론에 이르렀다.

이 책의 독자들은 간병 살인을 다룬 기사를 여러 차례 읽었을 것이다. 언젠가 나와 내 가족의 이야기가 될 수도 있을 거라고 생각하지만 사실 답이 없는 문제라고 생각하기 쉽다.

아버지를 죽인 아들,
반복되는 비극을 막을 수 있을까.

인터넷 신문《셜록》이 보도한 간병 살인 사건의 전말은 다음과 같다. 스물두 살 아들이 뇌출혈로 쓰러진 아버지를 굶어서 죽게 만들었다. 치료비 부담이 커서 퇴원을 시켰고 병원비는 삼촌이 부담했지만 아들 역시 생활비는커녕 아버지의 기저귀값도 충당할 수 없었다. 대소변을 받고 튜브로 음식을 떠 먹여야 했다. 결국 어느날 아버지에게 음식을 끊었고 8일 동안 방치한 끝에 죽음에 이르렀고 경찰이 아들을 체포해 징역 4년을 선고 받았다. 법원은 "아버지의 사망을 적극적으로 의도했다고 보긴 어렵지만 동기와 경위가 어떻든 엄벌이 필요하다"고 밝혔다.

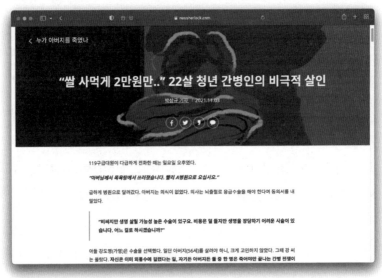

《셜록》.

《셜록》의 후속 보도는 좀 더 구체적인 맥락을 담고 있다. 아버지가 쓰러진 뒤 넉 달 동안 병원비는 1500만 원. 이 비용은 아버지와 열네 살 차이나는 삼촌이 퇴직금을 중간 정산해서 부담했다. 그리고 요양병원 입원비 2000만원도 삼촌이 댔다. 아들은 월세 30만원을 세 번이나 밀렸고 집주인 할머니에게 돈을 빌리기도 했다. 시급 7000원 편의점 파트타임 일자리를 구했지만 난방비나 휴대전화 요금도 낼 여유가 없었다. 결국 아버지가 어느날 이렇게 말했다. "도영아, 미안하다. 너 하고 싶은 거 하면서 행복하게 살아라. 필요한 거 있으면 아버지가 부를 테니까, 그 전에는 아버지 방에 들어오지 마."

물론 이 말은 아들의 증언이라 100% 믿을 수는 없다. 다만 판결문에 담긴 아들의 진술은 사실일 가능성이 크다. "피고인(아들)은 피해자(아버지) 방에 한 번 들어가 보았는데, 피해자는 눈을 뜨고 있으면서도 피고인에게 물이나 영양식을 달라고 요구하지 않고 가만히 있었다. 피고인은 이를 가만히 지켜보면서 울다가 그대로 방문을 닫고 나온 뒤 피해자가 사망할 때까지 방에 들어가지 않았다." 그게 5월 3일이고, 숨진 아버지를 발견한 건 5월 8일 저녁이었다.

이 아들은 2021년 11월 10일 항소심에서도 존속 살인이 인정돼 징역 4년을 선고 받았다. 《셜록》의 대표 기자, 박상규는 "아쉽지만, 해야 할 일을 계속 하겠다"면서 "간병 의무를 가족에게만 떠넘기는 게 과연 정당한지, 가난으로 위기에 처한 사람에게 합리적 판단과 효자되기를 강요하는 게 타당한지 따져보겠다"고 밝혔다. "아버지를 굶겨 사망에 이르게 했다는 건 사실이지만 여기에 부작위 살인을 적용하는 게 맞는지 의문"이라면서 "이 사안은 사회적 토론 의제가 돼야 한다"고 강조했다. 박상규 기자는 《미디어오늘》과 인터뷰에서 "대법원 판결까지도 포기하지 않을 것이고 회사와 상관없이 개인적으로는 이 친구가 살아갈 수 있게 집을 제공해주려 하고 있다"고 말하기도 했다. 그는 "간병 살인과 간병 청년 문제점에 대해 사회적으로 논의할 수 있는 장이 마련됐다"면서 "제도적 보완이 필요한 것에 대해서도 해결을 해나갈 것"이라고 말했다.

《미디어오늘》 기자 조준혁은 「'간병 청년' 징역형 못 막았지만 셜록 '솔루션 저널리즘' 빛났다」는 제목의 기사에서 "만약 판결이 달라졌을 경우 솔루션 저널리즘의 대표적 사례가 될 수 있는 상황이었다"고 평가했는데 이런 보도를 솔루션 저널리즘이라고 부르는 것은 곤란하다. 오히려 솔루션저널리즘네트워크는 이런 행동주의 성격의 보도를 솔루션 저널리즘이라고 오해해서는 안 된다고 거듭 강조하고 있기도 하다.

대전지방법원 판사 류영재는 페이스북에서 이 사건을 언급하면서 "이런 악순환을 끊기 위해 제도적으로 정책적으로 행정적으로 문제 해결을 꾀하는 것과 이미 발생한 구체적 사건에 대한 사법적 해결은 별개일 수밖에 없다"며 선을 그었다. 류영재는 "시민사회가 사법에 희망하는 것이 어쩌면 이런 부조리의 완화 내지는 정의로운 해결일 수 있다고도 생각한다"면서 "만일 판사가 이를 무시하고 자신의 정의로움에 따라 재판을 하게 된다면 이땐 오히려 무법 상태에 가깝게 될 것"이라고 지적했다.

물론 박상규 기자가 이 아들의 무죄를 주장하고 있는 것은 아니다.

《셜록》의 연속 보도는 간병 살인에 관심을 끌어내고 좀 더 근본적인 해법을 모색하게 하는 좋은 보도였다. 박 기자는 특히 사건에서 사람을 발견하고 구조의 문제를 환기시킨다. 다만 지적하고 싶은 건 문제가 해결되지 않고 있으니 내가 나서서 해결하겠다고 선언하는 것을 솔루션 저널리즘으로 오해해서는 안 된다는 것이다.

막막한 현실,
해법이 없는 건 아니다.

《한겨레21》이 2020년 12월, 이른바 영 케어러(young carer) 이슈를 기획 기사로 다룬 적 있다. "다수가 아픈 몸으로 살아가야 하는 사회에서 이들을 돌보는 영 케어러는 돌봄과 부양을 더 이상 가족이 책임질 수 없다는 사회적 징후다. 시민적 돌봄을 세대 간에 주고받기 위해서 무엇이 필요한지 질문해야 할 시기다."

이 기사는 영국의 사례를 짧게 언급하는 데 그쳤다. "영 케어러가 통계로 잡히지 않는 한국과 다르게, 일찍이 '영 케어러'를 정책 규범화한 영국과 일본 사례를 살펴봐야 한다는 목소리도 나온다. 영국에서는 20여 년 전에 18살 미만 간병인을 영 케어러로 정의하고 민간 지원을 하고 있다."

2019년 9월에는 치매를 앓고 있던 어머니와 중증 지체 장애인인 큰아들을 둘째 아들이 살해한 사건이 있었다. 《한국일보》 보도에 따르면 어머니는 장기요양보험의 방문 요양보호 서비스 대상자였고, 큰 아들도 장애인 활동 지원 서비스를 받고 있었지만 비극을 막을 수는 없었다. 요양 등급 1등급이나 2등급을 받지 못하면 요양원에 입소할 수 없고 방문 보호 역시 하루 4시간을 넘지 못한다. 그나마 장기요양보험 인정 비율도 8~9%에 그치고 있는 상황이다. 이런저런 제도가 있지만 고스란히 가족에게 부담이 돌아간다는 이야기다. 《한국일보》는 케어 매니저를 해법으로 제안하고 있다.

"일본의 경우 간병 스트레스가 최악의 상황으로 치닫지 않도록 하기 위해 간병인에게 정신건강 서비스를 제공하기도 하고, 간병인이 가족을 돌보다 폭행할 경우 케어매니저(돌봄 전문가)가 둘을 분리시키는 조치도 취하도록 하고 있다. 이는 지역사회 통합 돌봄(커뮤니티 케어) 시스템이 구축돼 있어 지속적으로 위기 가구를 살피고 있기 때문에 가능하다."

간병 살인을 다룬 기사로 《서울신문》의 연속 보도를 빼놓을 수 없다. 《서울신문》은 2018년에 「간병 살인 154인의 고백」이라는 제목으로 간병 살인 관련 판결문 108건을 전수 조사하고 이들을 인터뷰해서 불편한 진실을 드러냈다. 가족 간병인 325명을 설문 조사한 결과도 "학계에서도 나온 적 없는 데이터"라는 평가를 받았다. 간병인 네 명 가운데 세 명이 경제적으로 어려운 상황에 놓여있고 간병 범죄의 절반 이상이 치매 환자 가정에서 일어났다. 《서울신문》 취재팀은 무작정 주소지로 찾아가 초인종을 누르고 간곡하게 요청하는 일을 석 달여간 반복했다고 한다.

이 기사가 특별했던 건 여러 사건 유형을 분석하면서 근본적인 문제를 추적해 들어갔다는 데 있다. 왜 이런 일이 반복되는가에 대한 질문을 놓치지 않았던 것이다. 독박 간병이나 노노 간병, 답이 없는 가난, 죽고 싶어도 죽을 수 없는 상황, 핵심은 이 모든 답답한 상황이 결국 가족들에게 고스란이 부담으로 돌아가고 아무도 이들을 돌보지 않는다는 데 있었다.

그런데 놀랍게도 기사의 댓글 대부분이 안락사를 허용해야 한다는 쪽으로 흘렀다. 다음은《서울신문》유영규 기자의《오마이뉴스》인터뷰 가운데 일부다.

"내가 비겁했구나 싶었어요. 안락사 얘기를 다뤘어야 했는데 그러면 또 하나의 챕터가 필요했죠. 당장 이것도 감당하기 어려운데 여기서 끊자 했어요, 탐사팀임에도. 딱 그 지점에 대해 독자들이 '이거 좀 다뤄주세요'라고 하는 순간 독자들에게 미안했습니다. 그러나 안락사만으로 대안을 끝낼 수는 없었어요. 결국 다 죽자는 얘기냐, 논쟁이 이상하게 갈 수 있거든요. 아무래도 조심스러웠습니다."

왜 이런 일이 반복되는가,
다시 질문으로.

이들이 내놓은 대안은 간병인들에게 쉴 시간을 줘야 한다는 것이다. 일본은 '쇼트 스테이'라는 이름으로 단기 보호 서비스가 있다. 간병인들을 잠깐이라도 환자에게 벗어나 여유를 찾게 돌보는 서비스다. 네덜란드에도 '치매 안심 마을'이 있다. 성북미르사랑데이케어센터 센터장 박효영은 "치매를 노화의 한 과정으로 여기고 간병인들이 자연스럽게 사회의 도움을 받으며 같은 처지의 사람들과 교류하는 문화가 필요하다"고 지적했다.

연세대 보건행정학과 교수 정현선은 "일본은 가족을 돌보다 폭행할 경우, 케어매니저(돌봄 전문가)가 곧바로 둘을 분리시킨다"고 설명했다. "매뉴얼에 따라 환자를 쇼트스테이(단기보호시설)에 보내거나, 심각한 경우 보호자에게 요양시설 입소 등을 제안한다"는 이야기다. 이런 제도를 도입하면 간병 스트레스가 극단적으로 분출되는 걸 사전에 막을 수 있다. 한국보건사회연구원 선임연구위원 신영석은 '간병 마일리지 제도'를 제안했다. 평소에 아픈 사람을 돌봐 마일리지를 쌓고, 훗날 본인이 병들면 그만큼 간병 서비스를 제공받는 제도다. "경제적 부담 없이 간병을 받을 수 있고, 가족도 간병 부담을 덜 수 있다. 마일리지가 남는다면 현금으로 돌려받으면 된다"는 설명이다.

서울시가 운영하는 '도심권 50+센터'는 건강 코디네이터 60여명을 생활고를 겪는 치매 가정에 파견하고 있다. 치매 가정의 다양한 어려움을 돌보고 환자들의 증상을 완화하기 위한 인지교육을 실시한다. 박효영 센터장은 가족과 사회 모두 돌봄에 참여하는 커뮤니티 케어를 대안으로 제안했다. "주간 보호센터에 치매 환자를 보내면서 돌봄 프로그램에 동참하는 보호자들이 있는데 이렇게 가족이 관심을 두면 환자의 심리 상태가 안정되고 증세가 좋아지는 경우가 많다"는 설명이다.

한국기자협회 기자상 심의위원회는 이 기사를 이렇게 평가했다. "가야할 길이 보이지 않는다며 저널리즘의 미래를 묻는 사람들이 많다.

그런 사람들에게 기자협회 이달의 기자상 수상작으로 선정된 《서울신문》의 「간병살인 154인의 고백」을 읽어보라고 권하고 싶다. 기획의 힘이 무엇인지 보여주는 작품이다."

세상에 아름다운 이야기는
얼마든지 있다. 그러나
그것만으로는 충분하지 않다.
세상은 비극으로 가득하고 참담한
현실을 고발하는 기사도 넘쳐난다.
그러나 그것만으로 세상이 저절로
바뀌지는 않는다. 그러나 세상이
얼마나 비참하고 끔찍한지
적나라하게 나열하는 것만으로는
충분하지 않다.

과정을 추적하고 변화의 매뉴얼을 만들자.

10장

《한겨레》의 연속 보도, 「대한민국 요양 보고서」는 매우 훌륭한 르포 기사였다. 권지담이 썼다. "변비 탓에 노인들 대부분이 최소 3일 동안 같은 기저귀를 차고, 가장 바깥쪽 큰 기저귀는 2주 가량 교체되지 않는다. (중략) 똥은 닦아도 닦아도 계속 나왔다. 화장실에 오기 전 이미 기저귀에 조금 똥을 싸놓았던지라, 엉덩이 전체에 똥이 덕지덕지 붙어 있었다. 휴지로 해결되지 않아 물티슈를 가져왔다. 변기는 물론 항문과 엉덩이, 기저귀에 묻은 똥을 치우고 나니 겨울인데도 이마에 땀이 송골송골 맺혔다."

삶과 죽음의 경계에서 가느다란 목숨을 겨우 부지하고 있는 노인들. 먹는 것도 싸는 것도 숨을 쉬는 것도 쉽지 않은 극한의 순간. 그동안 요양원 르포가 없었던 것은 아니지만 이 시리즈는 특별했다. 기자가 직접 요양보호사 자격증을 따고 요양원에 취업해 노인들 밥을 떠먹이고 똥 기저귀를 갈고 목욕을 시켜가면서 지켜보고 기록한 결과다. 발로 쓴 기사고 몸으로 쓴 기사였다.

비슷한 시기에 나온 《한국일보》의 '쪽방촌 르포'도 저널리즘의 존재 이유를 입증하는 좋은 기사였다. 이혜미가 썼다. "현재 영업 중인 쪽방 5채에서만 매달 1437만 원 상당 현금 수익을 얻는 셈이다. 1980년대 부친으로부터 쪽방용 건물들을 물려받아 건물주가 된 남매들은 1996년 지하 1층, 지상 5층짜리 빌딩을 인근에 세워 부를 확장했다. 20년 넘게 이 동네에 거주했다고 밝힌 한 주민은 '살면서 집주인을 딱 한 번 봤을 뿐'이라고 말했다. 수십 년 동안 대를 잇는 쪽방 운영으로 부를 축적해온 건물주 일가는 베일 뒤에 철저히 정체를 숨겨온 것이다."

화장실도 수도도 난방도 안 되는 1평 남짓의 쪽방 월세가 25만원이라니. 이런 말도 안 되는 폭리가 가능한 건 쪽방촌이 빈곤의 극단, 노숙인으로 전락하기 전 단계에서 그나마 선택할 수 있는 마지막 주거 공간이기 때문이다. 읽다 보면 쪽방촌의 쾌쾌한 냄새를 맡을 수 있을 것 같은 현장감 넘치는 기사였다.

헐리우드에는 아카데미상 수상 공식이라는 게 있다고 한다. 심사위원들 대부분이 새디스트라서 주인공이 '개고생'하는 시나리오에 좀 더 높은 점수를 준다는 것 등이다. 〈레버넌트, 죽음에서 돌아온 자〉에 출연했던 레오나르도 디카프리오처럼 곰에게 물어 뜯기고 얼음물을 가르고 헤엄치는 정도가 돼야 남우 주연상을 받을 수 있다. 당연히 작품성이 있어야겠지만 배우가 고생을 많이 하면 할수록 감동이 커진다는 이야기다.

기자들이 받는 상도 비슷한 공식이 있는 것 같다. 좋은 기사가 상을 받는 건 당연하지만 언젠가부터 얼마나 고생해서 썼는지 강조하는 기사가 늘어났다. 기저귀를 갈 시간이 없어서 똥을 눈 채로 며칠씩 방치되는 노인들의 사연은 잠깐 구경하러 온 기자들은 결코 얻을 수 없는 이야기다. 쪽방촌 수십 개를 거느리고 수천만 원의 월세를 챙기는 이른바 '빈곤 비즈니스'의 실상도 기자들이 수없이 발품을 팔지 않았으면 드러나지 않았을 참담한 현실이다.

"기자라는 자존심을 지켜준 그들이 눈물겹게 고맙다."

정말 좋은 기사라는 걸 전제로 나는 몇 가지 의문을 갖지 않을 수 없다. 《한겨레》 기사는 요양원의 열악한 환경과 죽음 앞에 무력한 인간의 숙명을 뒤섞고 있다. 늙고 쇠약한 노인이 감내해야 할 참혹한 순간은 요양원이 아니라 어디에나 있다. 열악한 요양원도 끔찍하지만 근본적으로 우리가 늙고 죽는 것이 모든 비극의 원인이다. 똥 기저귀를 가는 건 기자에게는 스펙터클한 일이지만 어느 요양원에서나 일상이다.

《한국일보》의 기사는 쪽방촌을 강제 폐쇄할 수도 없고 그렇다고 방치하거나 정부가 밑빠진 독에 물붓듯 지원할 수도 없는 딜레마를 드러냈다. 평당 임대료 18만 2550원은 수요와 공급이 만드는 시장 가격인 것 같지만 세입자들에게는 별다른 선택의 여지가 없고 공급자가 가격을 결정한다는 게 문제다. 구조를 바꾸지 않는 이상 큰손 건물주들을 비

《한겨레》.

난하는 것만으로는 아무 것도 달라지지 않는다.

이 두 기사는 무거운 질문을 남긴다. 이제 무엇을 할 것인가. 《중앙일보》 논설위원 권석천은 「기자들을 기다리지 마라」라는 제목의 칼럼에서 이 두 기사를 거론하면서 "시간 들이고 땀 흘린 만큼 기사를 쓸 수 있다"면서 "기자라는 자존심을 지켜준 그들이 눈물겹게 고맙다"고 털어놓은 바 있다. 권석천의 표현대로 "기사 처리하느라 생각할 시간이 없다"는 기자들이 "취재가 사치 부리는 일이 되다 보니, 서로 시야에서 벗어나지 않는 '질 낮은 경쟁'에 몰두"하는 게 현실이다.

언론사 논설위원이 다른 언론사 기사를 공개적으로 칭찬하는 것은 매우 이례적인 일이다. 그러나 권석천의 칼럼에는 시스템에 대한 반성이 없다. "나 역시도 기사 쓰면서 어떻게 하면 다르게 잘 베낄 수 있을까

고심했다"면서도 단순히 '시간 들이고 땀 흘린 기사'를 '취재가 사치 부리는 일이 된 시대'의 대안으로 제안하는 것은 단편적이고 감상적인 접근이다. "자신만의 취재를 해야 좋은 기사가 나온다"는 익숙한 결론을 반복하고 있을 뿐이다.

"79살 최교실 할머니는 괄약근에 힘이 없어 스스로 변을 보지 못한다. '똥 나온다, 똥 나와… 계속 나와. 선생님, 이것 좀 버려주세요.' 할머니의 침구를 정리하고 있던 기자를 동료 요양보호사가 급히 찾았다. 구멍이 뻥 뚫린 목욕 변기 아래로 초록색 똥이 툭툭 떨어지고 있었다. 요양보호사가 아랫배를 누르자 5분 동안 대변이 쉬지 않고 나왔다. 포도 3송이보다 크고 묵직한 변은 2㎏ 아령보다 무거웠다. 이날 할머니가 본 대변은 자그마치 10일치였다."

'시간 들이고 땀 흘린' 이 기사의 스펙터클에는 그래서 이제 무엇을 할 수 있는가, 무엇을 해야 하는가에 대한 질문이 빠져있다. 더 깊이 현장에 들어가고 더 치열하게 관찰하고 본질을 파고 드는 기사는 당연히 중요하다. 기사의 기본은 취재다. 현실을 정확하게 드러내는 것만으로도 많은 것을 바꿀 수 있다. 그러나 어떤 기사들은 현상을 나열하거나 전시하면서 독자를 관객으로 머물게 만든다. 강력한 이야기를 풀어낼 때는 이야기 안에 갇힐 가능성을 경계해야 한다.

이 시리즈를 끝까지 눈여겨 봤던 건 우리가 읽고 있는 숱한 기사들처럼 결국 기자들이 고생한 이야기에 그치지 않을까 하는 우려 때문이었다. 이것이 현실이다, 당신들이 알지 못하는 세상을 내가 이렇게 직접 겪어보고 쓴 기사다, 소리치는 듯한 기사들. 독자들은 이런 기사에 박수를 보내지만 뒤돌아서면 잊어버린다. 그런 기사가 있었지, 그 기사 좋더라, 누군가 술자리에서 이야기를 꺼낼 수도 있지만 보통은 이야기로 끝난다.

스펙터클한 문제와
아름다운 정책 제안.

《한겨레》는 서울 강남구 세곡동의 서울요양원을 대안 모델로 제안했다. 정부 예산 269억 원이 투입된 국내 유일의 국민건강보험공단 직영 요양원이다. 커다란 창문에 볕이 들고 건물 어디서나 나무가 보이고 노인 2명에 요양보호사 1명이 배치되는 쾌적하고 넉넉한 환경이다. 식당이 따로 있는데 일부러 집처럼 편안한 분위기를 만들기 위해 거실 한쪽의 개방형 주방에서 밥을 짓고 밥내를 실내 가득 채운다는 세심한 배려도 돋보인다.

이곳에는 침대에 손등이 묶여 있는 노인이 없다. 거동이 불편한 노인들을 쉽게 옮길 수 있는 300만 원짜리 '해피 베드(happy bed)'와 누운 채로 욕조에 몸을 담글 수 있는 8000만 원짜리 목욕 기계도 있다. 정원이 130명인 이 요양원은 대기자가 1300명이 넘고 평균 3년 이상을 기다려야 한다. 결국은 공공성 확대가 답이고 예산 문제가 과제로 남는다. 결국 정치가 풀어야 할 문제란 이야기다. 스펙터클한 다큐멘터리가 아름다운 정책 제안으로 서둘러 마무리된 느낌이다.

《한국일보》 '지옥고 아래 쪽방' 시리즈의 엔딩 역시 아쉬움이 많이 남는다. 서울시 종로구가 원룸형 안심 공공 주택 건립을 서울시에 제안했다는 훈훈한 소식에 이어 쪽방을 법제 안으로 가져오고 주거 급여를 현실화해야 한다는 전문가 좌담은 결국 예산 확보가 문제고 정부의 의지가 중요하다는 결론으로 이어졌다. 결국 내로라하는 전문가들도 뾰족한 해법이 없다는 사실을 확인하는 다소 허망한 결말이었다.

쪽방을 숙박업으로 등록하거나 안전 기준을 강화하면 지금 있는 쪽방의 상당수가 폐쇄될 가능성이 크다. 공공 쪽방은 공공 요양원만큼이나 선택받은 일부의 특혜일 수밖에 없고 주거권 교육을 늘려서 당당하게 수리를 요구할 수 있도록 해야 한다는 결론은 훈훈하기는 하지만 기사 안에 이미 반박이 있다. 서울시가 전대해 재임대한 '저렴 쪽방'에서도 수도관 파열 등 건물 수리를 요청했다가 퇴거 당한 사례가 보고된 바 있다.

세상에 아름다운 이야기는 얼마든지 있다. 그러나 그것만으로는 충분하지 않다. 세상은 비극으로 가득하고 참담한 현실을 고발하는 기사도 넘쳐난다. 그러나 그것만으로 세상이 저절로 바뀌지는 않는다. 그러나 세상이 얼마나 비참하고 끔찍한지 적나라하게 나열하는 것만으로는 충분하지 않다. 스스로 먹지도, 스스로 변을 보지도, 스스로 곡기를 끊지도 못한 채 하루하루를 버티는 노인들에게 우리 사회가 할 수 있는 일은 무엇일까.

《한겨레》기사는 현상과 문제를 뒤섞고 있다. 거동할 수 없는 노인에게 콧줄로 음식을 밀어넣는 건 어느 요양원에서나 마찬가지다. 《한겨레》기자가 있던 요양원에서는 입소자 90%가 치매를 앓고 있는데 이들의 상습적인 욕설과 폭력 역시 요양원의 문제라고 보기는 어렵다. 벽에 똥칠하는 걸 막기 위해 손에 수면 양말을 씌우거나 손을 묶어 두는 게 문제라면 그 대안이 무엇인지에 대한 질문과 모색을 이 기사에서는 찾아보기 어려웠다.

정치인들이 선거를 앞두고 양로원을 찾고 쪽방촌을 찾는 것처럼 언론의 르포 기사는 우리가 얼마나 치열하게 현장을 파고드는가를 보여주는 소재로 활용된다. 기자들의 체험 르포도 늘어나고 있다. 조선소의 계약직 노동자로 위장 취업하거나 택배 상하차 알바를 하거나 노숙인 체험을 하는 기자들도 있다. 《시사인》은 조선족들의 삶을 취재하기 위해 대림동에서 한 달 살기 프로젝트를 진행하기도 했다. 이런 기사들을 평가절하해서는 안 된다.

다만 우리는 흔히 기자가 주인공이 되는 기사를 많이 본다. 정의를 외치거나 악당을 처단하고 이렇게 가서는 안 된다고 비장한 훈계를 늘어놓는 기사도 많다. 등기부 등본을 바닥 가득 늘어놓고 사진을 찍거나 마이크를 들이댔다가 쫓겨나는 장면을 담기도 한다. 폭설을 뒤집어 쓰거나 폭풍우 몰아치는 해안에서 기상 중계를 하는 것처럼 기자가 고생한 이야기는 얼마든지 스펙터클하지만 정작 본질을 가리기 쉽다.

요양원 문제는 요양보호사들의 열악한 노동 조건과 요양기관의 부정 수급에 있다. 아무리 예산을 쏟아 부어도 보조금 착복을 뿌리 뽑지 않는다면 밑 빠진 독에 물 붓기가 될 것이다. 요양보호사들의 노동 조건이 개선되지 않는다면 노인들은 존엄을 지킬 수 없다. 쪽방촌 문제는 수요와 공급, 가격 결정의 원리가 제대로 작동하지 않는다는 데 있다. 그나마 쪽방조차도 부족한 상황이라 터무니 없이 열악한 조건을 받아들일 수밖에 없는 게 현실이다.

정치로 풀 수 없는 문제들이
더 많다.

그래서 우리에게는 더 많은 질문이 필요하다. 요양보호사를 늘리려면 얼마의 예산이 필요한가, 그 예산을 어떻게 확보할 수 있는가, 기저귀 가는 횟수가 어떻게 늘어나는가, 노인들이 알몸으로 복도를 걸어가지 않게 하려면 무엇이 필요한가, 끊임없이 질문을 던지고 요양보호사의 노동조건이 달라지면 노인들의 삶이 어떻게 달라지는지 추적하면서 보도할 수 있을 것이다. 쪽방촌 문제도 서울시 '저렴 쪽방'의 실패 원인을 분석하는 것부터 시작해서 종로구가 원룸형 공공 주택을 건립하는 데 필요한 예산과 수용 가능 범위를 검증하고 쪽방촌을 도심 외곽이나 지역으로 이전하는 아이디어, 실제로 지역에 실버 커뮤니티나 민간 차원의 공동 요양원를 구축한 사례와 가능성, 한계까지 짚을 수 있을 것이다. 상당 부분 정치로 풀어야 할 문제지만 정치가 스스로 작동하는 경우는 거의 없다는 걸 우리는 잘 알고 있다.

'세계의 비참'을 나열하는 기사는 얼마든지 있다. "우리는 통탄해서도 안 되고 비웃어서도 안 되고 혐오해서도 안 된다." 바뤼흐 스피노자는 "오직 이해하는 것만이 필요하다"고 했지만 솔루션 저널리즘은 이해를 넘어 답을 찾는 과정까지 나가보자는 제안이다. 진실을 목격하고 기록하는 것, 정확한 이해는 당연히 중요하다. 그러나 그것만으로는 충분하지 않다는 게 솔루션 저널리즘의 문제의식이다.

여기 두 건의 기사가 있다. 하나는 「독거 노인 130만 시대, 외로움에 더 서럽다」는 제목의 기사다. 우울증 환자의 60.7%가 50대 이상이고, 노년 자살이 급격히 늘고 있다. 60대는 10만 명 당 40.7명, 70대는 66.9명, 80살 이상 구간에서는 94.7명이 자살로 삶을 마감했다. 정부가 고독사를 막기 위해 노인 안부 확인 사업을 하고 있는데 생활 관리사 8000명이 평균 노인 25명을 관리한다. 평균 급여는 67만 원 수준이다.

다른 하나는 「칠보 초등학교 아이들의 '주먹밥 무상급식'」이라는 기사다. 학생들이 남는 식재료를 모아 주먹밥 도시락을 만들어 이웃 독거노인들을 찾아 배송한다는 훈훈한 이야기. 이 기사가 단순한 미담으로 그치지 않았던 건 사람이 아니라 해법에 집중하고 있기 때문이다. 당근이나 버섯이나 학교 식당에서는 언제나 쓰고 남는 식재료가 있다. 버리면 음식 쓰레기지만 주먹밥으로 만들면 훌륭한 한 끼 식사가 된다.

아이들은 요리를 배우고 동시에 지역 공동체를 배운다. 주먹밥 프로젝트를 진행했던 하하야 대표 공경용의 이야기다. "공부는 잘 하는데 친구들한테 이기적인 행동을 해서 교사들이 걱정하던 아이가 있었어요. 그런데 이 아이가 이웃집 할머니가 주먹밥 드시면서 눈물을 흘리자 함께 울면서 기뻐하는 거예요. 그동안 한 번도 자기 때문에 누군가가 이렇게 기뻐하는 모습을 본 적이 없다면서요. 이후에 아이의 태도가 달라졌다고 해요."

세상을 바꾸는 주먹밥 프로젝트, 2개월여 동안 6차례 이웃 노인들

19명에게 주먹밥을 제공하는 데 추가 재료비로 9만 6000원이 들었다. 남는 식재료를 활용했기 때문에 비용이 크게 줄었고 아이들이 직접 만들기 때문에 인건비도 전혀 들지 않았다. 물론 학교 차원의 지원과 교사의 의지, 지역 사회의 호응이 필요했을 것이다. 초등학교 무상급식이 독거노인들의 무상급식으로 확산된 셈이다.

변화를 만드는 건
벌금이 아니라 관계의 강화.

한국에는 솔루션 저널리즘 사례가 거의 없지만 이런 기사는 조금만 보완하면 좋은 모델이 될 수 있다. 안타까운 건 칠보초등학교의 실험이 왜 다른 학교로 확산되지 않았는지, 그리고 이 프로젝트가 왜 지속되지 않았는지에 대한 후속 보도가 없었다는 것이다. 솔루션저널리즘네트워크는 솔루션 저널리즘의 핵심이 확장성과 복제 가능성이라고 거듭 강조하고 있다. 히어로 스토리나 미담 사례로 끝나지 않으려면 한 곳에서의 실험과 해법을 다른 문제를 겪고 있는 곳에서도 활용할 수 있어야 한다. 그래서 해법과 대안은 구체적이어야 하고 데이터로 입증돼야 한다. 한 번의 성공에 그치지 않고 구조 개혁을 끌어낼 수 있는 본질적인 해법을 제시해야 한다. 실패 경험과 위험 요소까지 충분히 담고 있어야 한다. 솔루션 저널리즘의 결과가 실제로 변화와 실천의 매뉴얼이 돼야 한다. 주먹밥 프로젝트에 그치지 않고 독거노인에 대한 해법으로 지역 학교와 지역 사회 연계 프로그램으로 다양하게 확장할 수도 있었을 것이다.

EBS가 만든 다큐멘터리 '위대한 수업'에서 행동경제학 권위자 댄 애리얼리의 어린이집 실험을 소개한 적 있다. 아이를 맡겨둔 부모들이 회사 일이 끝나자 마자 어린이집으로 달려오지만 여러가지 이유로 늘 늦기 마련이다. 한 어린이집에서 10분 늦을 때마다 벌금을 부과하겠다고 선언했다. 그랬더니 놀랍게도 늦게 오는 부모들이 더 늘어났다. "벌금 낼 테니까 두 시간만 더 봐주실 수 있죠?"라고 묻는 부모도 있었다. 이 어린이집은 뒤늦게 실수를 깨닫고 석달 뒤에 벌금을 없앴다. 더 놀라운 건 벌금을 없애니까 부모들이 더 늦게 오더라는 것이다. 댄 애리얼리는 "사라진 죄책감은 다시 돌아오지 않는다"면서 "벌금 때문에 관계의 성격이 바뀌었다"고 지적했다. 늦으면 돈을 내면 된다는 생각이 한 번 자리잡고 난 뒤에는 서로를 배려하는 관계가 무너지고 거래 관계로 변질된다는 이야기다.

반도체 공장에서의 실험 사례도 흥미롭다. 이 공장은 12시간씩 나흘 일하고 나흘 쉬는 교대 근무 제도로 운영되고 있었다. 어느날 복귀 첫날 목표 생산량을 달성하면 보너스로 30달러를 지급하겠다고 선언했다. 이틀째부터는 목표 생산량도 없고 보너스도 없다는 조건이었다. 다음 근무 기간에는 다시 목표량과 보너스가 살아난다. 결과는 충분히 예상했던 것처럼 보너스가 있는 첫날은 생산성이 크게 높아졌는데 다음날부터는 급격히 떨어졌다. 30달러가 인센티브가 된 것 같았지만 자칫 관계와 규범의 가치를 바꿔놓을 수 있다는 게 댄 애리얼리의 지적이었다. 오히려 30달러 대신에 칭찬과 격려 문자 메시지를 받은 그룹은 이튿날 이후에도 생산성이 크게 떨어지지 않았다. 피자 쿠폰을 받은 그룹은 그 중간 정도였다. 흥미롭게도 이 그룹은 나흘째 되는 날 다시 생산성이 다시 높아졌는데 다음날 피자 쿠폰을 쓸 생각에 기분이 좋아졌기 때문이라고 한다.

댄 애리얼리의 이론에 따르면 사회 규범과 시장 규칙이 조화를 이루게 만드는 게 핵심이다. 어린이집에 벌금이 없던 시절, 저녁 7시를 넘으면 안 된다는 게 사회 규범이었다면 7시가 넘으면 벌금을 내야 한다는 시장 규칙이 생기면서 사회 규범이 힘을 잃게 됐다는 설명이다. 세상은 사회 규범만으로 움직이지 않으며 시장 규칙만으로 움직이는 것도 아니다. 댄 애리얼리의 제안을 거칠게 요약하면 이 두 문장으로 정리할 수 있을 것이다. "끊임없이 스스로의 선택과 결정을 실험하고 검증해야 한다. 실수를 반복하지 않아야 한다."

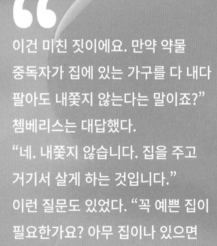

"

이건 미친 짓이에요. 만약 약물
중독자가 집에 있는 가구를 다 내다
팔아도 내쫓지 않는다는 말이죠?"
쳄베리스는 대답했다.
"네. 내쫓지 않습니다. 집을 주고
거기서 살게 하는 것입니다."
이런 질문도 있었다. "꼭 예쁜 집이
필요한가요? 아무 집이나 있으면
좋은 거 아닌가요?

"

근거와 검증을 통한 확장, 복제 가능한 해법이 필요하다.

11장

영화 〈스포트라이트〉는 2002년 미국 《보스턴글로브》가 폭로한 가톨릭 사제들의 집단 성추행 사건을 다룬 실화 영화다. 새로 부임한 편집국장 마틴 배런은 한 사제의 성추행 사건을 다룬 칼럼에서 피해자측 변호사가 "추기경도 알고 있었다"고 언급한 대목을 파고 들었다. 정말 그렇다면 엄청나게 큰 사건이겠지만 대부분의 기자들은 들춰볼 엄두를 내지 못했던, "원래 그런 거 아냐"라고 넘어가고 어쩐지 외면하고 싶은 사안이었다.

"시스템을 파헤치세요.
증거를 가져와야 합니다."

일방의 주장만 있을 뿐 사실 확인이 쉽지 않거나 실제로 사실이 아닐 가능성도 감안해야 했다. 합의로 끝난 재판 기록은 모두 비공개 처리돼 있고 교회는 관련 사실을 전면 부인했다. 그야말로 '맨땅에 헤딩하기'였다. 피해자들의 주장을 기록하는 것만으론 부족했다. 그러나 여러 사례를 모으자 하나의 패턴이 발견됐고 새로운 가설을 세울 수 있게 됐다. 기자들은 임기를 채우지 못하고 2~3년마다 옮겨 다니는 사제들을 전수 조사하기 시작했다.

그러나 가설은 가설일 뿐이다. 가설을 사실로 입증하기 위해서는 피해자들의 증언을 크로스 체크하고 최종적으로 이를 확인해 줄 내부 고발자도 필요하다. 무엇보다도 당사자들이 부인할 수 없는 공식 문건을 확보해야 한다. 불가능할 거라는 걸 알면서도 일단 부딪혀야 하고 그 과정에서 가까운 주변 사람들을 곤란하게 만들어야 할 수도 있다. 우연과 행운이 따라야 하지만 취재원들의 신뢰를 얻지 않으면 불가능한 일이다.

어렵사리 추기경이 개입돼 있다는 사실을 확인한 기자들이 일단 이것부터 터뜨려야 한다고 하자 편집국장이 찬물을 끼얹는다. "조직에 초점을 맞춰요. 사제 개개인 말고. 관행과 방침에 대해. 교회가 체계를 조작해서 고소를 면했다는 증거를 가져와요. 바로 그 사제들을 다시 교구로 보내고 또 보냈다는 증거와 그리고 체계적으로 위에서 지시했다는 증거도." 기자들은 다시 현장으로 돌아간다.

스포트라이트팀은 단순히 성직자 중에 변태성욕자가 많다는 사실뿐만 아니라 일상에 도사린 범죄와 말 못하는 수많은 피해자들, 그리고 이를 은폐하는 권력과 자본의 결탁을 폭로했다. 명단을 확인해 달라는 부탁에 단호하게 거절하던 내부 고발자는 결국 기자를 불러 세운다. "자네는 그동안 어디 있었지? 왜 이리 오래 걸렸나." 피해자들은 스스로를 생존자라고 부른다. 만약 기사가 좀 더 일찍 나왔다면 더 많은 사람들의 피해를 막았을지 모른다.

사건과 사건을 엮고 사건의 구조를 드러내면서 진실의 실체에 접근하는 과정은 언론의 사명과 저널리즘의 본질을 다시 고민하게 한다. 언론의 사명은 권력을 감시하고 부정과 부패를 폭로하는 데 있고 저널리즘의 본질은 사회적 약자의 편에 서서 감춰진 진실을 드러내는 데 있다. 현상의 외피를 건드리며 값싼 트래픽에 안주하는 이 땅의 기자들에게 강력 추천한다. 뉴스의 혁신은 여전히 콘텐츠에서 출발해야 한다는 무거운 교훈을 남기는 영화다.

솔루션 저널리즘의 구체적인 방법론으로 시스템 싱킹(system thinking)이라는 프로세스를 활용할 수 있다. 시스템 싱킹은 사건을 관찰하고 패턴을 발견하고 구조를 이해하고 모델을 정립하면서 문제의 본질에 접근하고 해법을 모색하는 과정이다. 각각의 사건을 따로 보지 않고 관계와 연결에 집중하면서 단기적인 해법과 구조적 해법의 균형을 찾는 것이다. 마틴 배런이 기자들에게 요구한 "시스템을 고발하라"는 취재 지침이 바로 시스템 싱킹이라고 할 수 있다.

사건에서 구조에 접근하는 것이 시스템 싱킹이라면 구조에서 해법을 끌어내는 것이 디자인 싱킹(design thinking)이다. 시스템 싱킹과 디자인 싱킹은 동전의 양면처럼 맞닿아 있다. 디자인 싱킹은 단순히 디자이너들처럼 생각해 보자는 차원을 넘어 문제에서 기회를 찾고 프로토타입을 만들고 테스트하면서 새로운 가능성에 부딪히라는 것이다. 여기서 좀 더 나가면 스타트업에서 활용하는 린(lean) 방법론을 디자인 싱킹에 접목시킬 수 있을 것이다.

여기서 좀 더 나가 구체적인 전략으로 제안하고 싶은 것이 저널리즘 싱킹(journalism thinking) 방법론이다. 첫째, 사실을 취사선택하고, 둘째, 문제를 정확하게 규정하고, 셋째, 질문을 시작하고, 넷째, 반론을 듣고 검증하고, 다섯째, 핵심을 뽑고 해법을 끌어내는 과정이다. 중요한 것은 셋째와 넷째 단계를 계속 반복하면서 핵심에 다가가는 과정이다. 저널리스트가 가장 잘 하는 일이고 가장 잘 해야 하는 일이다.

놀랍도록 간단한 방법,
하지만 실행하기 어려운 방법.

"노숙인들에게 집을 줬더니 노숙인들이 사라지더라." 이건 당연하면서도 정말 황당무계한 소리처럼 들린다. "노숙인들에게 집을 주지 않고는 노숙인 문제를 해결할 수 없다." 이것 역시 선뜻 동의하기 어려운 이야기다. 집 없는 사람들이 우리 주변에도 얼마나 많은데 노숙인들에게 집을 나눠주면 그 돈은 누가 대나? 하지만 노숙인 문제를 들여다 보면 볼수록 이것 외에 다른 해법이 없다는 사실을 인정하게 된다.

임상 심리학자 샘 쳄베리스(Sam Tsemberis)가 제안한 '하우징 퍼스트(housing first)' 전략은 노숙인들에게 일단 집을 나눠 주자는 것이다. 과거에는 약물과 알코올을 끊는 걸 조건으로 집을 주겠다고 설득했지만 쳄베리스의 제안은 일단 길거리에 살지 않도록 지붕이 있는 공간을 제공하면서 사회 복귀를 돕자는 발상의 전환이었다.

쳄베리스는 노숙인 문제를 연구한 적은 없었지만 임상 심리학자로서 전문가들이 노숙인들을 대하는 방식에 근본적인 문제가 있다고 생각했다. 흔히 많은 사람들이 노숙인들은 게으르고 윤리의식이 낮다고 생각하지만 실제로 노숙 생활은 노동 집약적이고 엄청난 스트레스를 유발한다. 의지가 약해서 약물을 끊을 수 없는 게 아니라 약물에 의존하지 않고는 버틸 수 없는 환경이 문제라는 이야기다. 쳄베리스는 이들을 일단 거리에서 구출하는 것이 문제를 해결하는 유일한 해법이라고 보고 사람들을 설득하기 시작했다. 《워싱턴포스트》 인터뷰에서 쳄베리스가 밝힌 에피소드에 따르면 사람들이 이렇게 묻곤 했다고 한다.

《San Francisco Chronicle》.

"이건 미친 짓이에요. 만약 약물 중독자가 집에 있는 가구를 다 내다 팔아도 내쫓지 않는다는 말이죠?"

챔베리스는 대답했다.

"네. 내쫓지 않습니다. 집을 주고 거기서 살게 하는 것입니다."

이런 질문도 있었다.

"꼭 예쁜 집이 필요한가요? 아무 집이나 있으면 좋은 거 아닌가요?"

챔베리스가 대충 지은 집을 거부했기 때문이다.

실제로 미국 유타주에서 챔베리스의 제안을 받아들인 결과 노숙인 비율이 91% 가까이 줄어들었는데 《워싱턴포스트》는 이를 소개하면서 "만성적인 노숙인 문제를 해결하고 수백만 명의 목숨을 구한 놀랍도록 간단한 방법"이라고 평가했다.

유타주는 미국에서도 가장 보수적인 지역이다. 2005년까지만 해도 1932명의 만성 노숙자가 있었는데 2014년에는 539명으로 줄어들었다. 《워싱턴포스트》는 "이런 놀라운 변화를 만드는 데 필요했던 건 복잡한 이론이나 예측 모델이 아니라 발상의 전환이었다"면서 "제 정신이라면 아무런 조건 없이 노숙인들에게 집을 나눠주자는 생각에 누가 동의를 했겠느냐"고 반문했다.

챔베리스의 '하우징 퍼스트' 전략은 다음과 같다. 먼저 만성적인 노숙인들을 분류해야 한다. 정신 질환을 앓고 있고 1년 이상, 또는 지난 3년 동안 4차례 이상 노숙 생활을 한 경우다. 이들은 일자리를 얻을 가능성이 거의 없고, 가장 많은 공공 자원을 쓰는 사람들이다. 병원에 더 자주 가고 감옥에 더 자주 간다. 이들에게 들어가는 돈이 연간 평균 2만 달러에 이른다. 그 돈으로 차라리 집을 지어서 나눠주면 장기적으로 비용도 적게 들고 노숙인 문제를 근본적으로 해결할 수 있다는 게 챔버리스의 이론이었다.

실제로 솔트레이크시티에서 2004년에 '하우징 퍼스트' 전략을 실험하면서 17명의 노숙인들에게 집을 줬는데 1년 뒤에 보니 14명이 그대로 그 집에 살고 있었다. 믿기 어렵지만 오히려 관리 비용이 줄어들면서 예산도 절약하게 됐다. 연방 정부가 11개 도시에서 734명에게 테스트했더니 약물 중독 수준이 크게 낮아졌고 건강 관련 비용도 절반 이하로 떨어졌다. 길에서 먹고 자는 노숙인들도 병원에 오면 치료를 해야 하고 그 비용은 고스란히 정부가 부담해야 했기 때문이다. 그런데 모든 걸 포기한 것처럼 보였던 노숙인들에게 지붕이 있는 집이 생기면 놀랍게도 마약과 알코올을 끊게 된다. 사례로 입증된 결과다.

《워싱턴포스트》가 소개한 데이빗 클락이라는 노숙인의 사례도 흥미롭다. 데이빗은 릿츠칼튼과 힐튼호텔 등에서 요리사로 일하다가 알코올 중독으로 해고된 뒤 노숙 생활을 하게 됐다. 한때 눈을 뜨자마자 술을 먹고 저녁에는 잠들기 위해 술을 먹었다고 할 정도로 알코올 의존도가 높았던 그는 새 집으로 이사하고 난 뒤 감쪽같이 술에 대한 유혹이 사라졌다고 말했다. 지금은 건강 보조원 자격증을 취득했고 일자리를 찾고 있는 중이다. 파트 타임이지만 내셔널스파크에서 계산원으로 일하고 있다.

약물 중독과 정신분열증을 겪고 있는 제롬 잭슨은 노숙 생활을 20

년 넘게 했다. 어느날 지원 주택에 대한 이야기를 듣고 과연 그런 게 가능한지 믿기지 않았다고 했다.

"금방 자리가 날 거라고 하더라고요. 걱정하지 말라고요."

잭슨은 중독자라서 자격이 안 될 거라고 생각했다. 하지만 그들은 어떤 조건도 내걸지 않았다.

"그런데 그들 말이 맞았어요. 3개월 뒤에 집이 생겼고 노숙 생활이 끝났죠."

노숙인 지원 센터인 젤라니하우스에서 일하는 모니카 스탭토는 어느 날 자동차에서 살고 있는 젊은 임신부에 대한 이야기를 듣게 됐다. 젤라니하우스에는 빈 방이 10개나 있었는데 당장 이 임신부를 데려올 수는 없었다. 시청 담당자가 이 여성이 진짜 노숙자인지 확인하고 등록하기까지 3주가 걸렸다. 스탭토의 이야기다. "이런 사람들은 제때 데려오지 못하면 떠나버릴 수도 있어요. 연락할 방법이 없기 때문에 어디에 있는지도 모르게 되겠죠."

샌프란시스코 홈리스 프로젝트에서 우리가 배울 수 있는 것들.

물론 솔루션 저널리즘이 언제나 '섹시한' 해법에 이르는 것은 아니다. 미국 샌프란시스코에서는 지난 2016년 80여 개 언론사들이 모여서 '샌프란시스코 홈리스 프로젝트'(SF Homeless Project)라는 이름으로 공동 취재 프로젝트를 진행했다. 샌프란시스코는 2017년 기준으로 노숙인이 7000명으로, 인구 대비 노숙인 비율이 세계에서 가장 높은 도시 가운데 하나다. 지역 언론들이 모여서 뭔가 답을 찾아보자고 나선 것이다.

《샌프란시스코크로니클》을 비롯한 지역 언론사들이 평범한 시민이 노숙인으로 전락하는 과정을 추적했고, 여러 정책 과제들을 직접 실험하고 검증하면서 대안을 파고 들었다. 9개월 동안 협업 프로젝트를 진행한 결과, 홈리스 보호소 건립이 앞당겨졌고, 기업 후원도 늘어났다. 노숙인 바우처 제도도 정착됐다. 노숙인들이 완전히 사라지지는 않았지만 해법을 모색하는 과정에 있다.

'샌프란시스코 홈리스 프로젝트'의 교훈은 노숙인들에게 잠잘 곳을 제공해 주는 것으로는 부족하고 이들이 길거리를 벗어나 다시 일상으로 돌아갈 수 있도록 기회를 열어주는 것이 막연하지만 근본적인 해법이라는 것이다. 일련의 프로젝트 성과로 지난해 노숙인 지원 법안이 통과됐고 샌프란시스코에 본사를 둔 기업들에게 추가 세금을 부과하고 노숙인 약물 치료와 보호소 확충, 재활 지원 사업 등이 진행되고 있다.

변화는 느리고 더디지만 원래 그렇게 시작되는 것이다. '샌프란시스코 홈리스 프로젝트'는 비슷한 문제로 고민하고 있던 샌디에이고로 확산돼 '샌디에이고 홈리스 어웨어니스'로 이어졌다. 과정에 주목하는 언론 보도가 있었기 때문에 하나의 성공 사례에 그치지 않고 시스템을 바꾸는 실험이 지역을 넘어 확산되고 있는 것이다. 개별 사건을 넘어 문제의 구조를 보고 질문과 토론을 제안하고 실험과 실패를 반복하는 과정이 필요하다.

샌프란시스코의 노숙인 시설은 노숙인 쉼터와 이보다 좀 더 조건이 좋은 내비게이션 센터, 그리고 영구 지원 주택으로 나뉜다. 코로나 팬데믹 동안에는 호텔을 임대해서 노숙인들을 수용하기도 했다. 팬데믹이 진정되면 호텔을 비워주고 2000여 명을 다시 거리로 내보내거나 이들에게 새로운 집을 마련해줘야 하는 상황이다.

나단 케인(Nathan Caine)의 가족은 노숙인 쉼터에서 1년을 지낸 뒤에야 겨우 지원 주택을 분양 받을 수 있었다. 이 부부에게는 5개월 된 딸이 있는데 영구 지원 주택은 초등학생 이상의 자녀가 있는 가족이 대상이기 때문에 지원 자격이 안 됐다. 샌프란시스코에는 8000여 개의 영구 지원 주택이 있지만 이런 이유로 766개의 주택이 아직 비어있는 상태다. 집이 필요한 사람들이 거리에 누워 있는데 정작 집은 비어있고 누군가가 여기에 비용을 지불하고 있다는 이야기다.

새너제이에 살고 있는 호앙 응웬(Hoang Nguyen)은 일자리를 잃고 정부 지원금 148달러로 생활하다가 월세를 못 내서 쫓겨난 경우다. 18개월 동안 노숙인 쉼터에 있다가 2020년 11월 80평방피트의 '타이니 홈(tiny home)'으로 옮겨왔다. 대략 2.3평 정도 크기다. 겨우 몸을 눕힐 정도의 공간이지만 문을 닫고 옷을 갈아입을 수 있다는 것만으로도 프라이버시와 존엄성을 지킬 수 있다. 전기와 와이파이, 냉방과 난방 설비도 지원된다. 문을 닫을 수 있다는 것만으로도 삶의 질이 달라진다.

노숙인 지원 단체의 활동가들은 코로나 팬데믹으로 비어 있는 호텔을 지원 주택으로 개조하거나 지원 주택을 더 늘려야 한다고 주장하고 있다. 당장 지원 주택을 늘리지 못한다면 이런 '타이니 홈'이 과도기적인 대안이 될 수 있다. 건설 비용이 1만 5000~1만 8000달러 정도인데 대부분 민간 지원금으로 충당하고 있다. '타이니 홈'은 쉼터나 내비게이션 센터, 지원 주택의 중간 단계에 있다. 쉼터를 거부하고 길거리를 선택하는 사람들에게 희망의 끈을 놓지 않고 일상으로 복귀하기 위한 안전 장치 같은 성격이라고 할 수 있다.

차에서 먹고 자는 사람들도 넓은 의미의 노숙인으로 분류되지만 이들은 다행히 일상으로 돌아갈 가능성이 높은 사람들이다. 노숙인들은 집을 잃으면 일단 차에서 먹고 자면서 생활하다가 차를 잃게 되면 텐트촌으로 옮겨오거나 아예 길거리에서 노숙을 하다가 약물에 빠져들고 장기 노숙으로 가게 된다. 단계적으로 더 열악한 상황에 빠져들지만 개선되는 경우는 거의 없다.

해법에 접근하기 위한 길고 복잡한 질문들.

홈리스 100명에게 물어보면 100명이 모두 다른 답변을 한다. 그만큼 다들 복잡하게 불행하고 해결도 복잡하다. 다음은 샌프란시스코 홈리스 프로젝트를 주도했던 《샌프란시스코크로니클》이 독자들에게 700개 이상의 질문을 받아 정리한 것이다.

1. 홈리스 문제를 해결하기 위한 정부 차원의 노력이 있습니까?

샌프란시스코를 비롯해 새너제이와 오클랜드 등 베이

에어리어(Bay Area)의 공무원들이 모여 주거와 주택 계획 등을 협의하고 있지만 이를 조정하는 정부 기관은 없습니다.

2. 어떤 사람들이 노숙을 하나요?

2019년 1월에 연방 정부 집계에 따르면 베이 에어리어 9개 카운티에 3만 5000명 이상의 노숙인이 있는데 이 가운데 3만 명(86%) 정도가 보호를 받지 못하고 있습니다. 노숙인 보호시설이 아니라 길거리나 자동차 안에서 살고 있다는 말이죠. 어떤 집계에서는 15만 명이 넘기도 하죠. 전문가들은 실제 노숙인은 정부 집계의 두 배 이상일 거라고 추산하고 있습니다.

3. 팬데믹 동안 노숙인들을 돕기 위해 무엇을 하고 있습니까?

사회적 거리두기를 유지하기 위해 보호시설 수용 인원을 줄이고 취약 계층이나 감염자들을 보호하기 위해 임시로 호텔을 임대했습니다.

4. 팬데믹이 끝나면 그 사람들은 어디로 가나요?

여러 가지 계획을 준비하고 있습니다. 최소 2개 이상의 호텔을 비롯해 부동산을 일부 구매하거나 임대하는 걸 포함해서요. 샌프란시스코에는 수백 채의 빈 아파트가 있죠. 이 가운데 일부를 기부 받거나 임대하는 방안도 검토하고 있습니다. 건물주나 주변 주민들의 반발을 설득하는 게 과제입니다.

5. 팬데믹 동안 노숙인이 더 늘지 않았나요?

이 유명한 자비로운 도시가 노숙인들을 끌어들이고 있다고 생각하는 사람들도 있죠. 노숙인 지원이 늘면서 다른 지역 노숙인들까지 옮겨오는 것 아니냐고 걱정하는 것이죠. 하지만 샌프란시스코 노숙인 가운데 70% 정도가 노숙인이 되기 전부터 원래 이곳에 살던 사람들이었습니다. 다른 도시들은 이 비율이

80% 정도 됩니다. 지난해 4월부터 외부 유입이 좀 늘어났다는 관측도 있었지만 확실한 데이터는 없습니다. 일부는 이곳으로 이주하는 다른 사람들과 마찬가지로 날씨와 자유로운 환경을 좋아하기 때문에 베이 지역으로 오죠. 샌프란시스코 뿐만 아니라 미국의 거의 모든 살기 좋은 도시들이 노숙자들을 끌어들이는 자석이라고 생각하면 됩니다. 샌프란스시코만의 문제는 아니죠.

6. 노숙인들을 치료 시설이나 보호 시설로 강제로 보낼 수 있습니까?

연방법이나 주법이나 약물 남용이나 정신 질환에 대한 치료를 강제할 수는 없습니다. 뉴욕에서는 몇 년 전 노숙인들에게 감옥이나 보호소 가운데 하나를 선택하도록 하는 법이 통과됐는데 베이 지역에서는 이런 법이 통과될 가능성이 거의 없죠.

7. 팬데믹 기간에 노숙인 캠프가 얼마나 늘었습니까?

도시 전체에서 텐트 캠프가 70% 이상 늘었습니다. 특히 텐더로인(Tenderloin) 지역에서는 2020년 1월과 5월 사이에 285%나 늘어났습니다.

8. 캘리포니아주에 특별히 노숙인이 많은 이유가 있지 않을까요? 캘리포니아주에만 13만 명이나 됩니다.

일단 캘리포니아주가 미국에서 인구가 가장 많은 주죠. 캘리포니아주에는 미국 인구의 12%가 거주하지만 미국 노숙인의 약 25%가 있습니다. 주거 비용과 부족이 1순위고요. 원래 집이 부족하기도 하고 경제적으로 어려워지면 집을 구하기가 더 어렵게 되죠.

9. 노숙인이 계속 늘어나고 있는데 이유가 뭔가요?

많은 이유가 있습니다. 첫째, 임금이 저소득층의 주택 가격
상승을 따라가지 못하고, 둘째, 펜타닐이나 메스암페타민 같은
약물 남용이 늘고 있습니다. 자동차에 사는 사람들(아마 한때
안정적인 주택이 있었지만 여러 가지 이유로 집을 잃은 사람들)이
늘고 있는 게 가장 큰 요인이고요. 샌프란시스코 홈리스
프로그램으로 2018년에 2000명 이상의 노숙인들을 구출했지만
한 명을 구출할 때마다 세 명이 늘었죠.

10. 얼마나 많은 노숙인들이 마약을 하고 있습니까? 정신 질환 비율은 어느 정도 되나요?

대략 42%가 약물이나 알코올 남용으로 어려움을 겪고 있습니다.
39%는 정신질환을 겪고 있고요.

11. 퇴역 군인들도 많은가요?

노숙인의 8%가 퇴역 군인들로 추산됩니다. 2017년보다 11%
줄어든 비율입니다.

12. 노숙인들이 다른 도시로 옮겨가는 경우도 있나요?

보통은 가장 친숙한 커뮤니티에 머뭅니다. 하지만 일부는 더
많은 지원을 받을 것으로 생각되는 도시를 선택할 수 있습니다.
샌프란시스코의 경우 2019년 조사에서 노숙인의 55%가
샌프란시스코에서 10년 이상 살았다고 답변했습니다. 1년
미만이라고 답변한 사람은 6%밖에 안 됐습니다.

13. 노숙인이 계속 더 늘어날 것 같은데요. 다른 지역의 노숙인들이 베이 에어리어로 오는 것을 막기 위해 어떤 조치를 취하고 있습니까?

50세 이상의 노숙자 가운데 44%가 50세 이후에 노숙인이
됐다는 조사 결과가 있었습니다. 1990년에는 노숙인 가운데

50세 이상이 11% 밖에 안 됐죠. 문제는 저축이 없는 나이든 저소득 미국인들이 육체적으로 일할 수 없게 되면 재정적 어려움에 직면하게 된다는 것입니다.

14. 노숙인들 중에 일자리가 있는 사람들 비율은 어느 정도인가요?

2019년 조사에서는 11% 정도가 풀타임 또는 파트타임으로 고용돼 있습니다. 전국적으로는 25% 정도입니다.

15. 노스 베이(North Bay, 샌프란시스코 북부 지역)에 노숙인이 적은 이유는 무엇입니까?

대부분의 노숙인들은 약을 쉽게 구할 수 있는 도심을 좋아합니다. 노숙인들이 많은 곳이 더 안전하다고 생각하고요.

16. 노숙을 오래한 사람들은 이 상황을 개선할 의지가 없나요? 거리에서 살 권리가 있다고 생각하는 건가요?

길거리에서 사는 걸 좋아하는 사람은 아무도 없습니다. 대부분의 노숙인들은 이 상황이 해결되기를 바라죠. 하지만 선택의 여지가 없다면 밖에서 잘 수 있는 권리가 있다고 주장할 것이고 연방 법원 판결은 그 권리를 지지합니다.

17. 노숙인 한 명이 주택 지원을 받으면 다른 한 사람이 쫓겨나게 되나요?

누군가가 새로 입주한다고 해서 다른 입주자를 내보내는 것은 아닙니다. 노숙인이 늘어나는 속도가 훨씬 더 빠르죠. 쉼터나 지원 주택 등이 턱없이 부족합니다.

18. 노숙인들이 집을 얻게 되면 언젠가 스스로를 부양할 수 있게 되나요? 아니면 계속 이들을 지원해야 하나요?

경우에 따라 다릅니다. 만성적인 노숙인들, 전체 노숙인의 38%는 집중적인 도움이 필요합니다. 이들은 집을 얻어도 일자리를 찾거나 스스로를 부양할 가능성이 거의 없습니다. 나머지 62%는 집이 있으면 자급자족을 하게 됩니다. 여기서 간과해서 안 될 사실은 노숙인이 거리에서 노숙을 하면 치안과 의료 등의 비용으로 연간 약 8만 5000달러가 들어간다는 겁니다. 만약 이들에게 집을 제공하면 2만 5000달러로 줄어들게 됩니다.

19. 엠바카데로에 새로운 내비게이션 센터가 완성되면 누가 들어가게 되나요?

가장 절실하게 도움이 필요한 노숙인들을 수용합니다. 10년 이상 노숙을 한 사람들이 대상이고요. 엠바카데로 노숙인 가운데 절반 정도가 내비게이션 센터에 들어갑니다. 일단은 그 인근의 노숙인들을 우선 수용할 것입니다.

20. 노인과 장애인들이 걱정인데요. 이들이 더 급한 것 아닌가요?

장애가 있고 만성 질환이 있는 노숙자에게 더 높은 우선 순위를 부여하고 있지만 여전히 수용 시설이 부족합니다. 노숙자의 27%가 신체 장애가 있습니다. 31%는 만성 질환을 겪고 있고요.

21. 내비게이션 센터는 약물 중독이나 정신질환 등의 문제를 제대로 지원할 수 있나요?

내비게이션 센터는 1박에 100달러 정도로 노숙인 쉼터 보다 비용이 두 배 가까이 더 들어갑니다. 가장 문제가 많은 사람들을 지원하는 곳입니다. 샌프란시스코에서 처음 시작했지만 다른 지역에서 벤치마킹할 정도로 성과가 좋습니다.

22. 내비게이션 센터에 반대하는 여론도 많은데요.

내비게이션 센터는 주거지역에서 떨어진 곳에 들어서게 됩니다. 반대 여론이 많지만 일단 내비게이션 센터가 생기고 길거리에

노숙인이 줄어들면 반대 의견이 크게 줄어듭니다. 엠바카데로의
경우 새 센터를 막아달라는 주민들의 소송에도 불구하고 시
지도자들이 공사를 진행하고 있다.

23. 노숙인 쉼터에 들어가기를 꺼리는 노숙인들도 많죠?

노숙인의 30% 정도가 정부 지원이 필요 없다고 말합니다.
그런데 상담을 해보면 소지품을 도난당하거나 일부 소지품을
두고 가야 할 것을 두려워합니다. 차라리 길거리가 낫다고
생각하는 것이죠. 이들을 설득하는 데 최대 2년의 시간이 걸릴
수 있습니다. 내비게이션 센터는 좀 더 개방적이라 상대적으로
거부감이 덜합니다. 그래서 내비게이션 센터를 계속 늘려나가는
추세입니다.

24. 길거리의 대변은 어떻게 할 건가요?

날마다 청소하고 있지만 너무 많은 쓰레기가 쏟아지기 때문에
해결하기가 쉽지 않습니다.

25. 밀집 거주 지역을 따로 만들지 않는 이유는 무엇입니까?

많은 전문가들이 독립형 또는 적층형 모듈식 소형 주택이
효율적인 방식이라고 제안합니다. 하지만 지역 사회의 동의를
얻고 적당한 위치를 선정하는 게 쉽지 않습니다. 최근에 산타
로사에 퇴역 군인들을 위한 작은 독립형 주택 12채가 문을
열었습니다. 새너제이에도 비슷한 마을을 만들기 위해 노력하고
있습니다. 지역 주민들이 반대하기 때문에 최대한 주거 지역에서
멀리 떨어져야 하죠. 환영하는 지역도 있습니다만 적절한
지원이 필요합니다. 그래서 시간이 오래 걸립니다.

26. 집을 잃고 쫓겨난 경우, 노숙인이 되지 않도록 돕는 프로그램이 있습니까?

퇴거를 막기 위해 싸우는 데 도움이 되는 많은 프로그램이 있습니다. 상담 프로그램도 많고요. 주택 바우처와 주택 지원 프로그램도 있습니다.

27. 쉼터에 침대가 충분한가요?

그렇지 않습니다. 최소 1000명 이상의 대기자 명단이 있습니다. 2020년까지 1000개의 대피소를 만든다는 계획을 세웠지만 286개에 그쳤죠.

28. 샌마테오(San Mateo) 카운티의 세라몬테(Serramonte) 지역에 빈 건물들이 많던데요. 이런 건물을 노숙인 시설로 개조할 수는 없나요?

좋은 아이디어입니다만 구역 변경이나 정부 승인, 자금 확보 등의 문제가 있습니다. 어떤 동네도 다른 동네의 노숙인을 받고 싶어하지 않죠. 하지만 지역 차원의 협력이 필요하다는 데 다들 동의하고 있습니다.

29. 노숙인 거주 지역에는 왜 그렇게 쓰레기가 많나요?

절박한 상황에 처한 사람들은 소유할 수 있는 것은 무엇이든 소중하게 여깁니다. 노숙인들은 갖고 있는 게 많지 않기 때문에 소유물에 집착하게 됩니다. 다른 사람들에게 쓰레기처럼 보일 수 있는 물건을 들고 다니는 건 정신 질환 때문인 경우도 있습니다.

30. 텐트 캠프는 위험하고 위생 문제도 많습니다. 이걸 왜 방치하나요?

텐트 캠프를 계속 단속하고 있습니다. 많이 줄어들었고요. 우리의 목표는 사람들이 거리에서 벗어나 건강한 환경으로 옮겨 가게 하는 것이죠. 하지만 충분한 자원이 없습니다. 노숙인들은 더 나은 대안이 없다면 옮겨 가려고 하지 않고요.

항상 논란의 여지가 있는 지속적인 균형 조정 작업입니다.

31. 노숙인들은 왜 발렌시아 스트리트나 마켓 스트리트 같은 교통량이 많은 곳에서 드러눕거나 자고 있나요?

군중과 가까이 있는 것이 안전하다고 생각하기 때문이죠. 하지만 모두가 그런 건 아니고요.

32. 노숙인 시설을 꺼리는 노숙인들은 왜 그런 건가요? 이들을 어떻게 설득할 수 있을까요?

1년 이상 노숙을 했거나 최근 3년 동안 네 차례 이상 노숙을 했던 사람들을 만성적인 노숙인으로 분류합니다. 약물 남용이나 정신 질환으로 어려움을 겪고 있기 때문에 혼란과 두려움 등으로 소통이 어렵습니다. 노숙인 시설로 옮기자고 설득하기까지 2년씩 걸리는 경우도 있습니다.

33. 관리 가능하면서도 질서 정연한 텐트 캠프를 만들 수는 없나요?

자동차에서 사는 사람들을 위해 프로젝트 주차장을 만들 계획입니다. 새너제이에 이미 하나가 있죠. 오클랜드에는 1년 이상 임시 쉼터를 운영하고 있습니다. 하지만 임시 쉼터는 관리가 어렵습니다. 텐트가 아니라 고정된 주택이 필요합니다.

34. 바지선 위에 아파트를 짓고 바다 위에 띄워두는 건 어떨까요?

= 외딴 섬에 가둬두는 건 그들을 죄수나 포로처럼 생각하게 만들겠죠. 퇴역한 해군 선박 같은 걸 고려할 수도 있겠지만 비용이 많이 들고 다루기도 힘들죠. 위험하고요.

35. 임대 주택을 짓는데 70만 달러나 드는 이유가 뭔가요?

샌프란시스코는 원래 건설 비용이 많이 드는 지역입니다. 규제도 까다롭고요. 모듈식 주택 건설에 반대하는 건설 업계 저항도 있습니다.

36. 고가도로 아래에 많은 공간이 있습니다. 이 공간을 노숙인 커뮤니티로 개발할 수 있나요?

실제로 브라이언트 스트리트에는 칼트랜스(Caltrans, 캘리포니아 철도 회사)의 부동산을 이용해 노숙인 쉼터를 만든 사례가 있습니다. 그러나 칼트랜스는 고가 도로 아래에 대피소를 짓는 데 동의하지 않았습니다.

37. 정신 질환자들을 격리 수용하는 건 어떤가요?

아픈 사람들을 안 보이게 치우는 걸로 해결될 문제가 아닙니다. 스스로의 운명을 결정하는 환자의 권리와 이들을 강제로 치료하는 정부의 권한 사이에 절충 지점을 찾아야 합니다.

38. 노숙인 가족에게 연락해서 집으로 데려가라고 하면 되지 않나요?

'홈워드 바운드(Homeward Bound)' 프로그램이 정확히 그 일을 하는 프로그램입니다. 2005년부터 이 프로그램을 통해 집으로 보낸 노숙인들이 1만 명 이상입니다.

39. 노숙을 완전히 없애는 건 불가능한가요?

일시적으로 해결할 수는 있겠지만 솔트레이크시티의 경우를 보면 사라졌던 노숙인이 다시 나타납니다. 휴스턴에서는 지난 8년 동안 노숙인이 54% 줄어든 경우도 있었고요. 다만 정부가 주택 지원 예산을 줄이고 있는 상황에서 근본적으로 해결하기는 어렵습니다.

40. 노숙인들에게 거리 청소를 시키고 비용을 지급하는 건 어떤가요?

'다운타운 스트리트 팀(Downtown Streets Team)'이란 프로그램이 그런 일을 하고 있죠. 그러나 노숙인들을 모두 고용하기에는 예산이 부족하고 현실적으로 최저임금을 받아도 노숙을 벗어나기는 어렵죠.

41. 노숙인들이 지원을 받는 데 어떤 조건이 있나요?

카운슬러와 재정 관리자들에게 협력해야 합니다. 의지가 있어야 하고요. 그리고 일단 쉼터에 들어가야 합니다. 지원 주택 입주 조건으로 마약이나 알코올 중독에서 벗어날 것을 요구하지는 않습니다. 일단 집이 생기면 문제를 더 쉽게 해결할 수 있을 거라고 보기 때문입니다.

42. 마약과 알코올을 끊는 조건으로 주거를 제공한다면 달라질까요?

쉽지 않은 문제입니다. 카운슬러들 이야기를 들어보면 일단 이들을 거리에서 구출한 다음 중독에서 벗어나게 돕는 게 훨씬 더 효과적이라고 합니다. '주택 우선'과 '치료 우선' 사이에서 해법을 찾아야 합니다. 중독자들의 40~60%가 재발하게 되죠. 이들은 다시 거리로 나오게 되고요.

43. 이들을 구출하려면 무엇이 필요한가요? 거리를 떠나지 않으려는 노숙인들이 있다면 이유가 뭘까요?

대부분의 노숙인들은 집과 일자리를 원합니다. 정신 질환이 심한 사람들은 혼자 있고 싶다고 말하는 경우도 있지만 아무도 차가운 아스팔트 바닥에 엎드려 자는 것을 좋아하지 않습니다.

44. 노숙인들에게 일을 시키고 숙박이나 음식 바우처 같은 걸 줄 수는 없나요?

이런 프로그램이 있죠. 직업 프로그램에 참여하면 복지 수당을 조금 더 받을 수 있습니다. 다운타운 스트리트 팀(Downtown Streets Team) 같은 프로그램에서도 노숙인들에게 일을 하는 조건으로 음식이나 마트 상품권을 줍니다.

45. 규칙을 따르지 않은 노숙인들은 어떻게 하나요?

광범위하고 전문적인 사례 관리자와 상 담사에게 맡기는 게 가장 효과적입니다. 단순히 누군가를 프로그램에서 제외시키는 것은 효과적인 옵션이 아닙니다.

46. 노숙인 문제를 해결하기 위해 무엇을 할 수 있나요? 돈이나 자원을 기부하기에 가장 효과적인 곳은 어디입니까?

비영리 단체들이 많습니다. 주택과 쉼터, 음식, 의복 등을 지원합니다.

47. 노숙인 문제를 해결한 다른 나라 사례가 있나요?

다른 나라들은 국가 의료 시스템과 생활 임금, 실업 수당, 주택 프로그램을 비롯해 최소한의 생활 지원이 법으로 보장되기 때문에 우리 같은 심각한 노숙인 문제는 없습니다.

48. 노숙인에 대한 세 가지 문제와 세 가지 해법을 정리해 주세요.

세 가지 문제는 일자리를 잃고, 집을 잃고, 약물과 알코올에 빠져들기 때문입니다. 세 가지 해법은 주택 지원과 고용 지원, 그리고 재활 프로그램이고요.

49. 그동안 우리가 노숙인 문제를 해결하기 위해 시도한 여러 방법 가운데 어떤 게 가장 효과적이었나요?

1980년대에는 노숙인 쉼터를 만들고 그들이 빨리 일상으로 돌아가기를 기대했죠. 그런데 그걸로 안 되니 상담과 주택 지원 프로그램을 시작했고요. 그걸로도 해결이 안 되니 1990년대에는 강경하게 법대로 퇴출도 해봤습니다. 2000년 들어서는 현장에서 상담을 하고 노숙인 시설에 수용하고 재활 프로그램에 참여시키는 데 주력했습니다. 최근에는 효과적으로 노숙인들을 관리하기 위해 노숙인들을 추적하는 강력한 데이터 시스템을 구축했습니다. 하지만 여전히 예산이 부족하죠. 1980년대에 연방 주택 프로그램이 축소되면서 노숙인이 추세적으로 늘어나고 있죠. 40년 전에 삭감된 예산은 복구된 적 없습니다.

50. 샌프란시스코와 같은 서부 해안 도시가 뉴욕과 같은 동부 해안 도시보다 1인당 쉼터 침대가 훨씬 적은 이유는 무엇입니까? 뉴욕의 사례를 벤치마킹한 적 있나요?

뉴욕은 1980년대에는 모든 노숙자들에게 쉼터를 제공할 권리를 의무화했습니다. 쉼터를 거부하면 처벌하는 법도 통과됐고요. 맨해튼에서 노숙인들을 몰아냈지만 6만 1000명의 노숙인 대부분이 도심에서 떨어진 보호소에 살고 있습니다. 2000년대 들어 서부 도시들은 좀 더 근본적인 해법을 찾아 쉼터 대신에 주거 지원을 늘리고 있습니다.

51. 교회들은 어떤 역할을 하나요?

많은 교회가 노숙자 구호 활동을 하고 있습니다. 음식과 잠자리를 제공합니다.

52. 이동식 화장실을 더 늘리면 안 되나요?

이미 수십 개의 이동식 화장실에 연간 300만 달러 이상을 지출하고 있습니다. 수백만 달러를 더 늘릴 계획이고요.

53. 노숙인 쉼터에 가고 싶지는 않지만 샤워를 하고 싶은 노숙인이 있다면 어디로 데려가면 되나요?

휴대용 샤워 시설을 제공하는 비영리 단체들이 있습니다. 방문

센터나 공공 수영장 등의 커뮤니티 프로그램에 연결해 줄 수도
있습니다.

54. 샌프란시스코의 노숙인 지원 예산이 연간 3억 달러 이상입니다. 그런데도 노숙인이 계속 늘어나고 있죠? 그 많은 돈은 다 어디로 가나요?

노숙인 지원 부서 운영비와 비영리 단체들과 연계된 거리 상담,
의료 지원, 재활 프로그램 등의 서비스 예산으로 쓰게 됩니다.
20% 정도가 노숙인 쉼터에 들어가고 절반 정도는 9500명 이상의
사람들에게 주택을 지원하는 예산으로 들어가고요.

55. 1인당 얼마를 지출하고 있나요? 다른 도시들과 비교하면 어떤가요?

단순히 예산을 사람 수로 나누는 건 정확한 비교가 안 됩니다.
그리고 다들 기준이 다릅니다.

56. 샌프란시스코는 노숙인 지원을 위해 얼마를 지출합니까? 더 늘었나요? 줄었나요?

20년 전에는 연간 6000만 달러를 썼습니다. 5년 전에는 연간
1억 6500만 달러로 늘었고요. 이 가운데 절반은 지원 주택에
투입됐습니다. 노숙인 지원 부서 예산은 2억 8500만 달러로
늘었습니다. 역시 절반 정도가 지원 주택에 투입됩니다. 그리고
노숙인 예산으로 잡히지 않는 법 집행 등의 비용이 더 있죠.

57. 이렇게 지출하는 돈이 문제를 해결하거나 개선하고 있다고 믿을 수 있나요?

날마다 거리에 고통 받는 노숙인들이 넘쳐나는 걸 보면 낙관하기
어렵죠. 노숙인이 넘쳐나는 대도시들은 수십 년 동안 학습된 모범
사례를 따르고 있습니다. 집을 잃은 사람들에게 임시 숙소를

제공하고 만성 노숙자들을 상담하고 지원합니다. 공적 자금이 제대로 쓰이고 있는지 평가할 수는 있겠지만 이런 프로그램이 없었다면 노숙인들이 천문학적인 규모로 늘어났을 것입니다.

58. 노숙인 예산에 대한 비용 관리 보고서 또는 감사 결과가 있습니까?

샌프란시스코의 노숙인 프로그램은 연방 기금 지원 자격을 유지하기 위해 해마다 효율성 평가를 받습니다. 여러 위원회와 관련 부서에서 수행하고 있고, 감사도 받습니다. 하지만 더 엄격한 평가와 감사를 받아야 한다는 지적은 늘 있죠.

59. 문제를 해결하기 위해 실제로 뭘 하고 있습니까? 공무원들이 무슨 일을 하고 있는지 모르겠습니다.

상황을 개선하기 위해 노력하고 있습니다. 그렇지 않다면 노숙인이 지금보다 훨씬 많을 것입니다. 연방 정부가 저소득층 주택 지원을 줄이면서 노숙인이 구조적으로 늘어나고 있습니다. 열악한 의료 시스템과 소득 불평등, 제도적 인종 차별도 원인입니다. 노숙인의 두 가지 유형이 있습니다. 길거리에서 먹고 자는 사람들도 있지만 집을 잃고 친구네 집 소파나 쉼터를 전전하는 사람들도 있죠. 공무원들은 장기 노숙인에 대한 해법에 적극적이지 않았습니다. 근본적인 해결이 어렵기도 하고, 쉼터는 늘 부족하고 약물 남용이나 정신 질환 등의 문제도 계속 재발하기 때문에 효과를 보기 어렵죠.

60. 땅값이 싼 다른 카운티에 노숙인 시설을 크게 지으면 안 되나요?

어느 도시도 다른 도시의 문제를 떠안으려 하지 않죠. 하지만 계속 지역 사회와 협의해야 합니다.

61. 도시 외곽에 새로운 커뮤니티를 만드는 건 어떨까요?

여러 차례 검토했지만 사람들을 멀리 보내는 건 현실적인 대안이 아닙니다. 노숙인들도 이곳이 생활 공간이기 때문입니다. 그들이 필요로 하고 의존하는 것들(급식소나 상담 서비스, 친구, 가족 등등)과 가까이 있기를 원하죠. 강제로 다른 곳으로 옮긴다면 이들이 건강하고 안정적인 삶으로 나아가는 데 안 좋은 영향을 미칠 수도 있습니다.

62. 주택 부족을 강조하는 것 같은데 혹시 치료와 보살핌이 더 중요할 수도 있지 않을까요?

두 가지 모두가 중요합니다. 샌프란시스코 노숙인 예산의 절반 정도가 상담 서비스와 결합된 지원 주택에 투입됩니다.

63. 마약 중독자들이 거리에 돌아다니면 위험합니다. 이건 공공의 안전 문제입니다. 왜 좀 더 적극적인 대처를 하지 않죠?

샌프란시스코는 처벌 보다는 끌어안고 가려고 노력하고 있습니다. 선출직 공무원들의 고뇌도 크죠. 경찰도 마약 단속이 효율적이지 않다고 말합니다. 심각한 중독을 가진 사람들을 범죄자로 만들죠. 감옥이나 교도소에서 약물 치료를 받긴 하지만 부실합니다. 수감자들은 석방된 뒤에 다시 마약에 손을 대곤 합니다. 수십 년에 걸친 경험에 따르면 노숙인들에게 숙소를 제공하는 대가로 약물 치료를 하는 조건을 내거는 건 효과적이지 않았습니다. 일단 수용하고 함께 치료를 해야 합니다.

64. 연방 정부가 저소득층 주택 지원 예산을 줄이고 있는데 이게 샌프란시스코의 위기에 어떤 영향을 미칩니까?

노숙인들에게 제공할 수 있는 주택이 줄어들죠.

65. 노숙인 단체에 왜 이렇게 휘둘리나요?

누가 시장이 되느냐에 따라 다릅니다. 비영리 단체와 협업은

중요하죠. 하지만 노숙인 단체가 실제로 정책에 크게 영향을
미치는 것 같지는 않습니다.

66. 노숙인들의 요구는 뭔가요?

개인의 문제가 아니라 사회적 문제라고 생각하기 때문에 이들이
요구하는 해법도 다양하고요. 어떤 사람들은 더 나은 일자리와
주택 공급이 해법이라고 생각하고요. 다른 사람들은 가난한
사람들을 위한 더 많은 정부 지원이 필요하다고 주장합니다.

67. 사실 이건 마약 문제 아닌가요? 노숙인 문제는 그 다음이고요.

두 문제는 관련되어 있지만 별개의 문제입니다. 약물 남용이
심각하고 답답하긴 하지만 중요한 건 중독자들이 노숙인으로
남아있으면 결코 해결할 수 없다는 것입니다. 그리고 이들을
체포한다고 해서 마약을 뿌리 뽑을 수 있는 것도 아닙니다.
게다가 이 사람들은 재활 가능성이 매우 낮습니다.

68. 샌프란시스코는 노숙자에게 서비스를 제공하기 위해 비영리 네트워크에 의존합니다. 이들이 자체적으로 자금을 확보하고 정책과 프로그램을 개발하는 것이 불가능합니까?

60여개의 비영리 단체가 참여하고 있습니다. 이들도 기부금을
받는 경우도 있지만 정부 지원금이 크죠. 해마다 평가를
받고 부족하다고 판단되면 지원 예산을 줄이거나 없앱니다.
공무원들이 직접 운영하는 것보다 훨씬 더 비용은 적게 들지만
일관된 관리가 어렵습니다.

69. 미국 전체에 노숙인이 300만 명이나 된다는데, 지방 정부가 해결하기에는 너무 큰 문제 아닌가요? 심각한 국가 위기라고 보고 연방 정부가 예산을 늘려야 하지 않나요?

전문가들은 연방 정부가 1980년대에 삭감한 주택 기금을

복구하지 않는 이상 근본적인 해결이 어려울 거라고 보고 있습니다. 미국 국민의 3분의 1 가량이 빈곤선 이하에 살고 있습니다. 노숙인이 줄어들 수 없는 구조입니다. 그런데도 연방 정부는 저소득층 지원을 계속 줄이고 있습니다. 300만 명이라는 추정치는 연간 누적 기준이고, 연방 정부는 60만 명 정도로 추산하고 있습니다.

70. 막대한 이익을 얻는 기술 기업들이 삶의 질 저하에 책임을 져야 하지 않나요?

샌프란시스코의 부동산 가격이 치솟은 데는 기술 기업들 책임도 있죠. 젠데스크와 세일스포스 등 일부 기업들이 노숙인 지원을 위한 프로그램을 운영하고 있지만 여전히 부족합니다.

71. 노숙인으로 전락하는 요인을 분석해 봤나요?

샌프란시스코 조사에서는 실직(26%), 약물 남용(18%), 퇴거(13%), 동거인과의 갈등(12%), 정신질환(8%), 이혼이나 결별(5%) 순이었습니다.

72. 왜 일을 하지 않나요?

신체 장애나 정신 질환이 있거나 약물 중독인 경우 안정적인 일자리를 구하기 어렵죠. 저임금 노동은 물가가 비싼 샌프란시스코 같은 곳에서 생계를 유지하기에 충분하지 않고요.

74. 1980년대 로널드 레이건 대통령이 정신 건강 의료비 지원을 삭감하면서 노숙자가 크게 늘어난 것 아닙니까?

= 여러 요인 가운데 하나라고 할 수 있습니다. 노숙인 가운데 3분의 1이 정신 질환을 앓고 있습니다. 샌프란시스코는 이 비율이 39% 정도 됩니다.

75. 주거와 연계된 중독 치료가 중요하지 않을까요?

전체 노숙인의 40% 정도가 약물 남용이지만 만성 노숙자들은 이 비율이 더 높죠. 주택 지원 프로그램은 이들을 약물에서 멀어지게 만들 수 있습니다. 샌프란시스코에는 다른 어떤 도시보다 노숙인 지원 주택이 더 많습니다.

76. 노숙인들에게 돈을 주는 것이 문제를 악화시킬 수도 있나요?

누군가는 마약이나 술을 살 것이고 누군가는 식사를 할 것입니다. 분명한 것은 돈을 준다고 해서 문제가 해결되는 것은 아니라는 겁니다. 하지만 지원 프로그램은 확실히 도움이 됩니다. 깡통에 동전을 던져주는 것보다 지원 프로그램에 기부를 하는 게 좋습니다.

77. 노숙자들이 도움을 받지 않거나 받아들이지 않는 이유는 무엇입니까?

보호소의 규칙을 좋아하지 않기 때문이기도 하고, 파트너나 반려동물을 동반할 수 없다는 이유로 거부하는 경우도 있습니다. 쉼터가 오히려 위험하다고 생각하는 경우도 있고요. 약물 공급이 쉬운 곳에서 떠나고 싶지 않은 이유도 있습니다. 단순히 환경의 변화를 두려워하는 경우도 있고, 결정을 내릴 수 없을 정도로 정신 질환이 심각한 경우도 있습니다.

78. 보호받지 못하는 노숙인은 어떻게 치료를 받습니까?

무료진료소가 있습니다. 만성적인 노숙자들은 저커버그 샌프란시스코 종합병원과 시청 근처의 톰 와델 도시 건강 클리닉에 크게 의존합니다. 두 곳 모두 노숙인 치료 전문가를 보유하고 있습니다.

79. 노숙인이 아니면서 노숙인 행세를 하는 사람들도 있나요?

거리에서 구걸하는 사람들의 절반 정도가 보조금을 받는 주택에 살고 있는 것으로 추정하고 있습니다. 집이 있지만 음식이나 마약을 사기 위해 구걸을 하는 것이죠.

80. 낮에는 구걸하고 저녁에는 멋진 차를 타고 퇴근한다는 이야기는 사실입니까, 아니면 도시 전설입니까?

도시 전설입니다.

81. 구걸하는 사람들 수입은 어느 정도인가요?

하루 2달러에서 100달러까지 다양합니다.

82. 구걸하는 사람들은 자기 영역이 있나요? 영역 다툼도 하나요?

영역이 있지만 느슨합니다. 그것과 별개로 서로에게 가까이 가지 않는 게 일반적인 규칙입니다.

83. 공중 화장실이 있는데도 길거리에 용변을 보는 이유가 뭔가요?

많은 건물들이 노숙인 출입을 막고 있죠. 공중 화장실이 곳곳에 있지만 단순히 멀다는 이유로 안가기도 하고 스스로의 처지를 비관하는 노숙인들은 화를 내거나 좌절하면서 화장실을 찾는 것조차 번거롭다고 생각하는 경우가 많습니다. 물론 정신 질환 때문이기도 합니다.

84. 길거리에 오줌을 누고 마약을 하고 지나가는 사람들에게 시비를 거는 걸 금지해야 하지 않나요?

모두 불법이지만 어느 정도로 법 집행을 할 것인지는 커뮤니티가 결정해야 합니다. 모두 감옥에 가둘 수는 없으니까요. 하지만 산타크루즈는 샌프란시스코보다 좀 더 엄격합니다. 하지만 샌프란시스코에서는 경찰이 너무 강압적이라는 비판과 함께 갈 곳이 없는 사람들을 괴롭히는 것 뿐이고 삶의 질을 높이는 게 근본적인 해법이라고 생각하는 사람들도 많습니다. 연방법에는 선택의 여지가 없는 경우 사람들이 밖에서 잠을 잘 수 있는 권리를 보호하고 있죠. 노숙인들에게 살 곳을 마련해 주고, 약물 중독에서 벗어날 수 있도록 지원하는 것과 길거리에 소변을 보지 못하게 하고 인도를 가로막지 못하게 단속하는 것 사이에 균형을 유지해야 합니다. 물론 여전히 개선의 여지가 많습니다.

85. 정신 질환을 앓고 있는 사람들은 왜 검사를 받거나 입원하지 않고 길거리에 앉아 지나가는 사람들에게 소리를 지르는 걸까요?

단순히 이상한 행동을 한다고 해서 체포하거나 치료 시설로 데려갈 수 없습니다. 법적 조치를 취하려면 자신이나 타인에게 명백한 위험이 있어야 합니다. 또한 치료에 대한 동의를 얻어야 합니다.

샌프란시스코 홈리스 프로젝트는 여전히 진행형이다. 이 방대한 Q&A를 읽으면서 드는 생각은 역시 뾰족한 해법은 없다는 것이다. 샌프란시스코 시민들이 수많은 토론과 실험, 실패, 보완을 거듭하면서 다다른 결론은 이들 역시 우리의 이웃이고 이들을 외면하면 더 큰 문제가 생긴다는 것이다. 그만큼 노숙인이 계속 더 늘어날 것이고 더 많은 비용과 희생을 치러야 하고 결국 우리 모두의 불행으로 돌아오게 된다. 당장 필요한 것은 이들에게 지붕이 있고 닫을 수 있는 문이 있는 독립된 공간을 제공하는 것이다. 집이 생기면 비로소 술과 마약을 끊고 일을 찾고 일상으로 돌아갈 수 있다. 문제의 원인이 길거리의 중독자들에게 있는 게 아니라 구조적으로 집을 잃고 거리에 나앉을 수밖에 없는 사람들이 늘어날 수밖에 없는 시스템에 있다면 해법이 달라질 수 있다.

" 우리가 겁을 먹을 때, 우리는
나쁜 일이 일어날 준비를 하는 게
정상이라는 걸 잊는다.
나쁜 일에 대비하는 것은 과민
반응이 아니라 우리가 삶을 어떻게
헤쳐나가는가에 대한 문제다.
재난이 끝나면 우리는 잊어버리고
싶을 것이다. 그건 괜찮다.
지금 우리가 기억해야 할 것은
다음에 올 재난을 어떻게
대비하느냐는 것이다. "

코로나 팬데믹의 경험,
해법은 우리 주변에 있었다.

코로나 팬데믹 이후 2년, 한국 언론이 공포와 불신, 냉소의 바이러스를 퍼뜨리는 동안 해외 언론은 한국의 사례를 연구하고 방역 과정을 추적했다. 우리는 팬데믹(pandemic, 감염병의 대유행) 만큼이나 인포데믹(infodemic, 정보 전염병)도 매우 위험하다는 걸 경험으로 터득했다. 이 글에서는 솔루션 저널리즘 방법론이 어떻게 재난 보도에 활용될 수 있는지 사례와 가능성을 살펴볼 계획이다. 지구 공동체가 직면한 거대한 재난에 맞서 언론은 무엇을 할 수 있을까를 돌아보게 했던 2년이었다.

2020년 3월 23일 《뉴욕타임스》에 실린 「한국은 어떻게 커브를 평탄하게(flatten the curve) 만들었는가」, 이 기사는 솔루션 저널리즘 방법론의 모범을 보여준다. 이 기사는 단순한 소개 기사가 아니고 적당히 칭찬하는 기사도 아니다. 한국 역시 초기 방역에 실패했다는 비난이 쏟아졌고 신천지 사태로 지역 감염이 걷잡을 수 없이 확산됐다. 한때는 중국에

이어 두 번째로 감염자가 많았던 나라다. 코로나 바이러스는 잠복기가 길고 심지어 증상이 없는데도 바이러스를 퍼뜨리는 경우도 있다. 우리가 얻은 교훈은 확진자 한 명이 있으면 드러나지 않은 수백 명의 감염자가 더 있을 수 있다는 것이다.

《뉴욕타임스》는 먼저 네 가지 교훈을 도출했다.

교훈 1: 빨리 개입하라, 위기가 닥치기 전에.

Intervene Fast, Before It's a Crisis.

교훈 2: 일찍 테스트하라, 자주, 그리고 안전하게.

Test Early, Often and Safely.

교훈 3: 동선을 추적하고 격리하고 감시하라.

Contact Tracing, Isolation and Surveillance.

교훈 4: 공적인 지원을 인식시켜라.

Enlist The Public's Help.

《뉴욕타임스》가 주목했던 디테일은 다음과 같았다.

- 드라이브 스루와 워킹 스루 검사를 통해 잠재적 확진자와 의료진의 접촉을 최소화했다.
- 계속해서 쏟아지는 재난 문자 메시지가 조금만 증상이 있어도 검사를 받도록 유인했다. (과도한 불안과 공포감을 줬던 것도 사실이겠지만.)
- CCTV와 카드 사용 내역, 차량과 휴대전화 GPS 데이터 등을 확인해서 확

진자 동선을 추적하고 공개했다. 《뉴욕타임스》는 이를 외과 의사가 암 조직을 도려내듯이 감염 가능성이 있는 네트워크를 조기에 찾아내는 방식이라고 평가했다.

- 사생활 침해를 불가피하다고 생각하는 한국의 문화도 작동했다.
- 자가 격리 환자들에게 스마트폰 앱을 깔도록 하고 무단으로 이탈할 경우 300만 원의 벌금을 물도록 했다. 격리 장소를 벗어나면 방역 당국에게 자동으로 경고가 뜬다. (거의 전자 발찌 수준).
- 2015년 메르스 사태와 달리 한국 정부가 공공의 신뢰를 확보할 수 있었던 것은 투명하게 정보를 공개하고 협조를 요청했기 때문이다. 마스크 대란이 벌어지기도 했지만 휴지 사재기는 없었다. 《뉴욕타임스》는 마지막으로 한국의 모델은 복제 가능한가(Is The Korean Model Transferable?)에 대한 질문을 던진다. "한국의 성공은 복잡하거나 비싸지 않다. 한국이 사용한 기술 가운데 일부는 고무 장갑과 면봉처럼 간단하다." 다만 《뉴욕타임스》는 다른 나라들이 한국을 따라하기가 쉽지 않은 세 가지 이유를 지적했다.

첫째, 정치적 의지(political will)의 문제다. 정부는 위기가 닥치기 전에 적극적으로 개입하기를 주저한다.

둘째, 공공의 의지(public will)가 있어야 가능하다. 한국은 양극화와 포퓰리스트 백래시에 시달리는 서구 민주주의 국가보다 사회적 신뢰가 더 높다.

셋째, 시간이 가장 큰 도전이다. 미국이 한국을 따라 하기에는 이미 늦었을 수도 있다. 다만 할 수 있는 것을 다 해야 한다는 조언이다.

'어떻게'에 주목한 언론이
많지 않았다.

한국에서도 수많은 기사가 쏟아져 나왔지만 이처럼 '어떻게'에 주목한 언론은 많지 않았다. 《로이터》는 한국 방역 당국이 어떻게 그렇게 빨리 많은 의심 환자들을 검사할 수 있었는지를 집중 취재했다. 한국 언론이 우리가 검사자 수가 가장 많다고 자아도취에 빠져 있을 때 해외 언론은 구체적으로 한국의 진단 시스템이 어떻게 작동하는지에 관심을 기울였다.

《로이터》와 인터뷰한 질병관리본부(질본) 이상원 과장은 "우리는 군대처럼 행동했다(we acted like an army)"고 설명했다. 설 연휴였던 1월 27일, 질본은 제약회사 관계자들을 서울역 회의실로 불러 모았다. 그때까지 확진자는 4명 뿐이었지만 이날 회의에서는 팬데믹에 맞서 진단 키트 확보가 시급하다는 결론을 내렸다. 이 자리에서 긴급 승인을 할테니 서둘러 개발을 하라는 지시가 떨어졌다. 1주일 뒤 코젠의 진단 키트가 질본의 승인을 받았고 2월 말에는 이미 하루 수천 명을 검사할 수 있는 시스템을 구축했다.

《로이터》는 공중 보건 시스템의 차이도 있지만 간소화된 행정과 대담한 리더십이 이런 변화를 만들었다고 평가했다. 반면 미국에서는 정부의 규정과 관습, 절차에 의존하는 문화가 발 빠른 대응을 가로막았다. 한국은 일단 진단 키트를 내놓고 테스트를 시작하면서 유효성을 검증했는데 이는 일정 부분 위험을 감수한 것이었다. 반면 미국 식품의약국은 진단 키트가 정확한지 확인하기 전에는 검사를 할 수 없다는 입장이었고 그러다 골든 타임을 놓쳤다.

《로이터》 기사는 단순히 성공 사례를 소개하는 것을 넘어 디테일을 파고 들었다. 이렇게 1주일 만에 서둘러 만든 진단 키트가 1년 동안 개발한 진단 키트만큼 완벽하지 않을 수도 있다. 그래서 질병관리본부는 최초 확진자들의 검사 결과를 실험실에서 교차 검증했다. 가장 먼저 승인을 받은 코젠이 검사 방식을 공개했고 다른 제약회사들도 개발 속도를 높일 수 있었다. 2월 12일에는 씨젠이 두 번째 진단 키트를 내놓았다.

반면 미국은 2월 4일 질병통제예방센터가 독점으로 진단 키트를 내놓았는데 검사 결과에 오류가 많았다. 질병통제예방센터는 2월 말에서야 새로운 진단 키트를 내놓았는데 그 사이에 수많은 확진자가 쏟아졌고 의료진 감염도 속출했다. 한국의 방역 당국이 다소 불완전하더라도 일단 검사를 시작하고 보자는 태도였던 것과 달리 미국은 초반 실수를 만회하기 위해 진단 키트에 대한 기준을 더욱 강화했다. 진단 키트를 개발할 능력이 있는 연구소와 제약회사들이 수두룩했지만 정부의 승인 없이는 개발을 할 수 없는 상황이었다. "잘못된 진단 결과는 공중 보건에 심각한 영향을 미친다"는 식품의약국의 공문이 이런 상황을 더욱 고착시켰을 것이다. 미국은 뒤늦게 한국 정부에 진단 키트 제공을 요청했고 씨젠의 진단 키트의 미국 수출이 결정됐다. 《로이터》의 기사는 문제의 원인과 해법을 선명하게 드러낸다. 단순히 한국이 잘했고 미국이 못했다는 기사가 아니라 무엇이 어떻게 다른가, 문제를 바로잡기 위해서 무엇이 필요한가를 구체적으로 지적하는 기사다.

보호복을 얼마나 자주 갈아 입느냐도 중요한 변수다. 일반 진료소에서는 의심 환자 한 사람을 검사할 때마다 실내를 소독하고 의료진도 보호복을 갈아입거나 교대를 해야 한다. 그러나 드라이브 스루 진료소에서는 노출 정도가 크지 않기 때문에 가운과 장갑만 교체해도 된다. 환자를 직접 접촉하는 의료진이 입는 D-레벨 보호복은 한 번 갈아입는데만 20분 이상 걸린다고 한다. 한 명씩 검사할 때마다 옷을 갈아 입고 버리는 게 감염 방지에 효과적일 수도 있지만 오히려 갈아입는 과정에서 노출될 가능성도 있다. 차라리 입고 있는 게 의료진에게는 더 안전할 수도 있다는 이야기다. 시간도 시간이지만 보호복이 부족한 상황이라는 점도 감안해야 한다. 드라이브 스루 진료소에서는 보통 장갑만 바꿔 끼거나 가운만 갈아 입는 방식으로 효율을 높이고 있다.

《머니투데이》에 따르면 드라이브 스루 진료소에서는 검사를 받고 나가는 방문자들에게 핸들을 닦으라고 조언했다고 한다. 확진자가 아닌데 진료소에 왔다가 감염될 가능성이 있기 때문이다. 타이어와 창문까지 강력한 소독제를 분사한다는 것도 중요한 노하우다.

드라이브 스루 진료소가 진료 속도를 높일 수 있었던 건 사전 예약을 받고 검사 대상을 미리 걸러 내기 때문이다. 무턱대고 차를 몰고 온다고 해서 검사를 받을 수 있는 것은 아니다. 119에 실려 왔더라도 전화로 예약을 하고 1시간 이상 대기해야 한다는 기사도 있었다. 동승자가 없어야 검사를 받을 수 있다.

무료 검사의 5가지 원칙도 정했다.

① 대구 거주자 또는 대구 방문자로 37.5도 이상 발열이나 호흡기 증상
(기침·호흡곤란 등).

② 개인병원 방문 후 코로나19 검사의뢰서를 받은 경우.

③ 자가격리 대상자 중 발열 또는 호흡기 증상이 있는 경우.

④ 확진자와 접촉한 사람 중 발열 또는 호흡기 증상이 있는 경우.

⑤ 선별진료소 의사 판단에 따라 검사가 인정된 경우 등.

한국이 이처럼 병원의 원내 감염에 엄격하게 대처할 수 있었던 것
은 2015년 메르스(중동호흡기증후군)의 경험에서 얻은 교훈 때문이다.
메르스가 한창 유행하던 2015년에는 186명의 환자 가운데 92.5%인 172
명이 의료기관에서 감염됐다. 특히 삼성서울병원의 14번 환자가 85명
에게 3차 감염을 유발했다. 그래서 이번 코로나 사태 때는 철저하게 선
별 진료소와 응급실 동선을 분리했고 호흡기 환자를 별도로 진료하는
안심병원을 지정해 운영했다. 일부 의료 전문 신문 기사에서 구체적인
내용을 확인할 수 있다. 《메디칼타임즈》 등에 따르면 선별 진료소가 있
는 병원에서는 코로나 의심 환자와 호흡기 질환자, 일반 환자가 별도의
동선을 갖게 된다. 선별 진료소가 없는 안심병원에서도 단순 감기 환자
를 호흡기 환자로 분리하고 의심 증상이 있으면 선별 진료소로 유도했
다. 메르스 사태 때와 달리 외래 환자를 완전히 분리했다는 것도 중요한

차이다.

《경향신문》은 응급실을 통째로 선별 진료소로 바꾼 서울의료원 사례를 소개했다. 확진자가 늘어나면서 일반 응급 환자를 받지 않기로 한 것이다. 물리적 거리를 확보하기 위해 25개였던 침상을 9개로 줄였고 모든 의료진이 방호복을 입고 근무했다. 일반 응급 환자를 인근 병원으로 보내는 대신 공공 의료기관이 확진자 치료에 집중하기로 한 것이다.

실패에서 확인한
시스템의 힘.

2020년 3월, 코로나 바이러스가 미국에 본격 상륙하면서 커브 평탄화(flattening the curve)에 대한 논쟁도 본격화됐다. 세계 인구의 절반 이상이 감염될 거라는 암울한 전망이 나오는데 문제는 응급 환자가 쏟아질 때 이들을 제때 치료할 수 있느냐다. 미국에는 92만 4100명의 병상이 있는데 인구 1000명당 2.8개 꼴이다. 독일은 8개, 한국은 12개다. 더구나 미국의 경우 산소 호흡기와 에크모 치료가 필요한 중증 환자를 수용할 수 있는 병상이 최대 17만 개 밖에 안 된다. 미국 인구 3.3억 명 중에 올해 안에 1.8억 명이 감염된다고 가정하고 이 가운데 20%가 중증 환자라고 치면 3600만 명이 집중 치료를 받아야 한다는 이야기가 된다. 문제는 한꺼번에 얼마나 많은 환자가 쏟아지느냐다. 1년 동안 3600만 명의 중증 환자가 쏟아진다면 하루 최대 300만 명의 환자를 커버해야 할 수도 있다. 이 경우 산소 호흡기를 쓸 수 있는 환자는 최대 17만 명 밖에 안 되고 나머지 283만 명은 일반 병동에 방치되거나 아예 병원 문턱도 밟지 못할 수도 있다는 이야기다.

숫자만큼 강력한
메시지는 없다.

드라이브 스루(Drive through) 방식의 선별 진료소가 등장했을 때도 수많은 기사가 쏟아졌지만 디테일에 먼저 관심을 기울인 곳은 해외 언론이었다. CNN 기자 이반 왓슨(Ivan Watson)은 직접 경기도 고양시의 드라이브 스루 진료소를 방문해서 르포 기사를 내보냈다. 이 기사는 적당히 구경하고 와서 체험을 기록한 기사가 아니다. 단순히 그런 것이 있다더라는 데 그치지 않고 그것이 어떻게 작동하는가(how it works)에 집중했다. 단순히 승용차를 타고 들어가서 검사를 받는다는 게 전부가 아니다.

우리가 이 기사에서 확인할 수 있는 몇 가지 아이디어는 다음과 같다. 기자가 방문하기 전날, 이 진료소는 하루 동안 384명을 테스트했다. 진료소 동선은 다음과 같다. 먼저 입구에서 손 세정제로 손을 씻게 하고 귀를 통해 체온을 재고 증상과 해외 여행 여부 등을 문진한 다음 자동차를 탄 채로 검진을 받게 된다. 이 모든 과정이 차에 탄 채로 진행된다. 3일 안에 결과가 나오고 문자 메시지로 받아볼 수 있다.

드라이브 스루 진료소가 어떻게 작동하는지 궁금한 독자들은 이 기사에서 몇 가지 중요한 사실을 확인할 수 있다.

- 의료진은 5시간씩 교대로 일한다. 보호복을 갈아입지 않고 화장실 가는 걸 참으면서 버틸 수 있는 최대한의 시간일 것이다.

- 드라이브 스루는 진료소 대기실에서 감염을 막기 위한 것이지만 의료진을 통한 2차 감염을 막는 것도 중요하다.

- 보호복을 입은 채로 소독을 하고 사용한 보호복은 버린다. 휴대용 부스를 이용한다는 것도 매우 좋은 아이디어다.

한 간호사는 "보호복을 입고 있어야 하기 때문에 화장실도 갈 수 없고 물도 마실 수 없다"고 말했다. 의료진은 5시간 교대로 근무하는데 근무가 끝나면 옷을 입은 채로 클린 존(clean zone)이라고 부르는 휴대용 부스에 들어가 저염소산(hypochlorous acid) 소독제로 샤워를 하게 된다.

해법을 찾는 사람들이 궁금한 것은 구체적인 숫자와 근거다. 일반 진료소는 한 시간에 2건, 하루 20건만 검사할 수 있지만 드라이브 스루 진료소는 한 시간에 6건, 하루 60건까지 가능하다. 검사 속도가 3배 이상 빠르다는 이야기다.

《월스트리트저널》은 한국이 어떻게 병상 부족 문제를 해결했는지 주목했다. 한국 국민들도 잘 몰랐던 사실이다. 일단 한국 질병관리본부는 3월 1일부터 확진자를 네 단계로 분류했다. 무증상(asymptomatic)과 경증(mild), 중증(severe), 위독(critical)으로 나눠서 중증과 위독 환자에게만 병상을 제공했다. 그 전까지는 모든 확진자들을 음압 병상에 수용하고 2주 동안 격리했는데 확진자가 쏟아지면서 전략을 바꾼 것이다.

37.8도가 넘고 호흡 곤란 또는 50세 이상인 경우만 중증으로 분류하고 나머지 경증 환자들은 삼성과 LG 등이 제공한 연수원 등에 수용했다. 이들은 특별한 케어 보다 한시적인 격리가 필요한 사람들이었다. 식사와 함께 침대와 TV, 와이파이가 제공되었다. 200명 규모의 수용 시설에 의료진 10명이면 충분하다고 한다.

《월스트리트저널》은 한국의 1인당 병상 숫자(1000명 당 12개)가 미국(1000명 당 3개)보다 많은 편이지만 선제적으로 병상을 확보하지 않았다면 한국도 병상을 기다리다가 골든 타임을 놓치는 환자가 훨씬 많았을 거라고 분석했다. 실제로 한국에서는 3월 26일 기준으로 9241명의 확진자 가운데 사망자는 131명 밖에 안 되고 이 가운데 병상을 확보하지 못해 사망한 환자는 5명 밖에 안 된다.

《Wall Street Journal》.

서울의 경우 확진자의 80%가 무증상 또는 경증 환자로 분류됐다는 사실도 흥미롭다. 실제로 중환자실에서 집중 치료를 받아야 할 환자는 10명 가운데 1명 꼴이다. 질병관리본부의 발 빠른 판단 덕분에 3000명의 경증 환자들이 연수원 등으로 옮겼고 새로운 병상을 확보할 수 있었다. 3월 8일까지만 해도 대구에서는 전체 확진자의 40%인 2200명의 환자가 침대가 나기를 기다리고 있었는데 2주 뒤에는 124명으로 줄었고 이들 대부분이 경증 환자였다.

공포와 혼란,
그래도 현장에 답이 있었다.

한국이 미국보다 상대적으로 인구 대비 병상 수가 많은 것도 사실이지만 바이러스 확산 초기에 방역에 집중하고 적절한 시점에 치료 우선으로 전환하면서 희생을 최소화할 수 있었다. 《월스트리트저널》 보도에는 나오지 않지만 중앙재난안전대책본부가 나서서 전국의 대형 병원들에게 협조를 요청해 서울과 수도권까지 격리 병상을 확보한 것도 한국이 만약 성공한다면 조기에 코로나 바이러스를 진압할 수 있었던 요인으로 거론될 것이다.

한국 언론 보도에서도 해법으로 접근한 사례가 많다. 서울 동부병원은 D-레벨 방호복이 부족하자 세이프티 가드(safety guard)라는 새로운 방식의 선별 진료소를 운영했다. 의료진과 검체자의 동선을 분리해서 의료진은 양압 공간에서 유리벽 너머로 연결된 비닐 장갑에 손을 집어넣어 검사를 진행한다. 검체자는 음압 공간에서 검사를 받고 직접 검체를 냉장고에 넣고 뒷정리까지 한 다음에 검사실을 나오게 된다. 검체자가 나가면 공기 순환을 통해 방을 정화하고 다음 검체자를 받기까지 걸리는 시간이 15~20분 정도. 다른 선별 진료소의 검사 시간이 1시간 가까이 걸리는 것과 비교하면 엄청난 변화다. 마스크와 고글만 착용하면 되기 때문에 방호복 교체 비용을 줄일 수 있고 의료진의 감염 위험도 줄일 수 있을 뿐만 아니라 체력 소모가 덜하다고 한다. 《데일리메디》의 보도였다.

여러 언론에 소개된 인천의 1129번 확진자 A씨의 사례는 그야말로 모범이라고 할만하다. A씨는 1월 31일 발열과 기침 등 의심 증상이 시작되자 스스로 자가 격리를 시작했다. 집에서도 마스크와 위생 장갑을 꼈고 병원에 갈 때도 마스크를 쓰고 인적이 없는 길을 따라 도보로 이동했다. 그리고 모든 동선과 잠재적 접촉자를 기록으로 남겼다. 확진 판정을 받고 구급차를 타러 나올 때는 23층 아파트에서 계단을 타고 내려오기도 했다.

《한국일보》가 「코로나 확진자 여러분, 이 분처럼만 해주세요」라는 제목으로 이 사례를 소개했다. 기록을 남긴 덕분에 동선 추적이 확실했고 접촉자들을 빨리 가려낼 수 있었다. 다행히 확진자의 가족들과 접촉자들 모두 음성 판정을 받았다. A씨가 남긴 38페이지의 일지는 "다른 무고한 사람들에게 피해가 가지 않기를 바라고 또 바라는 마음에서 혹시 모를 상황에 대비해 다음 기록을 남깁니다"라는 문장으로 시작돼 날짜와 체온, 신체 증상 등이 꼼꼼히 기록돼 있었다.

《연합뉴스》는 좀 더 구체적으로 A씨의 일지를 소개했다. 많은 다른 확진자들처럼 A씨도 처음 보건소에 전화를 걸었으나 중국 방문자가 아니라는 이유로 검사를 받지 못했다. 이틀 뒤 다시 상담을 받았으나 일반 병원을 방문하라는 조언을 듣고 병원에서 감기약을 처방받았다. A씨는 결국 14일 뒤에야 선별 진료소에서 검사를 받았는데 음성 판정이 나왔고 다시 열흘 뒤인 23일 2차 검사를 받고 확진 판정을 받았다.

A씨는 중국을 다녀오지 않았지만 중국인들을 만난 적이 있었다. 그래서 목이 아프고 가래가 생길 때부터 스스로 격리에 들어간 것이다. 체온이 정상이었기 때문에 검사를 받지 못했지만 경계를 늦추지 않았고 추가 감염으로 이어지지 않았다. 《연합뉴스》는 "중국 발표를 보면 코로나19 초기 열이 없던 환자가 40%나 된다고 한다"면서 "이제 증상만으로는 코로나19 확진자를 찾기가 힘든 상황이 됐다"는 한 의사의 말을 소개했다.

《뉴스1》은 KF94 마스크를 찜통에 넣어 소독할 경우 2~3회 정도 다시 사용할 수 있다고 보도했다. 그동안 찌라시로 떠돌던 루머를 직접 검증한 것이다. 이 신문은 약학대학 교수와 함께 직접 실험에 나섰다. 찜통에 넣고 20분 동안 수증기 처리를 3차례 진행한 뒤에도 분진포집효율이 99.9% 이상인 것으로 나타났다.

이밖에도 여기에 소개하지 못한 수많은 디테일이 있고 현장의 의료진들의 각고의 노력과 희생이 있다. 앞서 사례로 든 기사들은 단순히 코로나 바이러스라는 재난에 맞서는 현장 리포트일 뿐만 아니라 거대한 문제를 해결하는 과정에 한 사회가 어떻게 시스템 차원에서 역할을 분담하고 희생을 최소화하면서 공공의 이해를 지켜낼 것인가, 이런 복잡한 질문에 대한 해법을 찾아가는 과정에 대한 이야기다.

독일 미디어 기업 마드작(Madsack) 소속 언론사들의 네트워크인 RND는 다음과 같은 성명을 냈다. "커뮤니케이션은 생존에 필수적인 요소다. 왜냐하면 두려움은 무지함 사이를 파고들기 때문이다. 기자들은 가짜뉴스를 가려내고, 전문가들의 의견을 전달하며, 끊임없이 보도하고, 분류하고, 설명하며, 찾아낸다. 기자는 사람의 생명을 구할 수 없고, 일상의 영웅도 아니다. 하지만 기자는 지금 이 두려움과 맞서기 위해 큰 책임감을 느낀다. 기자들이 할 수 있는 것. 바로 정보에 대한 수요를 충족시키는 것이다."

과학 전문 기자 애널리 뉴이츠(Annalee Newitz)가 뉴욕타임스에 쓴 칼럼에 다음과 같은 대목이 있다. "불확실성에 대처하기 위해 우리는 살아남기 위한 대비를 '새로운 정상(new normal)'으로 받아들여야 한다. 암울한 시나리오로 스스로를 겁먹게 하는 대신에 날마다 어려운 미래를 계획해야 한다. (중략) 생존을 정상화하는 것은 재앙을 정상화하는 것과 반대다. 우리가 겁을 먹을 때, 우리는 나쁜 일이 일어날 준비를 하는 게 정상이라는 걸 잊는다. 나쁜 일에 대비하는 것은 과민 반응이 아니라 우리가 삶을 어떻게 헤쳐나가는가에 대한 문제다. 재난이 끝나면 우리는 잊어버리고 싶을 것이다. 그건 괜찮다. 지금 우리가 기억해야 할 것은 다음에 올 재난을 어떻게 대비하느냐는 것이다."

코로나 팬데믹은 과정과 맥락을 충실하게 전달하는 것이 언론의 책무라는 사실을 일깨웠다. 우리에게는 공포와 불신을 넘어 변화와 대안,

공공의 선에 대한 확신이 필요했다. 나는 언론이 그런 역할을 해야 한다고 믿는다.

차이를 살펴보면
해법이 드러난다.

솔루션저널리즘네트워크의 이규원 연구원이 《주간경향》에 기고한 「방역 성공한 교정 시설은 달랐다」는 제목의 기사는 솔루션 저널리즘의 가능성을 보여준다. 이규원 연구원은 미국 뉴욕에 있는 솔루션저널리즘네트워크 소속이지만 코로나 팬데믹 이후 한국에 들어와 서울에서 원격 근무를 하고 있다.

이 기사는 이규원 연구원이 한국 언론인들에게 솔루션 저널리즘의 사례를 보여주기 위해 직접 취재해서 작성한 기사다. 2021년 1월 서울동부구치소에서 1224명(1월20일 기준)의 확진자가 발생했다. 좁은 공간, 폐쇄된 환경에서 코로나 바이러스가 급격히 확산됐고 수용자들을 다른 곳으로 이동할 수도 없었기 때문에 속수무책으로 감염을 방치하는 상황이었다.

이규원 연구원은 한국의 다른 구치소 상황을 비교했다. 똑같이 빌딩형 구치소인 인천구치소나 수원구치소의 경우 비슷한 시기에 재소자 전원이 음성 판정을 받았다. 서울동부구치소가 빌딩형 구치소라 감염에 취약하다는 지적이 있었지만 애초에 빌딩형 구치소라 감염에 취약하다는 전제가 잘못됐다는 이야기다. 문제는 감염을 막는 게 아니라 그 이후의 대응이다. 이규원 연구원은 "교정 시설의 방역은 부족한 것보다 지나친 게 낫다"고 평가했다.

경북 김천의 김천소년교도소에서는 확진자가 3명 발생했는데 빠른 조치로 추가 감염을 막을 수 있었다. 핵심은 빠르게 알리고 투명하게 협조한 것이다. 열이 있다고 신고한 수용자를 곧바로 옮겨서 검사를 받도록 했고 이후 모든 수용자에게 검사를 실시했다. 이동 중단과 함께 식당을 폐쇄했고 교정 직원들이 방마다 식사를 개별 전달했다. 감염 위험에 따라 분리 수용하기도 했다. 이 과정에서 당연히 교정 직원들의 업무 강도가 높아졌고 아마도 불안하기도 했겠지만 결과적으로 감염을 최소화하는데 성공했다. 의료 기관의 신속한 지원도 중요한 변수였다.

인천구치소는 실내에서도 24시간 마스크 착용을 의무화하고 날마다 새 마스크를 지급했다. 구치소 밖의 통상적인 대응과 비교하면 다소 지나치다 싶을 정도로 예민한 조치였지만 덕분에 감염을 막을 수 있었다. 광주교도소처럼 교도소 내부 공장에서 직접 마스크를 제작한 경우도 있었다.

이 기사에는 한계도 담겨 있다. 김천구치소는 수용자 수가 적고 밀도도 낮기 때문에 다른 구치소와 단순 비교하기는 어렵다. 이규원 연구원은 "전국적 재난상황에 대한 대응과 성패가 현장 인력의 순간 판단과 희생에 의해 좌우되는 점 역시 바람직하다고 볼 순 없다"고 지적했다. 전국 53개 교정시설에 수감돼 있는 수용자는 2019년 기준 일 평균 5만 4624명, 수용 정원 4만 7990명을 13.8% 초과한 상태다.

팬데믹 2년, 언론 보도를 평가하자면 공포와 불신, 분노, 좌절을 부추기는 언론 보도가 많았고 정작 우리가 무엇을 해야 하는지 방향을 제안하고 공동체의 가치를 일깨우는 보도는 많지 않았던 것 같다. 현장에서 헌신적으로 일하는 사람들에 대한 존경과 지원, 그리고 시스템의 보완에 대한 논의도 많지 않았다. 위드 코로나에 접어든 지금 여전히 철통 방역과 사회적 거리 두기라는 초기의 성공 모델에 갇혀 있는 모양새다. 코로나와 함께 살아가는 방식에 대한 논의가 부족한 상태라고 생각한다.

전문가들의 영역이거나 시민들은 마스크 잘 쓰는 것 말고 할 수 있는 게 없다. 국민들을 훈계하고 겁박하는 보도가 최선이었는가 돌아볼 필요도 있다. 팬데믹 기간에 20대 여성의 자살률이 급증했다. 자영업의 위기가 심화됐고 노인들의 고독사도 늘었다. 양극화도 더욱 확대됐다. 확진자 수를 줄이는 데 모든 역량을 집중하는 동안 수많은 희생을 치러야 했지만 여기에 대한 논의는 제대로 이뤄지지 않았다. 중요한 건 우리가 여기에서 교훈을 얻어야 한다는 것이다. 단순히 다음 감염병을 대비하기 위해서가 아니라 우리가 재난을 극복하는 과정에서 겪었던 실수를 반복하지 않기 위해서 그리고 그 과정에서 드러난 시스템의 한계를 바로잡기 위해서다.

미국 루이지애나주립대학교 교수 박효정은 월간 《신문과방송》 기고에서 "언론은 정확한 정보를 제공해야 할 뿐만 아니라 정부의 대응에 대해 감시자와 비판자의 역할을 시행할 필요가 있다"면서 "평상시에도 정부의 위기 대응 체계와 전략에 문제가 없는지 비판적인 관점으로 검토하고 문제점에 대해서는 관점이나 대안책을 제기하려는 노력이 필요하다"고 지적한 바 있다.

안종주는 《코로나19와 감염병 보도 비평》에서 이 칼럼을 인용하면서 "정부에 대해 균형 잡힌 감시와 비판의 끈을 놓지 말아야 할 언론이 끈을 놓고 한통속이 된 것"이라고 비판했다.

"감염병 위기를 겪은 정부가 실패를 교훈 삼아 매뉴얼과 제도를 정비하고 대응 인력을 키우고 효과적인 대응 조직을 만들어야 한다면 언론 또한 새로운 감염병 대유행에 대비해 취재 보도 매뉴얼을 만들거나 정비하고 기자 교육 훈련을 강화하는 등의 노력을 해야 한다. 하지만 5년을 주기로 우리 사회에 들이닥친 감염병 유행에 우리 언론이 적절하게 대비한 노력과 흔적은 보이지 않는다. 코로나19 유행이 끝난 뒤, 아니 유행 중이더라도 이를 실행에 옮기는 것이 언론과 우리 사회 모두를 위해 바람직하다."

세 상에는 해답이 없는 것 같은
문제가 많다. 그런 문제를
해결하라고 있는 것이 정치고
정치를 추동해서 세상을 바꾸는
것이 언론의 책무다. 우리에게는
더 많은 토론이 필요하다. 해결되지
않은 채로 남아있는 상당수의
문제들이 이미 공론장에서 배제돼
있다. 언론이 이런 문제를 스치고
지나가기 때문이고 관심을
가져봐야 바뀌지 않을 거라는
무력감 때문이다.

저질 정치와
저질 언론의 악순환,
어디서부터 바로 잡을까.

13장

"정책 검증이 부족했다", "이슈를 추종하면서 네거티브를 확대 재생산했다", "언론이 갈등을 유발하고 있다", "군소 후보에 대한 관심이 부족했다", "여론 조사 지지율과 당락 가능성에 매몰돼 경마 중계식 보도만 넘쳐났다" 등등. 선거가 끝날 때마다 반복되는 이야기들이다. 우리는 이제 '이게 문제다'라고 이야기하는 것을 넘어 왜 이런 문제가 반복되는가, 그리고 이런 문제가 반복되지 않게 만들려면 무엇을 해야 하는가에 대한 이야기를 해야 한다. 구조적 원인을 짚어보자.

언론 보도는
왜 이 모양인가.

첫째, 정치가 저질이라 언론이 저질인 걸 수도 있다. 언론 보도는 현실을 조명하거나 현실을 반영한다. 정책을 검증하는 보도가 부족하거나 부실한 건 애초에 정책이 거기서 거기고 어차피 선거만 끝나면 아무도 관심을 갖지 않을 적당히 그럴 듯한 선언과 선전에 그치고 있기 때문일 수도 있다. 하지만 거꾸로 생각해 보면 언론이 저질이라 정치가 이 모양일 수도 있는 것 아닐까. 언론이 제 역할을 했다면 정치가 이 모양이고 선거가 이 모양일까.

둘째, 문제는 네거티브를 다루는 방식이다. 의혹이 있으면 집요하게 물어뜯되 사실이 아닌 것으로 드러나거나 본질에서 벗어났다고 판단되면 물러나야 한다. 하지만 뉴스는 생물이다. 일부 언론이 발을 빼더라도 뉴스가 살아 움직이면서 계속해서 이슈를 만들어내는 경우가 많다. 우리는 원래 지저분한 뉴스에 끌린다. 정치인이 쏟아내는 막말과 언론의 선정주의가 맞물리면서 대형 이슈가 터져 나오지만 지나고 나면 남는 게 없게 된다.

셋째, 소수 정당과 군소 후보에 관심이 부족했다는 비판도 뼈 아프지만 실제로 준비된 후보가 얼마나 있었는지, 과연 기계적인 균형을 맞추는 게 옳은지 반문해 볼 필요도 있다. 이를테면 정치를 희화하고 있는 국가혁명당 허경영 후보에게 동일한 지면을 내주는 게 옳은가? '작년에 왔던 각설이' 같은 기득권 정당이 지면을 독점하는 것도 문제지만 소수 정당과 군소 후보에게 관심을 기울여야 한다는 지적 역시 한가하게 들릴 수밖에 없다.

현실적으로 후보자가 10명이라고 해서 모두에게 동일하게 10분의 1의 지면을 줘야 하는 건 아니다. 선거법에 따르면 대통령 선거의 경우

국회의원 5명 이상의 정당 후보자거나 직전 선거에서 3% 이상 득표를 했거나 여론 조사 지지율이 5% 이상인 후보를 TV 토론회에 초청할 수 있다. 실제로 3명 이상이면 제대로 토론을 진행하기 어렵다는 현실적인 이유도 있다. 군소 후보들을 모아 별도로 토론회를 여는 것도 이런 이유에서다.

물론 소수 정당과 군소 후보라도 당연히 뉴스 가치가 있으면 취재를 해야 한다. 역시 닭이 먼저냐 달걀이 먼저냐의 논쟁이 되기 쉽지만 언론은 현실적으로 기계적 균형 보다는 이슈와 화제를 좇을 수밖에 없다. 독자들의 관심이 없으니 취재를 안 하는 것일까. 아니면 기사가 없으니 독자들의 관심이 없는 것일까. 적어도 지난 서울시장 보궐 선거에서는 특별히 눈길을 끄는 후보가 많지 않았고 쟁점도 부각되지 않았던 게 사실이다.

선거 보도의 문제라기 보다는 평소에도 한국 정치가 기득권 정당 중심으로 돌아가는 데다 몇 차례 정권 교체 과정에서 정치의 효능감을 끌어내지 못했던 게 현실이다. 정의당 중심의 진보 진영이나 한때 국민의당이 불러 일으켰던 제3지대 돌풍도 근본적으로 정치 역량의 차이를 보여주지 못했다. 언론이 기득권 정치에 갇혀 있었던 게 아니라 애초에 문제의식이 없거나 편승하고 있었다고 보는 게 맞을 것이다.

넷째, 경마 중계식 보도에 대한 비판도 마찬가지다. 선거 때마다 반복되는 지적이지만 선거는 원래 승자 독식 게임이다. 선거에서 지지율만큼 뜨거운 이슈가 있나? 모두가 지지율을 궁금해 하고 내가 찍은 사람이 당선이 될지 안 될지가 최대 관심사다. 남들은 이 문제를 어떻게 보는가도 궁금할 수밖에 없다. 다른 사람의 판단이 나의 판단에 영향을 미치기 마련이고 그게 민주주의의 속성이다. 원래 여론은 그렇게 작동하는 것이다.

선거는 원래 밴드웨건(달리는 마차처럼 다수의 움직임에 올라타는 심리)과 언더독(상대적으로 약한 편을 응원하는 심리)이 경합하게 마련이다. 많은 사람들이 이왕이면 내가 찍은 사람이 당선되면 좋겠다는 심리와 또 동시에 이 사람이 당선되도록 힘을 실어줘야겠다는 심리로 투표에 참여한다. 아, 남들도 이렇게 생각하는구나, 누군가에게는 이런 경마 중계식 보도가 어떤 후보를 찍을 것인지 결정하는 데 도움이 될 수도 있다.

정치의 낮은 효능감, 문제가 뭘까.

지지율 보도가 문제가 아니라 지지율이 지나치게 부각되면서 꼬리가 몸통을 흔들기 때문에 문제가 되는 것이다. 여론조사에서 투표 의향을 드러내지 않거나 거꾸로 답변하는 숨은 표가 있을 수 있고 일부의 강경한 여론이 실제보다 과다 대표되는 경우도 많다. 언론이 상황을 부풀리거나 왜곡하고 쏠림 현상을 부추기면서 여론을 쥐락펴락하는 게 어제오늘 일이 아니지만 진짜 문제는 이런 언론 보도가 민의를 왜곡하고 선거를 혼탁하게 만든다는 데 있다.

네 가지 요인을 살펴보면서 현실적인 한계를 이야기했지만 이 글은 언론을 변명하려는 글이 아니다. 다만 지적하고 싶은 건 많은 문제가 애초에 언론의 속성인데다 관행적이고 구조적인 문제와 얽혀 있다는 것이다. 이러이러한 게 문제라고 준엄한 비판을 쏟아낸다고 해서 어느 날 갑자기 네거티브가 줄어들고 정책과 공약을 분석하는 기사가 쏟아지고 경마 중계가 사라지지는 않을 거라는 이야기다.

선거는 원래 네거티브가 넘쳐나고 경마 중계처럼 당선을 바라보고 질주하는 떠들썩한 정치 이벤트다. 정책과 공약이 뒷전으로 밀려났던 건 애초에 선거 때만 반짝하고 온갖 그럴 듯한 약속을 쏟아냈다가 당선되고 나면 아무도 신경을 쓰지 않기 때문이다. 이런 구조에서는 선거 때만 집중되는 공약 분석 역시 큰 의미가 없다. 공허할 뿐만 아니라 자칫 언론 보도가 정당과 정치인의 선전 도구로 이용될 가능성을 경계해야 한다.

선거 때마다 네거티브가 넘쳐나는 건 네거티브 외에 첨예하고 뜨거운 쟁점이 없기 때문이다. 언론이 경마 중계에 '올인'하는 건 이보다 더 독자들의 흥미를 끌만한 의제가 없기 때문이다. 땅따먹기처럼 누가 표를 더 많이 가져오느냐의 경쟁에 유권자들을 들러리로 내세우는 것이다. 가치와 가치가 충돌하는 게 아니라 우리 편이 이길 것인가 질 것인가로 선거의 의미가 축소된 데는 언론의 책임도 크다.

언론은 과연 어디까지 객관적일 수 있을까. 네거티브 이슈가 여론의 전면에 등장하는 순간, 이게 선거의 판도를 가를 것인가 아닌가, 후보가 사퇴를 해야 할 사안인가 아닌가 판단을 해야 한다. 어떤 독자들은 네거티브를 제대로 다루지 않는 언론이 정파적이라고 생각할 것이고 그 반대로 생각하는 독자들도 있을 수 있다. 2년 가까이 한국 사회의 주요 의제를 잠식했던 조국 전 법무부 장관과 그 가족의 재판에 대한 언론 보도 역시 마찬가지다.

기자들은 일상적으로 가치 판단을 하고 그 판단을 지면에 담는다. 그런 판단이 모여 언론의 논조로 나타나고 정파성으로 드러나게 된다. 진짜 문제는 정파성이 아니라 사실과 의견을 뒤섞어서 맥락을 뒤틀거나 정파성을 숨기고 객관적인 척 공정한 척 하면서 독자들의 판단을 호도하는 경우다. 애초에 객관적일 수 없는 사안을 임의로 재단하고 강하게 주장할 때 오히려 독자들의 신뢰를 잃게 된다는 사실을 인정해야 할 때다.

한국 언론은 특히 정파적 상업주의의 뿌리가 깊다. 일부 열성 독자들의 성향에 맞춰 정파성을 부각시키면서 그걸 언론의 브랜딩과 마케팅 수단으로 활용했다. '우리가 가장 옳다'는 태도로 독자들을 가르치려 들거나 이런 논조에 동의하는 독자들을 충성 독자로 끌어들이면서 줄어드는 매체의 영향력을 방어해 왔던 것이다. 광고 시장이 무너지고 언론의 수익 구조가 흔들리면서 이런 경향이 더욱 가속화되고 있다.

부산대학교 교수 임영호는 월간 《신문과방송》 2021년 4월호 기고에서 "언론의 정파화는 독자층의 정파적 성향 분포를 반영하면서 시작했다는 핑계도 있었으나 이제는 역으로 시민들의 정파 성향을 부추 기고 갈등을 조정하는 정파적 상업주의로 굳어졌다"고 지적한 바 있다. '우리 편' 독자들에게 영합하는 언론의 정파적 상업주의가 언론 보도를 정치 행위로 인식하게 만들어 언론 전반의 불신을 불러온다는 이야기다.

우리는 본능적으로
네거티브에 끌린다.

변화를 만들려면 현실을 정확하게 인식하는 것부터 시작해야 한다. 언론은 결코 완벽할 수 없고 저질 보도를 뿌리 뽑을 단칼의 묘수도 없다. 징벌적 손해 배상이 도입되더라도 언론의 오랜 습관과 관행이 근본적으로 바뀔 거라고 기대하기 어렵다. 언론중재법 개정안이 바로 잡으려는 건 악의적이고 반복적인 왜곡 보도로 부당하게 입은 피해를 실질적으로 배상해야 한다는 것이지만 어떤 법도 단순히 나쁜 보도를 처벌하거나 퇴출시킬 수는 없다.

저질 정치와 저질 언론의 악순환을 끊으려면 선거 때만 반짝 할 게 아니라 집요하게 정책을 추적하고 검증하고 책임을 물어야 한다. 정치가 저질인 건 그래도 표를 얻는 데 무리가 없기 때문이고 언론이 저질인 건 그래야 읽히고 그래야 돈이 벌리기 때문이다. 더 많은 감시와 비판이 필요하다. 정치를 드라마로 다루지 않고 정치로 다뤄야 한다. 쉽지 않은 일이지만 계속해서 설명하고 독자들을 끌어들이고 판단에 동참하게 만드는 수밖에 없다.

독자들이 딱딱한 정치 해설 기사보다는 갈등과 충돌, 사람들 이야기에 끌리는 것은 어쩔 수 없는 현실이다. 하지만 욕하면서도 관심을 갖게 만들고 분노하면서 읽게 만들어야 한다. 행동하면 바뀐다는 정치 효능감을 끌어내는 것도 언론의 과제다. 지역주의를 깨기 위해 싸워야 하고 지킬 수 없는 공약을 남발하고 말을 바꾸는 정치인들을 집요하게 추적하고 비판해야 한다. 그런 언론에 힘을 실어주고 그런 기사가 많이 읽히게 만들어야 한다.

지나서 보면 별 거 아닌 것처럼 보이지만 이슈의 소용돌이 안에 있으면 실제보다 부풀려져 보이거나 금방이라도 판세가 뒤집힐 것처럼 보일 때도 있다. 쉽지 않은 일이지만 여론의 왜곡을 막으려면 무엇이 더 본질인가를 이야기하고 끊임없이 설득해야 한다. 당선을 바라보고 질주하는 것은 정치인들이 할 일이고 언론은 언론의 일을 해야 하기 때문이다. 의제를 던지고 시대정신을 제안하고 여기에 답을 하게 만드는 게 선거를 앞두고 언론이 할 일이다.

문제는 언론이 의제를 주도할 만한 힘을 갖고 있지 않다는 데 있다. 깊이 있는 분석 기사보다 막말과 네거티브가 훨씬 더 멀리 전달된다. 가짜 뉴스가 진짜 뉴스보다 훨씬 강력하고 왜곡과 과장을 바로잡기는 훨씬 더 힘들다. 공약 비교 분석 같은 지루한 기사를 제대로 읽는 독자는 많지 않고 심지어 좋은 공약을 내놓아 봐야 득표율에 영향을 미치지 못한다고 냉소하는 유권자들이 상당수다.

우리는 냉소와 불신이 현실을 바꾸지 못한다는 사실을 잘 알고 있다. 문제는 선거가 아니라 정치에 있다. 선거 보도의 문제를 바로 잡으려면 정치 보도를 바로 잡아야 하고 근본적으로 언론이 현장에 접근하는 방식을 바꿔야 한다. 결과가 아니라 과정에 관심을 기울이고 구호와 선언이 아니라 변화를 이끄는 실질적인 아이디어에 집중해야 한다. 계속해서 이게 최선인가 묻고 더 나은 대안을 탐닉해야 한다.

분명한 것은 언론이 바뀌어야 정치가 바뀐다는 것이다. 누군가가 당선되지 않게 만들기 위해 투표하는 게 아니라 가치와 지향에 투표를 해야 한다. 한 판 승부가 아니라 근본적으로 시스템을 바꾸는 변화에 표를 던져야 한다. 우리에게는 더 많은 토론이 필요하다. 독자들이 언론에 기대하는 것은 단순한 사실 전달을 넘어 맥락과 구조를 드러내고 통찰을 담아내는 것이다. 언론이 변화에 대한 희망을 이야기하고 그런 희망을 정치에 투영해야 한다.

의제를 다시 배열하고
맥락을 복원해야 한다.

정치 보도가 몇몇 인물 중심의 드라마에 매몰되는 한계를 넘어서기 위해서는 선거 이전부터 일상적으로 가치 경쟁을 유도하고 유권자들이 가치를 선택하도록 해야 한다. 언제나 뜨거운 쟁점인 부동산 문제를 포함해서 양극화 해소와 지속 가능한 성장, 기후 변화, 재벌 개혁, 청년 실업, 교육 개혁 등의 현안을 묻고 입장을 끌어내야 한다. 적어도 국민들이 내가 선택한 정당이 어떤 세상을 만들려고 하는지는 알고 투표장에 갈 수 있게 만들어야 한다.

정당이나 후보자 중심보다 정책과 공약을 중심으로, 좀 더 나가서 이런 아이디어가 실제로 무엇을 바꿀 수 있는지, 해법을 중심에 두고 한국 사회의 변화 방향에 대한 토론을 끌어낼 수 있을 것이다. 선거가 민주주의를 확장하는 데 실질적인 역할을 할 수 있도록 선거 과정에서 민의를 더 잘 반영할 수 있는 방법을 찾을 수도 있을 것이다. 솔루션 저널리즘을 끌어내기 위해 이를테면 다음과 같은 질문을 시작해 보면 어떨까.

투표율을 높일 수 있는 실질적인 방법은 무엇일까. 실제로 지난 선거에서 투표율을 크게 끌어올린 선거구가 있는가. 있다면 어떤 요인으로 높아졌는가. 지하철 역 앞에서 인사하는 선거 운동원과 확성기, 수많은 선거 전단 외에 유권자들과 소통할 수 있는 더 나은 방법이 있나. 과거 선거에서 참고할 만한 사례가 있나. 선거 자금을 최소화하면서도 당선된 신인 정치인 사례가 있는가. 이밖에도 유권자들의 요구를 선거 과정에 반영한 사례가 있는가. 정당을 초월해 지역 사회의 의제를 발굴하고 협력한 사례가 있는가. 이런 시도가 실제로 변화를 만들어 냈는가. 안 됐다면 한계는 무엇이고 여전히 남은 가능성은 무엇인가. 시민들이 공약을 제안해서 받아들여진 사례가 있는가. 또는 지켜지지 않고 있거나 폐기될 뻔한 공약을 집요하게 문제제기해서 바꾼 경험이 있는가.

사람들이 기사를 안 읽는다고 탓할 게 아니라 읽히는 기사를 만들어야 하고 찾아보기 쉽게 의제를 다시 배열하고 맥락을 복원해야 한다. 핵심 의제를 집중 공략하면서 비판과 문제 제기 뿐만 아니라 토론과 대안, 해법에 이르는 과정을 기록하는 것이 솔루션 저널리즘 방법론이다. 세상에는 해답이 없는 것 같은 문제가 많다. 그런 문제를 해결하라고 있는 것이 정치고 정치를 추동해서 세상을 바꾸는 것이 언론의 책무다. 우리에게는 더 많은 토론이 필요하다. 거대담론은 멀고 뉴스는 혼탁하다. 해결되지 않은 채로 남아있는 상당수의 문제들이 이미 공론장에서 배제돼 있다. 언론이 이런 문제를 스치고 지나가기 때문이고 관심을 가져봐야 바뀌지 않을 거라는 무력감 때문이다.

『From Mirrors to Movers(거울에서 행동으로)』. 솔루션 저널리즘을 연구하는 미국의 언론학자 캐서린 질렌스태드가 쓴 책의 제목이다. 언론이 세상을 비추는 거울이라고 생각했던 때도 있었지만 이제 우리는 사실이 전달되는 과정에 주관과 판단이 개입된다는 걸 알고 있다. 언론이 앞을 비추는 등대 역할을 해야 하고 대안을 모색하고 의제를 제안하는 문제 해결자 역할을 해야 한다는 문제의식이 확산되고 있다.

진짜 언론 개혁은 토론을 끌어내고 공론장을 복원하는 것이라고 믿는다. 우리에게는 너무 많은 문제가 있다. 문제를 문제라고 지적하는 것만으로 세상이 바뀌지 않는다는 걸 우리는 잘 알고 있다. 우리의 문제를 바로 들여다 보고 해법을 찾아나가는 과정에 언론이 좀 더 관심을 기울여야 한다. 좋은 뉴스가 힘을 얻고 현실을 바꿀 수 있도록 공론장의 균형을 바로잡는 게 언론 개혁의 핵심이 돼야 한다.

선거 보도에서의 해법 저널리즘은 어떻게 가능할까.

세상 일이 다 그렇지만 단칼에 바로잡는 방법은 없다. 뚝딱 법 하나 잘 만들어서 갑자기 퀄리티 저널리즘이 등장하는 게 아니고 나쁜 언론 몇 개 퇴출시킨다고 해서 언론의 품격이 높아질 리 없다. 끊임없이 언론을 비판하고 감시하고 추동하면서 대안을 모색하고 좀 더 풍성한 토론을 끌어내는 게 우리 모두의 과제다. 시류에 휩쓸리지 않는 진짜 언론, 그리고 깨어있는 독자들이 이런 변화를 견인할 것이라 믿는다.

하버드대 케네디스쿨 정치학과 교수 토마스 페터슨의 분석에 따르면 2016년 미국 대선 기간 동안 트럼프에 대한 보도 가운데 부정적인 기사가 77%, 클린턴은 64%나 됐다. 긍정적인 기사는 트럼프가 23%, 클린턴이 36%로 집계됐다. 역사적으로 살펴봐도 대선 보도에서 부정적인 기사의 비중이 꾸준히 늘어났다. 1960년에는 부정적인 기사와 긍정적인 기사의 비중이 각각 76%와 24%였는데 1980년대 들어 역전돼 2016년에는 29%와 71%까지 벌어졌다.

부정적인 기사가 트럼프의 지지율을 꺾지 못했으며 긍정적인 기사가 상대적으로 더 많다고 해서 클린턴의 지지율에 별 도움이 되지 않았다는 이야기다. 온갖 추문과 폭로가 쏟아졌지만 오히려 트럼프 지지자들을 결속시키는 결과를 불러왔다. 정치 기사 뿐만이 아니다. 이민 관련 보도에서는 부정적인 기사가 84%, 무슬림 관련 보도에서는 87%를 차지했다. 보건 정책과 경제 관련 보도에서도 각각 71%와 70%가 부정적인 기사로 분류됐다.

한국에서의 상황도 크게 다르지 않다. 우리는 언제나 서너 명의 나쁜 놈 가운데 덜 나쁜 놈을 뽑는 선거를 치러야 했다. 누가 더 분노해서 투표소까지 찾아가느냐의 경쟁이었고 냉소하고 방관하는 사람들의 의사가 반영되지 않은 채 선거를 치렀다. 언론 보도는 언제나 프레임을 강조하고 갈등과 분열을 조장하면서 대화와 토론 보다는 진영 논리에 시민들을 가뒀다. 선거 보도에서의 솔루션 저널리즘은 어떻게 가능할까.

먼저 정당이나 후보자 중심보다 선거 공약을 중심으로, 좀 더 나아가서 이런 공약이 실제로 무엇을 바꿀 수 있는지 솔루션을 중심에 두고 한국 사회의 변화 방향에 대한 토론을 끌어낼 수 있을 것이다. 이번 선거가 민주주의를 확장하는 데 실질적인 역할을 할 수 있도록 선거 과정에서 민의를 더 잘 반영할 수 있는 방법을 찾을 수도 있을 것이다.

몇 가지 사례를 살펴보자.

《애틀랜틱》은 흑인 후보자들의 선거운동을 지원하는 블랙 캠페인(Black Campaign) 학교를 소개한 적 있다. 동부 애틀랜타는 의회의 90%가 백인이었는데 이 선거 학교에서는 흑인 후보자들을 대상으로 선거 자금 모금부터 시작해서 메시지와 언론 홍보 전략 등 캠페인 전반에 걸

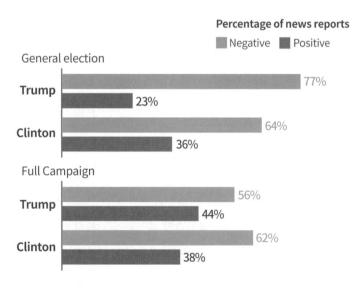

2016년 미국 대선에서 긍정적인 뉴스와 부정적인 뉴스의 비율. 토마스 페터슨 논문에서 인용.

쳐 교육을 진행하고 있다. 무엇보다도 인종 차별에 어떻게 대응할 것인지에 대한 구체적인 노하우를 공유한다.

미국의 메인주는 순위 선택 투표(Ranked-choice voting)라는 새로운 투표 방식을 실험하고 있다. 한 명의 후보에게 투표하는 게 아니라 1순위와 2순위, 3순위 후보자를 선택해서 집계한 다음, 최다 득표자가 과반을 확보하지 못할 경우 최소 득표자를 빼고 그들의 2순위 후보자를 다시 더하는 방식이다. 2차 집계에서도 과반 후보자가 없을 경우 다시 반복된다. 죽은 표를 최소화하고 좀 더 민의를 폭넓게 반영하기 위한 실험이라고 할 수 있다.

미국 플로리다는 트럼프 지지율이 높은 보수적인 지역이지만 2016년 9월 옥상 태양광 발전을 금지하는 법안을 부결시켰다. 설문조사 결과 트럼프 지지자의 75%가 이 법안의 통과를 반대했다고 답변했다. 《그리스트》(Grist)라는 독립 언론이 그 배경을 추적했다. 기후 변화를 언급하기 보다는 일자리 창출과 전기 요금 인하를 강조했고 전력 회사들을 공공의 적으로 삼으면서 광범위한 시민들의 후원과 참여를 끌어낸 것이 성공 요인이었다.

말레이시아에서는 후보자 등록과 선거 일 사이의 기간이 매우 짧아서 선거 운동 기간이 열흘도 안 되는 경우도 있었다. 시나르(Sinar) 프로젝트는 시민들이 정치 프로세스에 참여하게 만들려면 정보 접근권을 늘려야 한다는 문제의식에서 출발했다. 공공 재정을 감시하고 추적하기 위한 크라우드 소싱 플랫폼을 만들었고 지역 정치인의 공약을 검증하고 후보자를 비교 평가하는 사이트도 제공하고 있다.

미국에서는 부재자 투표가 늘 부정 선거 논란을 불러일으킨다. 전자 투표를 실험하는 곳도 많지만 플로리다는 오히려 우편 투표를 더 늘렸다. 우편 투표는 손이 많이 가고 엄청난 인력을 필요로 하지만 자원봉사자들을 제대로 교육하고 시스템을 잘 만들면 오히려 효율적일 수 있다. 실제로 마이애미에서는 우편 투표를 적극적으로 늘리면서 선거 비용이 40% 가까이 줄고 투표율도 올라갔다. 《마이애미헤럴드》는 우편 선거를 선거의 미래라고 말한다.

선거구 획정과 게리멘더링도 중요한 쟁점이다. 선거구를 어떻게 구분하느냐에 따라 특정 정당에 유리하거나 불리할 수도 있고 어떤 집단의 이해관계가 더 많이 반영되기도 하고 덜 반영되기도 한다. 아이오와주는 99개 카운티를 4개 선거구로 나눠야 하는데 10년에 한 번씩 3명의 선거구 조정 위원들이 모여 45일 동안 격리 상태에서 지도를 다시 그리는 작업을 한다. 외부의 압력을 차단하고 여야는 물론이고 소수 정당의 이해를 반영하는 게 목표다.

미국에서는 유권자 확인 절차가 복잡해서 투표소까지 갔다가 본인 확인에 실패해서 돌아오는 경우가 많았다(국가가 발급한 공식 신분증이 없기 때문에 주소 확인이 안 되는 경우가 많기 때문). 위스콘신주에서는 5%나 됐다. 그래서 조사를 해봤더니 캔자스와 테네시에서는 이 비율이 2.2%와 3.2% 줄어들었는데 18~23세 아프리카계 미국인들에게서 변화가 큰 것으로 나타났다. 위스콘신은 2011년에 신분증 법을 통과시켜서 운전면허증이 없는 유권자들에게 신분증을 발급하고 있다.

《프로퍼블리카》가 주도하고 퍼스트드래프트(FirstDraft) 등이 참여한 일렉션랜드(Electionland)는 1100명의 언론인들이 참여한 최대 규모의 선거 보도 협업 프로젝트였다. 누가 당선될 것인가 보다 당장 투표소에서 벌어지는 문제, 투표를 포기하게 되는 문제를 추적해 보자는 문제의식에서 출발, 투표소의 줄이 얼마나 긴지, 투표 기계가 고장난 곳은 없는지 등등의 이슈를 추적하고 실시간으로 업데이트했다.

핵심은 선거가 일회성 이벤트에 그치지 않도록 실제로 변화를 만들고 참여를 끌어내는 아이디어를 발굴해야 한다는 것이다. 문제 해결의 도구로써 정치를 일깨우는 것, 그리고 저널리즘이 질문과 반론, 토론을 불러 일으키고 변화를 촉발시키는 역할을 해야 한다는 이야기다.

투표 인증샷을 남기면 로또 추첨의 기회를 준다는 이른바 '국민 투표 로또'는 노무현 정부 시절 보건복지부 장관을 지낸 유시민의 아이디어였다. 유시민이 한 방송에서 "투표를 안 한 사람에게 과태료를 물리려면 누가 투표 안 했는지 조사해야 하고 복잡하다"면서 "10억 당첨자 1명, 16개 시도별로 1억 당첨자 1명. 이렇게 하면 홍보하려고 쓰는 돈보다 훨씬 적은 돈으로 투표율 대박을 만들 수 있다"고 제안했다. 황당무계한 소리처럼 들렸지만 실제로 한 개발자가 후원금을 받아 사이트를 개설했고 2017년 대통령 선거와 2018년 지방 선거에서 최대 500만 원의 당첨금을 지급하는 이벤트를 만들었다.

이화여자대학교 교수 조희정은 논문 「낮은 투표율'에 대한 제도적 해법 : 투표 인센티브제와 의무투표제」에서 "투표 인센티브의 핵심은 참여하지 않는 것은 해악이라는 부정적 가치를 참여에 대한 우대라는 긍정적 가치로 전환하는 것"이라면서 "참여한 소수에게 부여하는 '특혜'

로서의 의미가 아니라 모든 사람의 참여를 독려하는 '우대'의 의미가 원칙으로서 강조돼야 한다"고 지적한 바 있다. 조희정은 다만 "투표 인센티브제나 의무투표제가 정치에 대한 실망과 무관심으로 인한 '낮은 투표율' 문제를 해결하는 근본적 처방이 될 수는 없다"고 지적했다. 투표 인센티브 제도가 유권자의 '표'를 '돈'으로 사는 것에 다름 아니며, 실제 효과에 있어서도 청년 세대보다 오히려 노년 세대가 더욱 민감하게 반응하여 취지에 반하는 결과를 낳을 수 있다는 비판도 간과할 수 없는 대목이다.

조희정은 "'세대'만이 아니라 '소득'에 따른 투표율 격차 문제는 대의제 민주주의의 근간을 위협한다"면서 "투표율 격차가 가장 낮은 오스트레일리아나 룩셈부르크는 의무투표제를 실시하고 있는 국가들이라는 점도 시사점을 준다"고 강조했다. 투표 시간을 연장하고 투표 연령을 더 낮추고 투표장 접근권을 확대하는 등 투표율을 높이고, 투표를 통한 정치적 의사 표출이 제대로 이뤄지도록 하는 구조적인 노력이 우선돼야 한다는 이야기다. "근본적인 정치 불신을 해소하지 않은 상황에서 투표 인센티브 제도 확대나 의무투표제 도입은 지나치게 '지엽말단'적이거나 '본말전도', 최소한 '시기상조'의 논의로 치부될 수도 있을 것"이라는 지적이다.

> 솔루션 저널리즘과 해커톤을
> 결합해야 한다고 강조하는 건
> 우리가 변화를 끌어내려면 협업과
> 숙의의 문화를 고민해야 한다고
> 생각하기 때문이다. 조직이 바뀌지
> 않는다면 문화를 바꿔야 한다.
> 조직의 한계를 외면하지 않고
> 정면으로 마주할 것, 그리고
> 실험하면서 보완하고 개선할 것,
> 이게 조직의 문화가 돼야 비로소
> 변화가 가능하다는 이야기다.

새로운 접근,
해결 지향의 보도가
기자들을 춤추게 한다.

14장

뉴욕시립대학교 윌 크루즈 교수는 2021년 봄 학기에 학생들과 함께 솔루션 저널리즘 프로젝트를 진행했다. 방송 뉴스 기자로 저널리즘학 겸임 교수를 맡고 있는 그는 "나는 솔루션 저널리즘의 회의론자였다"면서 "학생들과 이 프로젝트를 진행하면서 깜짝 놀랐다"고 말했다. 학생들이 솔루션 저널리즘에 열정적이었을 뿐만 아니라 직접 '솔루션 뉴욕'이라는 뉴스 사이트를 만들었다. 학생들을 설득하는 게 쉽지 않을 거라고 생각했는데 오히려 학생들이 교수의 열정을 불러 일으킬 정도였다.

"나는 여전히 솔루션 저널리즘 역시 저널리즘의 기본에서 출발해야 한다고 생각한다"면서 "처음부터 솔루션 저널리즘을 강조하려고 했던 건 아닌데 학생들이 솔루션 저널리즘에 '올인'을 했다"고 말했다. 학생들에게 솔루션 저널리즘의 개념을 설명하는 게 쉽지 않을 거라고 생각했는데 문제 중심의 저널리즘에 지쳐 있었던 학생들이 해결 지향의 보도에 엄청난 열정을 보였다는 이야기다. 윌 크루즈는 "일부 학생들은 행동주의로 흐르는 경향이 있었는데 그래서 사실과 의견의 분리, 철저하게 논리와 근거에 기반한 취재 보도가 필요하다는 사실을 강조했다"고 덧붙였다.

같은 대학교 교수 주디 왓슨(Judy Watson)은 학생들과 함께 브롱크스 지역의 디지털 격차를 조사했다. 3주 동안의 취재 결과를 「브롱크스가 고통받고 있다」(The Bronx Is Buffering)는 제목의 기획 기사로 내보냈다. 주디 왓슨은 "시간이 많지 않았기 때문에 학생들에게 솔루션 저널리즘의 네 가지 조건 가운데 2개 이상을 만족시키라는 과제를 줬다"면서 "도시 전체보다는 최대한 좁은 지역에 집중하라고 조언했다"고 말했다. 왓슨에 따르면 학생들은 어렵게 찾은 해법이 실제로 어떤 근거가 있는지 확인하는 과정을 힘들어 했다. 왓슨은 "프로페셔널 기자들에게도 쉽지 않은 일"이라면서 "해결 지향의 보도 기법을 우리가 가르치는 것의 기초 과정에 넣어야 한다고 생각한다"고 덧붙였다.

황당무계한 아이디어를
밀어붙이는 힘.

솔루션 저널리즘에서 말하는 해법은 어느 날 기자의 머릿 속에서 툭 튀어나오는 게 아니다. 그래서 나는 솔루션 저널리즘과 시스템 싱킹, 그리고 해커톤 문화를 결합하는 새로운 브레인스토밍 프로세스가

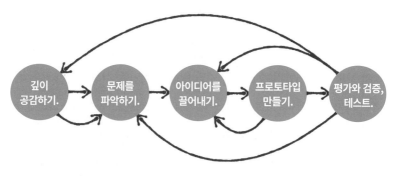

디자인 싱킹 프로세스.

필요하다고 생각한다. 나는 《미디어오늘》에서 여러 차례 미디어 해커톤과 이노베이션 스쿨 등을 실험하면서 이런 가능성을 확신하게 됐다.

해커톤(hackathon)은 해킹(hacking)+마라톤(marathon)이라는 의미다. 원래 개발자 문화에서 시작됐지만 문제 해결을 위한 네트워크 이벤트로 확장한 개념이다. 해킹이라고 하면 다른 사람 컴퓨터에서 정보를 훔치는 것 정도로 오해하는데 해킹과 크래킹은 다르다. 해킹은 시스템의 취약점을 파고 든다(그래서 문제를 해결한다)는 의미다. 그래서 해킹 마라톤이라고 하면 짧은 시간 안에 문제를 해결하는 대회라는 의미다.

해커톤에는 두 가지가 필요하다. 첫째, 무제한 커피. 둘째, 달달한 간식이다. 여기에 저녁이면 캔 맥주가 필요할 수도 있고 화이트 보드와 포스트잇, 그리고 커다란 타이머도 있으면 좋다. 째깍째깍. "마감까지 1시간 30분 남았습니다." 심장이 쪼그라들고 입안이 바짝바짝 마르는 경험, 극한의 에너지를 끌어올리다 보면 지적 아드레날린이 분출하는 순간이 찾아온다.

이를테면 자동차를 만드는 두 가지 방법이 있을 수 있다. 몇 년씩 걸려서 자동차를 개발할 수도 있겠지만 당장 굴러가는 킥보드부터 시작해서 자전거를 만들어 보고 엔진을 얹어서 오토바이도 만들어 보고 기술력이 확보되면 그때 자동차에 도전해 볼 수 있을 것이다.

일단 굴러가는 뭔가를 만들어 보고 일단 굴려보자. 그래서 자동차를 계속 만들 건지 말 건지부터 이야기해보자. 자동차를 만들다가 냉장고를 만들 수도 있고 우주선을 만들 수도 있다. 이게 린(lean) 방법론에서 '최소 기능 제품(minimum viable product)'이라고 부르는 것이다. 완벽한 뭔가를 만들려면 시간도 오래 걸리고 실패에 치러야 할 비용이 너무 크다. 그래서 일단 되는지 안 되는지 보고 안 되면 접고 또 다른 걸 시도해 보자는 접근이 린 방법론이다. "빠른 실패와 반복(fail fast and iterate)"이 핵심이다.

미국의 복스미디어(Vox Media)가 《복스》(Vox)라는 이름으로 미디어를 기획하고 론칭하기까지 걸린 시간은 9주였다. 백지 상태에서 시작해 두 달 남짓한 동안 콘텐츠 콘셉트와 디자인 포맷까지 뉴스 사이트가 하나 뚝딱 만들어진 것이다. 복스미디어는 애초에 해커들이 만든 회사였다. 복스의 최고 경영자, 짐 뱅코프(Jim Bankoff)는 웹 네이티브 저널리스트들을 '미디어 해커(Media Hacker)'라고 불렀다. 해커 문화와 저널리즘의 결합, 기업가 저널리즘(entrepreneurial journalism)을 표방하고 계속해서 실험과 실패를 반복하면서 업그레이드하는 독특한 모델이었다.

복스미디어는 VAX(=Vox+Hack)라는 이름으로 사내 해커톤을 개최

한다. 1년에 한 번, 1주일씩 모여서 함께 먹고 자고 마시면서 수백 가지 아이디어를 쏟아내고 테스트하면서 시스템을 업그레이드하는 것이다. 《SB네이션》(SBNation)에서 시작해 《더버지》(The Verge)와 《복스》(Vox), 《폴리곤》(Poligon), 《커브드》(Curved), 《이터》(Eater) 등 버티컬 미디어의 실험을 계속 확장할 수 있었던 동력이 바로 이 해커톤 문화에서 나온 것이다. 문제의 발견과 해법의 모색, 테스트와 평가의 무한 반복, 장벽을 넘어 협업을 일상화하고 실패를 장려하는 역동적인 조직 문화를 만드는 것이다.

기자들이 해커톤 문화를 경험하게 해야 한다.

복스미디어 그룹의 수석 아키텍트, 미챌 로빗(Michael Lovitt)은 이렇게 말한다. "시작할지 안 할지도 모르는 프로젝트에 사람을 빼오기는 쉽지 않지만 1주일 동안 빌릴 수는 있습니다. 위험을 감수하고 무모한 아이디어를 쏟아낼 수 있는 자유, 1주일이면 충분하기 때문이죠." 해커톤 마지막날은 프레젠테이션과 Q&A, 평가와 토론이 이어진다. 중요한 것은 "해보니까 되더라"는 성취의 경험이다. 이런 브레인스토밍은 단순히 기사 아이템을 발제하는 것과는 다르다. 문제를 테이블 위에 얹어두고 황당무계한 아이디어를 쏟아내면서 답을 찾아나가는 과정이다. 일단 해보는 것, 그동안 해볼 엄두도 내지 않았던 것들에 부딪혀 보는 것이다. 안 될 거라고 생각해서 밀쳐 놓았던 것들을 마주하는 것이다.

우리가 기자들이 해커톤 문화를 경험해야 한다고 강조하는 것도 이런 이유에서다. 그래서 기자들을 모아 크고 작은 해커톤을 주최하고 진행하기도 했고 몇 년 전부터 만나는 사람들마다 해커톤이 필요하다고 이야기하고 다녔다. 혁신은 내부에서 그것도 콘텐츠를 가장 고민하는 사람들이 모험에 뛰어들 때 비로소 가능하다고 보기 때문이다. 변화의 속도를 따라잡기 위해서는 익숙한 일상을 벗어나 경계를 넘어 전혀 다른 영역의 사람들과 협업을 해야 한다는 문제의식이다.

《뉴욕타임스》에는 '메이커 위크(Maker week)'라는 해커톤 프로그램이 있다. 1년에 한 번 모여서 월요일부터 금요일까지 여러 가지 주제를 펼쳐놓고 프로토타입(prototype)을 만들면서 답을 찾아나가는 이벤트다. 우리가 《뉴욕타임스》의 혁신을 이야기하곤 하지만 그게 어떻게 가능했는지 과정을 들여다보지 않았다. 보고서 하나 잘 써서 갑자기 조직이 바뀐 게 아니란 이야기다. 중앙집권적인 언론사 문화에서는 변화 보다는 전통과 관행이 조직을 지배하게 된다. 언론은 언제나 새로운 걸 좋지만 그 새로운 걸 다루는 방식은 고전적이고 관습적이다. 가뜩이나 도제식 학습을 거쳐 중앙집권적인 편집 시스템에 적응한 언론인들은 변화를 거부한다.

《뉴욕타임스》가 구글의 디자인 스프린트(sprint)를 메이커 위크에 결합한 경험은 신기하고 놀랍다. 해커톤의 목표가 브레인스토밍을 통해 숨겨진 역량을 끌어내는 데 있다면 스프린트는 브레인스토밍 단계를 좀 더 강화한 것이라고 할 수 있다. 스프린트는 보통 10명 안쪽의 작은 그룹에서 진행하는데 2018년에 《뉴욕타임스》는 100명이 모여서 스프린트+해커톤을 진행했다.

디자인 스프린트는 구글의 수석 디자이너 제이크 냅(Jake Knapp)의 표현에 따르면 "최소의 시간으로 최상의 결과를 얻도록 조정된 최적의 프로젝트"다. 월요일에 질문을 뽑고 화요일에 아이디어와 솔루션을 스케치한 다음 수요일에는 솔루션을 결정하고 스토리 보드를 만들게 된다. 목요일이면 프로토타입이 나오고요. 금요일에는 테스트를 할 수 있다. 이 모든 게 5일 만에 끝난다. 보통은 3개월에서 1년 정도 걸리던 작업을 최대한 단축시키고 반복하는 게 핵심이다. 《뉴욕타임스》는 아예 5일 걸리던 스프린트를 이틀로 줄이고 좀 더 구체적인 질문을 제안해 효율을 높였다고 한다.

제이크 냅이 지적한 것처럼 해커톤은 대단하지만 대단하지 않기도 하다. "오, 우리에게 이런 엄청난 재능이 있었어." 에너지가 '뿜뿜'했던 순간이 지나가면 다시 일상으로 돌아가거나 그래서 포기하고 지치게 되는 경우도 흔하다. 그래서 해커톤은 일회성 이벤트가 아니라 조직 문화를 바꾸는 작업이 돼야 한다.

《뉴욕타임스》의 해커톤 문화가 독특한 건 모든 과정을 다시 기록하고 독자들과 공유한다는 것이다. 《뉴욕타임스》의 오픈나우(Open Now)에 여러 가지 흥미로운 사례가 소개돼 있다. 이를테면 이런 아이디어들이 메이커 위크에서 나왔고 일부는 실제로 사이트에 적용됐다. 독자들이 직접 기사에 형광펜으로 중요한 부분을 표시하고 코멘트를 달게 하면 어떨까. 오비추어리팀은 사망 기사의 남녀 성비를 비교하는 대시보드를 만들었다. 어떤 기사가 관련 기사로 이어지고 어떤 기사는 읽다가 빠져나가는가 확인하기 위해 패키지 맵퍼라는 걸 만들었는데 이것도 해커톤에서 나온 아이디어였다. 신문 업사이클링 프로젝트 역시 해커톤 프로젝트였다. 이밖에도 독자들의 메일을 자연어 처리(NLP) 기술을 활용해 자동으로 분류하고 필요하다면 자동으로 답장을 보내는 서비스를 만들기도 했고 가로세로 낱말 풀이를 크롬 확장 도구에 얹어서 협업 플레이를 할 수 있는 기능을 선보이기도 했다.

한국언론진흥재단에서 펴내는 「해외 미디어 동향」에 《뉴욕타임스》의 메이커 위크에 대한 소개가 실렸는데 흥미로운 대목은 메이커 위크에서 나온 아이디어가 반드시 상용화되지는 않고 오히려 "상용화에 대한 부담 없이 순수하게 아이디어에 집중하는 시간을 만드는 것"이 목표라는 데 있다. "혁신할 자유와 시간(the time and freedom to innovate)"이 필요하다는 이야기다.

시스템 싱킹과
저널리즘의 결합.

해커톤의 또 다른 목표는 장벽의 해체다. 기자들은 기자들끼리, 개발자들은 개발자들끼리 어울리는 문화를 깨고 기자들이 서비스 관점에서, 디자이너들이 저널리즘 관점에서 생각하고, 필요하다면 비즈니스 파트에서 콘텐츠 기획에 참여할 수도 있고 독자 부서에서 새로운 콘텐츠 포맷을 제안할 수도 있다. 하나의 목표를 갖고 있는 언론사 구성원들이 관성을 깨고 새로운 변화를 모색하는 조직 문화를 만드는 것이 진짜 목표라는 이야기다. 공동의 가치를 확인하는 것도 중요한 성과일 것이다.

《시애틀타임스》 출신으로 복스에서 일하고 있는 로레인 라비노(Lauren Rabaino)는 "해커톤이 혁신의 동력이라기보다는 지속가능한 혁신의 전제 조건인 협업과 이해의 문화를 만드는 과정이라고 이해하는 게 중요하다"고 강조하기도 했다. 해커톤의 '교차 기능 구조(cross-functional structure)'를 언론사 조직에 이식해야 한다는 것이다.

콜롬비아대학교 토우센터에서 펴낸 「저널리즘 디자인 가이드」(Guide to Journalism and Design)라는 보고서가 있다. 이 보고서에서 강조하는 것도 정확한 문제의 인식과 아이디어를 창출하기 위한 민주적이고 투명한 접근 방식, 그리고 프로토타이핑과 테스트, 피드백을 반복하는 프로세스가 필요하다는 것이다. 그동안 뉴스 기업들에게는 이용자 중심 디자인이라는 개념이 없었다. 여전히 일방향의 뉴스 생산과 전달 시스템에 머물러 있다.

우리에게는 사악한 문제(Wicked Problem)와 길들여진 문제(Tame

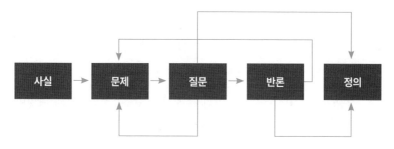

저널리즘 싱킹 프로세스. ⓒ 이정환.

Problem)가 있다. 길들여진 문제는 결국 하나의 답으로 수렴되지만 사악한 문제는 본질적으로 복잡하고 정의하기 어렵거나 불가능한 경우도 있다. 이런 문제를 해결하기 위해 디자인 싱킹이 필요하다는 게 이 보고서의 문제의식이었다. 결국 또 해커톤 문화와 맞닿는 이야기다.

솔루션 저널리즘에서 말하는 솔루션은 하늘에서 뚝 떨어지는 게 아니라 끊임없는 토론과 탐색은 물론이고 취재와 검증을 통해 다가가는 것이어야 한다. 솔루션 저널리즘과 해커톤을 결합해야 한다고 강조하는 건 우리가 변화를 끌어내려면 협업과 숙의의 문화를 고민해야 한다고 생각하기 때문이다. 조직이 바뀌지 않는다면 사람을 바꾸는 게 아니라(사람은 잘 안 바뀐다) 문화를 바꿔야 한다. 조직의 한계를 외면하지 않고 정면으로 마주할 것, 그리고 실험하면서 보완하고 개선할 것, 이게 조직의 문화가 돼야 비로소 변화가 가능하다는 이야기다.

솔루션 저널리즘, 지역에서부터 시작해 보자.

지난 5년 동안 솔루션 저널리즘을 주제로 여러 사람들을 만나고 강의와 컨설팅도 30여 차례 진행했다. 일반화하기는 어렵지만 기자들은 냉소적인 반응이 많았는데 학생들 반응이 훨씬 열광적이었다.

강준만은 2019년 《사회과학연구》에 실린 논문 「지역언론의 활성화는 가능한가?: 지역에서의 넛지-솔루션 저널리즘을 위한 제언」에서 지역의 언론 관련 학과를 중심으로 넛지 솔루션 저널리즘을 실천하는 뉴스 서비스를 만들어 보자는 제안을 내놓기도 했다.

경성대학교《시빅뉴스》편집장을 맡고 있는 정태철은 "신방과가 의대처럼 돼야 한다"면서 "대학 부속 병원이 있는 것처럼 부속 언론사가 있어야 한다"고 주장하기도 했다. "의대 교수가 다 의사인 것처럼 신문방송학과 교수들도 모두 기자여야 한다"는 이야기다. 강준만은 "넛지솔루션 저널리즘을 실천하기 위해서는 그렇게까지 높은 목표를 잡을 필요는 없다"면서 "기존 저널리즘의 실습보다는 소통의 기회 구조와 쌍방향의 공론장을 만드는 게 더 중요하다고 보기 때문"이라고 덧붙였다.

강준만의 제안을 실현하기 위해서는 두 가지 질문에 대한 답이 필요하다.

첫 번째 질문은 지역 대학들이 지역 언론의 솔루션 저널리즘을 지원하는 역할을 맡을 역량이 되느냐는 것이다. 대학의 역량도 문제지만 강준만에 따르면 지역 언론은 "기본적인 시장 기능이 작동하지 않은 상태"다. 다만 "지역 대학이 주도하는 넛지 솔루션 저널리즘은 학과별로 특화된 포 털이나 사이트의 형식으로 주제를 세분화해 전문성을 키워 나갈 수 있을 것"이라는 게 강준만의 제안이다. 강준만은 "'이런 것도 저널리즘이냐'는 반응을 유발할 수 있는 새로운 시도를 적극적으로 감행하는 '프래그머티즘적 저널리즘'을 지원하는 데에 대학이 협력해야 한다"면서 "이를 위해선 지역 언론학계의 교육과 연구방향을 성찰하고 전환하는 일도 필요하다"고 강조했다.

두 번째 질문은 지역 대학 학생들과 넛지 솔루션 저널리즘 프로젝트를 실험할 경우 이들의 취업 경쟁력을 약화시키는 것 아니냐는 질문이다. 언론사 지망생이 갈수록 줄고 있고 일자리는 수도권에 몰려 있는데 지역 문제 전문가가 되는 것이 무슨 소용이냐는 질문이 있을 수도 있다. 게다가 학생 신분이라는 이유로 아무런 금전적 보상도 없이 지역 저널리즘에 뛰어들라고 하는 것이 온당하느냐는 반론도 가능하다. 강준만은 "지역에서의 넛지 솔루션 저널리즘에서 방점은 지역보다는 넛지와 솔루션, 그리고 저널리즘에 있다"면서 "학생들에겐 자신감과 더불어 자기 효능감을 만끽할 수 있는 좋은 기회일 수 있고 저널리스트 양성 못지 않게 커뮤니케이션 전문가를 키워내야 한다는 요청에 부응하는 것"이라고 강조했다.

"지역사회가 곧 미디어라는 인식의 전환이 이루어진다면, 지역문제 해결을 위해 나서는 넛지 솔루션 저널리즘이 서로 겹도는 대학과 지역 사회의 관계를 긴밀하게 만드는 계기가 되고, 더 나아가 중앙의 지원을 호소하는 방식의 발전 전략을 넘어서 지역 스스로 발전의 주체가 되는 길로 나아가는 데에 큰 기여를 할 수 있을 것이다. 일반화할 수는 없겠으나, 지역에서 이와 유사한 프로젝트를 진행했던 나의 경험에 따르면, 평소 학업에 수동적이었던 학생들도 사실상 '임파워먼트(empowerment)'가 이루어진 이런 일에 대해선 적극적인 열성을 보이면서 주도성과 창의성을 발휘하곤 했다. 일방적인 강의 교육에 흥미를 잃은 학생들에게 이런 실습 과목이야말로 진정한 공부요 배움의 기회라 는 것을 믿어 의심치 않는다."

전북대학교 교수 강준만은 수업 시간에 넛지 아이디어를 기말 과제로 내주고 그 결과물을 묶어서 책으로 펴냈다. 넛지 사용법이라는 제목으로 출간된 이 책에는 강준만과 함께 104명의 학생들이 공동 저자로 올라가 있다. 강준만은 이 책의 서문에서 "학생들은 한동안 몇 명이 모이기만 하면 넛지 아이디어에 대해 이야기하는 브레인스토밍 시간을 자주 가졌다고 한다"고 전했다. 강준만은 "현실성이 떨어지는 아이디어도 많았지만 '아이디어는 터무니 없는 것일수록 더 좋다'는 브레인스토밍의 정신에 따르자면 문제 될 게 전혀 없다"고 덧붙였다.

집단 지성의 힘을
믿어야 한다.

강준만이 이 수업에서 지역 기반의 넛지 솔루션 저널리즘의 가능성을 발견했던 것처럼 나는 시민 참여 해커톤 프로그램과 솔루션 저널리즘을 연계하는 아이디어를 발견했다. 이 수업에서 거론된 몇 가지 흥미로운 이야기들을 다시 소개하면 다음과 같다.

- 오스트레일리아의 사우스웨일스주는 에너지를 절약하자는 상투적인 구호 대신에 가정마다 에너지 사용량을 이웃집이나 마을 전체와 비교해서 보여주는 그래프를 만들어서 세금 고지서에 첨부했다. 이처럼 비교 이론에 근거한 넛지 전략은 비교 중독증을 앓고 있는 한국에서도 큰 효과를 발휘할 수 있다.
- 미국 애리조나대학교 교수 로버트 치알디니(Robert Cialdini)는 호텔에 두 가지 카드를 두고 투숙객들의 반응을 비교하는 실험을 한 적 있다. 첫

번째 카드는 "수건 재사용 프로그램에 참여해서 환경을 보호하는 데 힘을 보태고 자연 보전에 대한 의지를 보여달라"는 내용이고 두 번째 카드는 "이 호텔을 이용하는 손님들 대다수가 숙박 기간 동안 수건을 한 번 이상 재사용한다"는 내용의 카드였다. 재사용에 참여하는 비율은 두 번째 카드를 받은 사람들이 26%나 더 높았다.

- 사람들에게 선거일 바로 전날 투표할 의향을 물으면 투표율이 25% 올라간다. "향후 6개월 안에 자동차를 구입할 의사가 있습니까?" 이런 간단한 질문으로도 구매율을 35% 높일 수 있다고 한다. 로버트 치알디니팀이 의료 기관의 예약 부도를 줄이기 위해 예약일과 시간을 환자가 소리내서 읽도록 요청했더니 '노쇼'가 3% 줄었고 직접 기입하도록 했더니 이 비율이 18%나 줄어들었다는 결과도 흥미롭다.

- 독일은 장기 기증에 동의하는 비율이 12%인데 바로 옆 나라인 오스트리아는 거의 100%로 크게 차이가 나서 살펴 봤더니 독일은 장기 기증을 원하는 사람만 동의서를 작성하도록 돼 있는데 오스트리아는 기본적으로 장기 기증을 하게 돼 있고 원하지 않는 사람은 전화를 걸어 거부 의사를 밝히도록 돼 있다. 각각 옵트인(opt-in)과 옵트아웃(opt-out) 방식의 차이다. 미국에서도 401k 퇴직연금 제도가 옵트아웃 방식으로 바뀌면서 가입률이 30%에서 70%까지 뛰어오른 경험이 있다.

- 미국 시카고 레이크 쇼어(Lake Shore) 도로는 사고 다발 지역으로 악명이 높았다. 커브 시작 지점부터 가로로 흰색 선을 그어서 커브에 가까워질수록 선과 선 간격이 좁아지게 했더니 자동차들 속도가 눈에 띄게 줄어들었다. 부산 광안대교에도 비슷한 가로선이 그어져 있다. 400미터 구간

에 가로선을 그리되 곡선 시작 지점에서 가로 선 간격을 30미터에서 20미터로, 10미터로 계속 줄였다. 그래도 사고가 줄지 않자 차로 한 가운데 빨간색 선을 그었다. 빨간색 선을 따라가려는 심리를 이용해 차선을 바꾸지 않도록 유도한 것이다. 실제로 이 빨간색 선을 긋고 난 뒤 30% 정도 사고가 줄었다고 한다.

- 내셔널지오그래픽이 음악으로 속도 줄이기 실험을 소개한 적 있다. 심장 박동수와 같은 음악을 들었을 때 난폭 운전을 하지 않게 된다는 가설을 실험하기 위해 규정 속도로 운전할 때만 음악이 나오도록 했다. 음악을 틀기 전에는 88%가 속도를 위반했는데 음악을 틀기 시작하자 15%로 줄었다. 운전자들은 "음악을 들으려 속도를 줄이게 됐다"고 말했다. 한국에서도 서울외곽순환고속도로에 '노래하는 고속도로'가 설치된 적 있는데 저녁이 되면 귀신소리처럼 들린다는 주변 주민들의 민원 때문에 폐쇄됐다고 한다.

- 브라질 리우데자네이로에서는 카니발 때 상습적인 음주운전을 줄이기 위해 한 맥주 회사가 맥주 캔의 바코드로 지하철을 탈 수 있는 이벤트를 벌였다. 그랬더니 맥주 판매도 늘고 지하철 이용도 늘어나는 일석이조의 효과를 거뒀다고 한다.

- 퇴근 시간마다 버스 정류장에 줄을 서서 버스를 기다리는 사람들과 이들을 가로질러 가는 보행자들이 뒤엉키는 걸 보고 'LOUD'라는 시민단체가 길 바닥에 괄호 표시를 했더니 보행자들이 지나갈 공간이 만들어졌다. 이 실험영상은 페이스북에서 조회 수가 240만 건, '좋아요'가 12만 건을 넘어섰다. 간단한 아이디어지만 모두가 필요하다고 생각했던 아

이디어였다.

- 대구대학교에서는 여러 노선의 셔틀 버스가 섞여 있어 버스가 올 때마다 기다리던 줄이 엉망이 되자 노선에 따라 색깔을 달리해 바닥에 선을 그었고 한 줄 서기가 정착됐다.

- 브라질에서는 안전 벨트를 매면 무료 와이파이를 쓸 수 있는 택시가 등장했다. 안전 벨트를 착용하는 비율이 92%였는데 이 실험에 참여한 4500명이 모두 안전 벨트를 맸다고 한다.

- 미국 펜실바니아주에서는 바너클(Barnacle, 따개비)이라는 주차 단속 장치가 좋은 반응을 얻고 있다. 보통은 차량 뒷바퀴를 죔쇠로 고정하는 방식을 쓰는데 회수하기가 쉽지 않고 경고 효과도 크지 않다. 그런데 접었다 펼 수 있는 커다란 따개비 모양의 바너클을 차량 앞 유리에 붙여두면 멀쩡한 차인데도 운전을 할 수 없게 된다. 압착력이 340kg이나 되기 때문에 손으로는 뗄 수 없고 관리소에 전화를 걸어 벌금을 내고 패스워드를 받아서 입력하면 가볍게 떨어진다. 바너클은 접어서 차에 실어뒀다가 24시간 안에 반납을 해야 한다.

- 제주도에서 '예술 쓰레기 봉투'를 만드는 주부의 이야기가 노컷뉴스에 '넛지 효과의 기적, "예술 쓰레기 봉투를 아시나요?"라는 기사로 소개된 적 있다. 직접 디자인한 예쁜 쓰레기 봉투를 걸어뒀더니 무단 투기가 줄어 들더라는 내용이다.

- 폭스바겐이 벌인 친환경 캠페인 가운데 보틀 뱅크 아케이드(bottle bank arcade)라는 게 있었다. 캔과 병, 플라스틱 등 맞는 구멍에 제대로 분리 수거를 하면 점수가 올라가는 쓰레기통을 만들어 아케이드 게임처럼 즐

길 수 있게 했다.

- 오스트레일리아에서는 2007년 큰 가뭄이 왔을 때 3분짜리 샤워 시계를 보급했다. 샤워 시간을 3분을 넘기지 말자는 메시지를 전달하기 위해서였다.

- 오스트레일리아 뉴사우스웨일스주는 에너지를 절약하자는 상투적인 문구 대신에 에너지 사용량을 이웃이나 마을 전체와 비교하는 그래프를 만들어 발송했다. 전체적으로 에너지 사용량이 크게 줄어드는 효과를 거뒀지만 문제는 평균보다 적게 쓰던 가구에서 에너지 사용량이 늘어났다는 것이다. 이걸 부메랑 효과라고 한다. 그래서 몇 달의 실험 끝에 평균 보다 높은 가구는 찡그리는 이모티콘을 평균 보다 적게 쓰는 가구는 활짝 웃는 표정의 이모티콘을 보냈더니 부메랑 효과가 사라졌다.

- 문제는 사람들이 전기를 얼마나 많이 쓰고 있는지 적게 쓰고 있는지 다음달 고지서가 나오기 전까지 알 수 없다는 것이다. 서던캘리포니아에디슨이라는 회사가 에너지 사용량을 눈으로 확인할 수 있는 '앰비언트 오브(Ambient Orb)'라는 전구를 고객들에게 나눠줬더니 최대 40%까지 에너지 사용량이 줄어들었다.

- 국제야생동물기금은 화장지 통에 남아메리카 대륙 모양의 구멍을 뚫은 뒤 초록색 휴지를 채웠다. 휴지를 쓰면 쓸수록 아마존의 초록 숲이 줄어드는 것 같은 효과를 준다.

- 윌리엄 월시(William Walsh)가 개발한 그린 박스(green box)는 피자 상자를 뜯어서 4개의 접시를 쓸 수 있게 디자인 됐다. 접시를 떼어내고 남은 나머지 절반은 다시 접어서 보관 상자로 쓸 수 있다.

- 스타벅스는 2016년부터 종이 영수증 대신에 전자 영수증을 발급하고 있는데 석 달 동안 앱으로 주문한 고객 50만 명에게 1500만 건의 영수증을 앱 메시지로 대체하면서 영수증 용지 1만7000롤을 줄일 수 있었다. 1200km 길이에 이른다. 한국인터넷진흥원(KISA)에 따르면 한국에서만 2017년 기준으로 종이 영수증 발급에 연간 3만3000그루의 나무가 소비된다.

- 인류의 오래된 난제 가운데 하나가 화장실 휴지를 어느 쪽으로 걸 것이냐다. 화장실 휴지는 끝이 바깥쪽으로 걸려 있을 때 사용량이 줄어든다. 끝이 안쪽으로 걸려 있을 때와 비교하면 두루말이 휴지 여섯 칸 정도 덜 쓰게 된다고 한다. 환경부에 따르면 휴지 끝이 안쪽으로 돼 있으면 얼마나 뜯기는지 확인할 수 없기 때문에 휴지 사용량이 늘어난다고 한다. 위생적으로도 휴지 끝이 안쪽으로 걸려 있으면 벽면에 손이 닿거나 휴지가 눅눅해질 수도 있기 때문에 바깥쪽으로 거는 게 좋다.

- 캐나다학생연합(Canadian Federation of Students)은 수돗물 마시기 운동(Back the tap)을 벌이고 있다. 1단계는 페트병 물 안 마시기, 2단계는 개인 물병 들고 다니기, 3단계는 페트병 판매를 금지하기 등이다. 캐나다에서만 해마다 20억 리터의 페트병 생수가 소비된다. 페트병의 생산과 운송에 300만 배럴의 석유가 쓰인다.

- 광운대학교 교수 이종혁의 중앙일보 기고에 따르면 실제로 캐나다 브리티시콜롬비아대학교(UBC)는 학생들의 83%가 개인 물병을 들고 다니는 것으로 조사됐다. 집을 나설 때 챙겨야 할 세 가지 필수품이 열쇠와 휴대폰, 물병이라는 인식이 자리 잡았다. 이종혁에 따르면 이 학교에서 개인

물병 보급이 확산된 건 학교 곳곳에 워터필즈(WaterFillz)라는 수돗물 정수기가 설치돼 있기 때문이다. 워터필즈에는 사용량이 누적 집계 되는데 5년 전에 설치된 학생회관 앞 워터필즈는 100만 건을 넘어섰다. 시간당 87명, 분당 1.5명 정도가 이용한다고 한다.

- 미국 코넬대학교 교수 브라이언 완싱크(Brian Wansink)가 '작은 접시 운동(Samll Plate Movement)'라는 실험을 한 적 있다. 영화 관람객들에게 5일 전에 튀긴 눅눅한 팝콘을 한 통씩 나눠주면서 절반에게는 큰 통에, 나머지 절반에게는 작은 통에 담아서 줬다. 확인해 보니 큰 통의 팝콘을 받은 사람들은 작은 통에 받은 사람들보다 1.5배 정도 팝콘을 더 많이 먹었다. 당장 접시와 그릇의 크기를 줄이는 것만으로도 과식을 피할 수 있다는 이야기다.

- 구글에서는 뷔페로 제공되는 구내 식당의 음식 쓰레기를 줄이기 위해 접시 크기를 줄였더니 음식을 5% 정도 덜 가져가게 되고 음식물 쓰레기는 18% 줄었다.

- 필리핀의 한 비누회사에서 '세균 스탬프(germ stamp)'라는 캠페인을 벌였다. 아침마다 학생들 손에 세균 모양의 도장을 찍어주고 오후에 집에 가기 전까지 이 도장을 지우게 했다. 이 캠페인을 한 달 동안 했더니 손 씻는 횟수가 이전 보다 71% 늘어났다.

- 뉴질랜드에는 아예 손을 씻어야만 문을 열 수 있는 화장실도 있다. ATM에서 카드를 놓고 가지 않도록 카드를 먼저 뽑아야 돈이 나오는 것과 같은 원리다.

- 서울시청 시민청 입구에는 가야금 계단이 있다. 계단을 올라갈 때마다 가

야금 소리가 나는 계단이다. 이 계단을 설치한 이후 계단 이용자가 6.5%에서 22%로 세 배나 늘어났다.

- 조선일보가 2015년에 "No-show 사라진 양심 '예약 부도'"라는 제목으로 노쇼 캠페인을 벌인 적이 있다. 예약 부도율은 식당이 20%, 개인 병원은 18%, 미용실은 15%, 공연장은 10%, 고속버스는 12%였다. 예약 부도가 만든 매출 손실이 4조5000억 원이라는 게 조선일보 추산이었다. 미국의 오픈테이블(OpenTable)이라는 앱과 제휴한 식당 가운데 10% 정도가 예약할 때 신용카드 정보를 요구한다. 예약을 하고 나타나지 않을 경우 30달러에서 많게는 200달러까지 위약금을 청구한다. 네 차례 이상 '노쇼'가 누적되면 계정이 중지된다. 이런 시스템 덕분에 이 앱에서 예약 부도율은 4%까지 떨어졌다.

- 영국에서는 병원 예약을 지키지 않은 경우가 너무 많아 예약일 5일 전에 리마인드 문자 메시지를 보냈더니 예약 부도율이 크게 줄었다. 흥미로운 대목은 예약 부도로 발생하는 사회적 손실이 160만 파운드에 이른다고 밝혔더니 부도율이 25% 더 줄었다는 사실이다.

- 영국 국세청이 세금 체납자들에게 보내는 독촉장 첫 줄에 "영국인의 90%가 세금을 냈습니다"라는 문장을 추가하자 연체 된 세금 56억 파운드가 더 걷혔다. 미국 미네소타주에서는 4가지 다른 문구를 테스트했다. 첫 번째는 세금이 교육과 치안, 화재 예방 등에 쓰인다는 문구였고 두 번째는 조세 정책을 따르지 않으면 처벌을 받는다는 문구였다. 세 번째는 세금 납부에 대한 안내였고 네 번째는 영국처럼 "90% 이상의 미네소타 주민들이 세금을 납부했다"는 문구였다. 역시 네 번째가 가장 효과가 높

았다. 불안감과 동조 심리를 자극하는 '사회적 증거의 원칙' 때문이었다.

- 미국에서의 연구 결과 납세자들의 불만은 세금이 어떻게 쓰이는지 알 수 없다는 것이었다. 그래서 납세자들에게 납세액의 10% 정도를 직접 용도를 지정할 수 있게 했더니 만족도가 크게 올라갔다.

- 영국에서는 체납자의 자동차 사진을 문자 메시지로 보내면서 "당신의 자동차를 잃을 수 있다"고 경고했더니 세금 납부가 33%나 뛰어올랐다. 세금 뿐만 아니라 과태료까지 이런 방식을 확대하고 있다.

- 서명을 서류의 끝이 아니라 앞부분에 하게 했더니 좀 더 정직한 답변을 하더라는 연구 결과도 있었다. 미국 듀크대학교 교수 댄 애리얼리(Dan Ariely)가 이런 아이디어를 국세청에 제안했지만 받아들여지지 않았다. 읽기 전에 서명을 할 경우 법률적 조건을 만족시키지 못할 수 있다는 지적 때문이었다. 이 아이디어는 국세청에서 퇴짜를 맞았지만 한 보험회사가 받아들여 보험금 과다 청구를 줄이는 데 활용하고 있다.

- 구글이 직원들에게 퇴직연금 가입을 독려하면서 수입의 1%를 추가로 퇴직연금에 넣을 경우 어떤 변화가 있는지 설명했더니 27%가 불입금을 늘렸다.

- '깨진 유리창 이론(broken window theory)'은 실제로 적용 가능하다. 유리창이 깨진 채로 방치되면 어차피 관리하지 않는 건물이란 인식이 확산되고 다른 유리창도 잇따라 깨지게 된다. 미국 스탠퍼드대학교 교수 필립 짐바르도(Philip Zimbardo)의 실험에 따르면 치안이 허술한 골목에 멀쩡한 자동차와 유리창이 깨진 자동차를 보닛을 열어두고 세워뒀더니 유리창이 깨진 자동차만 누군가가 부품을 떼어갔다. 네덜란드에서는 안

이 비쳐 보이는 봉투에 5유로 지폐를 넣고 우체통에 살짝 삐져 나오게 걸쳐뒀더니 13%의 봉투가 사라졌다. 그런데 우체통 주변에 쓰레기를 뿌려뒀더니 이 비율이 두 배로 뛰어올랐다. 이런 실험 결과는 깨진 유리창만 해결해도 범죄를 줄이고 양심에 벗어난 행동을 억제할 수 있다는 이야기가 된다.

- 도둑이나 강도가 다세대 주택의 가스관을 타고 올라오는 일이 늘어나자 서울시가 3600곳의 다세대 주택의 가스관과 창문, 에어컨 실외기 등에 특수 형광 물질을 바르고 경고문을 부착했다. 2년 뒤에 살펴봤더니 범죄 발생률이 27.6%나 줄었는데 형광 물질 때문이라기 보다는 경고문이 잠재적 범죄자들을 위축시켰을 가능성이 크다는 분석이 있었다.

- 스페인의 한 아동 학대 방지 단체가 엘리베이터 안에 키 높이에 따라 다른 메시지가 보이는 렌티큘러(lenticular) 프린팅을 활용해 신고 전화 안내를 펼친 게 화제가 된 적 있다. 어른들에게는 "폭력은 아이들에게 큰 고통이 됩니다"라는 문구가 보이지만 135cm 보다 작은 아이들에게는 "혹시 누군가 너를 공격한다면 우리에게 전화해, 널 도와줄게"라는 문구와 전화번호가 뜨는 안내판이었다.

- 로버트 치알디니의 실험에 따르면 식당에서 웨이터가 손님에게 계산서를 가져다 줄 때 사탕을 하나 얹어놓으면 팁이 3.3% 늘어난다. 사탕이 두 개가 되면 팁이 14.1% 늘어난다. 만약 사탕 한 개를 얹어놓은 뒤 잠시 뒤에 다시 가서 두 번째 사탕을 놓고 오면 팁이 21%나 늘어났다. 예상치 못한 효과를 극대화하는 것이다.

- 제주도 서귀포시 시청 청사에서 엘리베이터가 너무 느리다는 민원이 접

수됐다. 공무원들이 대책을 논의하다가 엘리베이터를 교체하는 대신에 엘리베이터 앞에 거울을 놓기로 했다. 엘리베이터를 기다리던 사람들은 이제 엘리베이터 버튼을 보는 대신에 화장을 고치거나 옷 매무새를 다듬었다. 민원도 사라졌다. 엘리베이터를 교체하는 데는 1억 원이 들지만 거울은 10만 원이 채 들지 않았다.

- 미국 하버드대학교 교수 제이 윈스틴(Jay Winsten)은 음주 운전을 줄이기 위해 노르웨이 등에 널리 확산된 지명 운전자 제도를 도입하기로 했다. 여러 명이 술을 마실 때 한 사람의 지명 운전자를 두고 그 사람이 다른 사람들을 태워다 주기로 하는 약속이다. 윈스틴은 NBC와 제휴를 맺고 160개 이상의 황금시간 대 TV 프로그램에 지명 운전자가 등장하는 장면을 넣었다. "오늘은 누가 지명 운전자 할래?" 같은 장면이 드라마에 자연스럽게 끼어들면서 3년 만에 미국인 90%가 지명 운전자라는 말을 알게 됐다. 54%가 실제로 지명 운전자를 두고 술을 마신 적 있다는 설문 조사도 있었다. 이 캠페인 덕분인지 직접적인 인과관계는 확인하기 어렵지만 음주 운전 관련 교통 사고도 4년 만에 24% 가까이 줄어들었다.

- 《동아일보》 기자 이동영은 "인사 청문회에 서는 사람들을 검증할 때 헌혈 여부를 물어야 더 많은 국민들이 동참하는 데 도움이 될 것 같다"고 제안한 바 있다. 최소한 그 자리에 가고 싶다면 헌혈증 10개 정도는 갖고 있어야 한다는 인식을 퍼뜨리자는 제안이었다.

- 미국의 외교 전문 신문 《포린폴리시》(Foreign Policy)는 비극을 강조할 경우 동정심의 피로감(compassion fatigue)을 불러 일으킬 수 있다고 경고한 바 있다. 미국 카네기멜론대학교의 실험에서는 한쪽 집단에게

"어떤 물체가 1분에 1.5미터를 움직인다면 360초 동안 얼마나 움직일 것인가" 같은 질문을 던지고 다른 집단에게는 "'아기'라는 단어에서 연상되는 것들을 모두 적으라"는 질문을 던졌다. 그리고 아프리카의 어린이들에게 얼마를 기부할 것이냐는 의견을 물었더니 분석적 사고를 유도받은 집단은 평균 1.26달러, 감정을 자극 받은 집단은 2.34달러를 기부하겠다고 밝혔다.

- "기부=도움"이란 문구 대신에 "기부=사랑"이라는 문구를 썼더니 모금액이 90% 늘었다는 실험 결과도 있었다. 계산서를 담은 접시 모양을 하트로 바꿨더니 팁이 15~17% 늘었다는 결과도 마찬가지다. 사랑이라는 단어나 상징이 사람들의 행동에 영향을 미친다.

학생들 아이디어 중에는 참신하고 재밌는 것들이 많았다. 다음과 같은 것들이다. "횡단 보도 앞의 정지선을 보행 신호일 때는 노란색으로 바뀌도록 하자"거나 "안전벨트 색깔을 눈에 잘 띄는 색깔로 바꾸자"는 제안도 있었고, "강의실 문 출입문 한쪽에 북극곰을 다른 한쪽에 빙하를 그려 두면 문을 더 잘 닫게 될 거라는 제안도 있었다. 문을 열어두면 북극곰이 외로워 보이지만 문을 닫으면 넓은 빙하 위에 서 있는 평온한 북극곰이 된다. 문을 잘 닫고 다니는 것만으로도 냉난방 효율을 크게 줄일 수 있다는 이야기다. 보통 수도꼭지는 끝까지 돌리면 물이 많이 나오는 구조인데 중간 정도에서 가장 많이 나오도록 하고 끝까지 돌렸을 때는 물이 조금 적게 나오는 수도꼭지를 개발하면 어떻겠느냐는 아이디어도 있었다.

놀라운 건 이 책의 많은 아이디어들이 학생들이 과제로 찾아낸 것들이라는 사실이다. 이미 알려진 사례도 많았지만 학생들이 발굴했거나 직접 생각해낸 아이디어들도 많았다. 이런 아이디어들은 이 책에서 말하는 솔루션과는 거리가 있을 수도 있다. 그러나 나는 한국형 솔루션 저널리즘은 이처럼 집단 지성과 참여 저널리즘의 기반에서 좀 더 큰 힘을 갖게 될 거라고 생각한다. 전북대학교나 강준만의 수업에서만 가능한 일이라고 생각하지는 않는다. 만약 우리가 구체적인 문제를 설정하고 함께 공부하고 브레인스토밍과 토론, 탐색, 검증의 과정을 거치면서 함께 해법을 찾아나간다면 의미 있는 아이디어에 도달할 수 있을 것이라고 믿는다.

황당무계한 아이디어부터 시작해 보자.

경인교육대학교 교수 정현선은 2021년 가을 학기 "미디어 리터러시와 디지털 시민성 프로젝트 기획과 실행" 수업에서 학생들과 함께 솔루션 저널리즘 프로젝트를 실험했다. 가벼운 단계의 실습 프로젝트였지만 한국 대학에서 솔루션 저널리즘을 본격적으로 다룬 수업은 아마도 처음이었을 것이다.

나는 보조 연구자와 멘토로 이 수업에 함께 참여했다. 첫 시간에 솔루션 저널리즘의 개요와 해결 지향의 스토리텔링에 대해 설명을 해주고 둘째 시간부터는 기후 변화를 주제로 학생들이 직접 기사의 아이템을 찾고 스토리텔링을 구성하고 조별 발표와 코멘트, 브레인스토밍을 병행하면서 기사를 작성하는 실습 과정이었다.

화장품 용기 안에 실리콘 풍선을 넣어 마지막 한 방울까지 쓸 수 있도록 하는 '이너 보틀(inner bottle)'을 주제로 카드 뉴스를 만들어 보겠다는 팀이 있었고 코로나 팬데믹 이후 일회용품 사용량이 늘어나고 있어 그 해법으로 다회용기를 수거·세척하는 스타트업이 등장했는데 이들을 인터뷰해보겠다는 팀도 있었다.

내가 학생들에게 강조했던 건 뉴스의 가치와 메시지를 우선적으로 고려하라는 것이었다. 이를 테면 '이너 보틀'이라는 게 있다고 소개하는 것은 이미 뉴스 가치가 없다. 찾아보면 이미 수많은 기사가 쏟아져 나온 상태다. 게다가 화장품 용기가 재활용이 안 되는 것은 애초에 크기가 작고 규격에서 벗어난 용기를 쓰기 때문이다. '이너 보틀'이 사회적 가치를

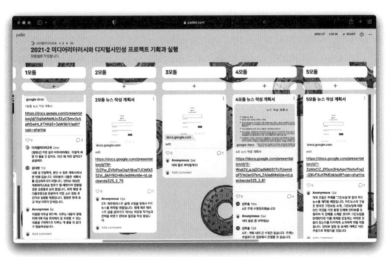

경인교육대학교 "미디어 리터러시와 디지털 시민성 프로젝트 기획과 실행 수업" 자료.

만들려면 화장품 회사들이 '이너 보틀'의 솔루션과 함께 범용 용기를 도입해야 하고 소비자들이 리필에 동참해야 한다. 다회용기 스타트업 역시 마찬가지다. 경기도주식회사와 함께 경기도 동탄에서 시범 서비스를 하고 있는 '뽀득'이란 스타트업의 경우 그릇 1개를 수거하고 세척하는데 2500~3000원의 비용이 발생한다. 이 업체는 하루 200개 정도 용기를 수거하는데 아직까지는 경기도가 비용을 모두 지원하고 있는 상태다. 중앙일보가 「"응원하려고 일부러 배달시켰어요"… 동탄의 '다회용기' 도전」에서 지적했듯이 문제는 첫째, 남이 먹었던 그릇에 음식을 배달 받아 먹는다는 데 대한 부정적인 인식을 어떻게 극복할 것이냐, 그리고 둘째, 용기 종류를 여러 가지로 가져가기가 어렵고(현재는 세 종류뿐), 셋째, 그 비용을 누가 부담할 것이냐도 관건이다. 그리고 넷째, 민간 배달 업체들의 참여가 뒤따르지 않는다면 현실적으로 이 사업은 성공하기 어렵다.

데스크 입장에서 학생들에게 주문했던 건 이미 알려진 문제를 넘어서라는 것이었다. '이너 보틀'의 경우 화장품을 바닥까지 쓴다는 건 소비자에게는 효용이겠지만 그것만으로 용기의 재활용 가능성을 높여주는 건 아니다. 이 업체가 화장품 용기를 별도로 분리해서 수거하고 재활용할 계획이 있는지, 있다면 그게 어떻게 가능한지를 확인해야 한다. '뽀득'의 경우 실제로 일회용품과 다회용기의 구입 비용을 비교해야 하고 수거와 세척에 필요한 추가 비용과 결국 그 비용을 음식점과 배달업체, 그리고 소비자가 어떻게 분담할 것인가에 대한 질문과 해답으로 논의가 확장돼야 한다. 이런 멋진 게 있다거나 이런 멋진 스타트업이 있다는 것만으로는 뉴스가 될 수 없고 해법이 될 수도 없다는 사실을 학생들에게 거듭 강조했다. '이너 보틀'이든 '뽀득'이든 그 실험만으로 의미가 있고 실패하더라도 여기에서 중요한 아이디어를 얻을 수 있을 것이다. 그 과정을 추적하는 것이 솔루션 저널리즘이다.

스타벅스가 2021년 11월부터 서울시 종로구 인근 매장부터 '일회용품 없는 매장'을 실험하고 있는 것도 솔루션 저널리즘의 취재 아이템이될 수 있다. 이 매장에서는 테이크아웃으로 음료를 주문하면 일회용품이 아니라 다회용 컵에 음료를 담아주고 1000원의 보증금을 요구한다. 나중에 이 컵을 씻어 와서 무인 반납기에 넣으면 보증금을 돌려 받는 시스템이다. 적당히 친환경 이미지를 마케팅 수단으로 내세우는 '그린 워싱(green washing)' 아니냐는 부정적인 시선이 없는 건 아니지만 고객들의 불편과 불만을 감수해야 하는 데다 상당한 비용 투자가 필요한 실험이다.

이 경우도 남이 쓰던 컵을 다시 쓴다는 부정적인 인식을 불식시켜야 하고 당초 취지와 달리 다회용 컵이 일회용품처럼 버려질 가능성을 최소화해야 한다. 실제로 "손님들에게 컵까지 씻게 한다"는 고객들의 불평을 담은 기사가 실리기도 했다. 강준만이 강조했던 것처럼 단순히 환경을 생각한다는 강박이나 보증금 1000원의 압박 외에 여기에 어떤 넛지와 인센티브를 실을 수 있을까를 고민해야 할 것이다. 보증금을 돌려 받는 고객들에게 포인트를 두 배로 준다거나 몇 차례 이상 다회용 컵을 이용한 고객들에게 굿즈를 증정한다는 등의 이벤트를 병행하는 것도 가능할 것이다.

경인교육대학교 수업에서 확인한 것은 우리 안에 답이 있다는 것이다. 여전히 기자들이 잘 할 수 있는 영역이 있지만 시민들이 직접 문제 해결의 과정에 참여하고 기여할 수 있는 방법이 얼마든지 있다는 것이다. 기자들이 답을 꺼내놓는 것이 아니라 기자들도 시민사회의 일원으로 문제 해결의 과정에 참여해야 한다는 깨달음을 얻었다. 중요한 것은 단순히 과제를 던지는 것 뿐만 아니라 황당무계한 것 같은 아이디어를 끌어내놓고 토론하고 검증하고 보완하면서 더 나은 해답을 찾아가는 과정에 있다. 이런 수업이 전국에 수백 수천 개씩 생겼으면 좋겠다.

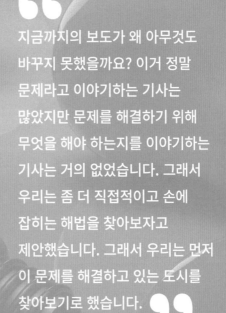

“

지금까지의 보도가 왜 아무것도
바꾸지 못했을까요? 이거 정말
문제라고 이야기하는 기사는
많았지만 문제를 해결하기 위해
무엇을 해야 하는지를 이야기하는
기사는 거의 없었습니다. 그래서
우리는 좀 더 직접적이고 손에
잡히는 해법을 찾아보자고
제안했습니다. 그래서 우리는 먼저
이 문제를 해결하고 있는 도시를
찾아보기로 했습니다.

”

"10년 동안 문제를 지적했지만 바뀌지 않았어요."

15장

다음은 2019년 11월 《미디어오늘》과 아쇼카한국이 공동 주최한 솔루션 저널리즘 워크숍에서 데이빗 본스타인 솔루션저널리즘네트워크 대표의 강연과 인터뷰를 정리한 것이다.

비영리 재단인 솔루션저널리즘네트워크는 마이크로소프트 창업자 빌 게이츠가 설립한 빌앤멜린다재단을 비롯해 록펠러재단과 포드재단 등이 후원하고 있다. 2018년 기준으로 1년 예산이 380만 달러로 2015년 대비 68% 가량 늘어난 규모다. 솔루션 저널리즘 프로젝트를 지원하거나 언론인들을 교육하는 역할을 하는데 취재 지원 성격으로 1000달러에서 많게는 3만 달러까지 지원한다고 한다. 취재 프로젝트를 공개 모집하기도 하고 독자들이나 정부 기관이 요청하는 경우도 있다. 기사 소스와 아이디어를 공유하는 스토리트래커(Story Tracker)에는 186개 국가 1600여 언론사의 기사 1만2000여 건이 등록돼 있다. 누구나 이곳에 기사를 등록할 수 있다. 한국에서도 이런 네트워크와 협업 프로젝트가 가능할까.

뉴스에 등장하는 건
현실의 절반 뿐.

안녕하세요. 저는 《뉴욕타임스》에서 기자 생활을 시작해 저널리스트로 30년 가까이 일했습니다. 뉴욕 메트로 파트에서 범죄와 주택, 에이즈 등을 다뤘습니다. 사회 문제를 해결하기 위해 노력하는 많은 사람들을 만났습니다. 저널리스트로 일하면서 세상을 많이 알고 있다고 생각했는데 솔루션 취재를 하면서 내가 모르는 게 많다는 생각을 하게 됐습니다. 신문에서 한 번도 보지 못했던 이야기들을 접하게 됐고 저널리즘이 현실의 절반밖에 보여주지 않는다는 걸 알게 됐죠. 그래서 저는 새로운 이야기 방식이 필요하다고 생각하게 됐습니다.

우리는 매일매일 이런 기사를 읽습니다. 지구 온난화와 테러, 빈곤, 폭력 등등. 매일매일 뉴스를 통해 이런 소식을 듣고 보죠. 로이터저널리즘연구소와 옥스퍼드대학교에서 조사했더니 뉴스를 회피하는 사람들이 늘어나고 있다는 연구 결과가 나왔습니다. 48%가 뉴스를 싫어한다고 답변했습니다. 한국은 뉴스의 신뢰도가 가장 낮은 나라 가운데 하나입니다. 뉴스를 안 보는 이유를 물었더니 가장 많은 답변이 뉴스를 보면 우울해진다는 것이었습니다. 그리고 뉴스를 신뢰할 수 없다고도 하고요. 우리는 저널리즘이 피드백 시스템이라고 말합니다. 사회가 스스로 문제를 바로 잡을 수 있도록 피드백을 줘야 한다는 것이죠. 그런데 저널리즘이 사람들에게 힘을 주는 게 아니라 오히려 등을 돌리게 만들고 있습니다. 의사에게 진료를 받으러 갔는데 의사가 여기 아프시군요, 여기도 문제가 있군요, 그리고 그냥 가는 거예요. 그런 진료와 비교할 수 있겠죠. 이거 정말 문제라고 이야기하면서 정작 그걸 어떻게 치료해야 하는지에 대한 이야기를 하지 않는 거죠.

솔루션 저널리즘이란 건 무엇일까요. 우리는 솔루션 저널리즘을 "사회 문제에 대한 대응을 추적하는 엄밀한 증거 기반의 저널리즘이라고 정의합니다. 문제 만큼이나 해법과 과정을 이야기하자는 것입니다. '엄밀한'이란 표현을 쓰는 건 사회가 어떻게 나아질 수 있는지에 대한 구체적인 정보를 알려줘야 한다는 것입니다. 데이터도 중요하고 증거도 많이 필요합니다.

문제는 있기 마련입니다. 하지만 해법에 대한 이야기는 많지 않습니다. 처음에는 다른 기자들이 관심을 가질까 확신이 없었는데 지금은 꽤나 많은 성과를 만들었다고 스스로 평가하고 있습니다. 6년 동안 직원이 40명으로 늘어났고요. 400개 이상의 언론사들이 참여하고 있습니다. 1만 7000명의 기자들을 교육시켰고요. 지금은 미국에서 솔루션 저널리즘에 대한 수업을 하는 대학이 30개가 넘습니다. 유럽과 아프리카, 남미에도 있습니다. 우리는 이런 시도가 아시아에서도 확산되기를 원합니다. 당연히 한국도요.

솔루션 저널리즘을 어떻게 이해하고 적용할 수 있을까요. 우리는 기자들에게 이렇게 이야기합니다. 문제를 정확하게 파악하고 있나요?

지구 온난화와 부패, 양극화, 이런 문제들은 이미 알고 있죠. 우리의 질문은 그러면 어떻게 이런 문제에 대응할 것인가에 대한 것입니다. 답은 없죠. 그렇다면 우리가 무엇을 해야 하는가부터 이야기를 해보자는 것입니다. 기자들이 사회를 압박해야 합니다. 계속해서 잔소리를 하고 좀 더 관심을 가지라고, 해답을 찾아야 한다고 계속 강조해야 합니다. 우리에게는 많은 문제가 있죠. 문제를 잘 알고 있습니다. 독자들도 문제를 모르지 않습니다. 그렇지만 절망하거나 방관하고 있죠. 저는 솔루션 저널리즘이 대중의 인식을 높이는데 기여할 수 있다고 믿습니다.

**셜록 홈즈처럼
탐사를 해야 합니다.**

사례를 살펴 볼까요? '방치된 중독(Toxic neglect)'이라는 기획 시리즈 기사가 있습니다. 클리블랜드에서 납 중독이 문제가 됐죠. 얼마나 많은 어린이들이 납 중독에 노출되는가를 보여주는 지도를 만들기도 했습니다. 《클리블랜드 플레인딜러》(Plain Dealer)라는 신문이 10년 동안 이 문제를 취재했습니다. 8세 이하의 아동 절반 가까이가 납 페인트에 노출된 것으로 드러났고요. 납 중독이 뇌와 신경의 손상과 공공 보건 문제를 일으킨다고 지적했죠. 이 지역이 특히 심각했습니다. 그런데 모두가 문제라는 걸 알게 됐지만 어떤 변화도 없었죠. 그래서 우리 네트워크에 찾아와서 무엇이 문제인지 함께 답을 찾아보자고 제안하게 됐습니다.

우리가 첫 번째로 던졌던 질문이 이것이었습니다. 지금까지의 보도가 왜 아무것도 바꾸지 못했을까요? 이거 정말 문제라고 이야기하는 기사는 많았지만 문제를 해결하기 위해 무엇을 해야 하는지를 이야기하는 기사는 거의 없었습니다. 그래서 우리는 좀 더 직접적이고 손에 잡히는 해법을 찾아보자고 제안했습니다. 그래서 우리는 먼저 이 문제를 해결하고 있는 도시를 찾아보기로 했습니다. 그래서 로체스터에서 납 중독을 80% 정도 줄인 사례가 있다는 사실을 발견했습니다. 누가 했느냐보다는 어떻게 해결했느냐, 셜록 홈즈처럼 수사를 시작한 것이죠. (영어에서 'investigate'는 수사와 탐사로 번역된다.)

이 기사를 보세요. 현명한 도시는 이렇게 한다, 그런데 우리는 이렇게 하고 있다, 그래서 어떤 변명도 정당화될 수 없다는 걸 보여줬습니다. 돈이 필요한 게 아니었습니다. 성공한 도시들의 사례를 보니까 우리도 할 수 있다는 확신을 갖게 됐습니다. 부모라면 옆집 애들은 이렇게 이렇게 해서 시험 성적이 올랐다는데 너도 이렇게 해볼래? 이렇게 압력을 줄 수 있게 된 거죠. 우리도 이런 일을 하는 것입니다. 이게 가능한데 왜 안 하지? 변명을 하지 못하도록 확실한 해법과 목표, 벤치마크를 보여주고 행동을 하도록 압박하는 것입니다. 그 과정에서 독자들에게 더 많은 정보를 제공해 줘야 합니다.

핵심은 우리가 다른 잘 하는 곳에서 뭔가 교훈을 얻을 수 있다는 것입니다. 성공 뿐만 아니라 실패 사례에서도 배울 것이 있습니다. 우리가 무엇을 해야 하는가에 대한 교훈을 얻을 수 있죠. 클리블랜드에서는 솔루션 저널리즘 보도 이후 많은 변화가 있었는데요. 여러 공무원들이 해고되거나 사임했고요. 조사 인력을 늘려서 낙후된 임대 주택부터 조사를 시작했습니다. 조사를 받지 않은 주택은 임대 계약을 하지 못하도록 강력한 제도를 만들었습니다. 저널리즘이 직접적으로 정책 변화를 이끈 드문 경우였습니다. 10년 동안의 보도와 전혀 다른 결과를 낳은 것이죠.

저널리스트들은 경비견(watch dog)이지만 안내견(guide dog)도 될 수 있습니다. 정보와 아이디어로 연결될 수 있는 것이죠. 잘못된 것을 보여주는 것 뿐만 아니라 어떻게 대응해야 할지를 보여주는 것입니다. 많은 기자들은 스스로를 감시견이라고 생각합니다. 맞습니다. 우리는 우리를 안내견이라고 생각합니다. 냄새를 맡고 가치를 찾아내는 것입니다. 잘못됐다고 말하는 것으로 충분하지 않습니다. 우리는 솔루션 저널리즘을 근거 기반의 접근법이라고 생각합니다. 그게 우리나라나 내가 살고 있는 도시가 아니라도 어딘가에 해법이 있거나 해법을 찾는 사람들이 있을 거라는 거죠. 굉장히 흥미로운 사례가 많습니다.

덴버에서는 인신매매가 사회적 문제가 됐죠. '프리덤 드라이버 프로젝트(Freedom Drivers Project)'라는 시민단체가 트럭 운전사들을 교육시켜서 납치 신고를 할 수 있는 스마트폰 앱을 보급했습니다. 50만 명 이상의 트럭 운전사들이 이 프로젝트에 동참했고 2000건 이상의 의심 신고를 받아 실제로 1000명 이상의 희생자를 확인할 수 있었습니다. 《하이컨트리뉴스》(High Country News)라는 신문이 이 과정을 보도했습니다.

미네아폴리스에서는 무슬림 청소년들이 급진화하는 경향이 있어서 사회적 문제가 됐습니다. 지역 신문사들이 이 문제를 어떻게 해결할 수 있을까 고민하다가 덴마크의 사례를 발견했죠. 극단주의와 맞서고 대결하는 게 아니라 이야기를 건네고 끌어안으라는 것입니다. 쉬운 일은 아닙니다. 잠재적인 테러리스트로 분류돼 왔던 이들의 분노에 어떻게 대응하느냐가 사회의 위험을 줄인다는 중요한 교훈을 얻을 수 있습니다.

워치독이 아니라 가이드독으로
역할이 바뀌고 있습니다.

저널리스트들이 꽃과 꽃을 날아다니는 꿀벌처럼 해법을 전달하고 변화의 희망을 퍼뜨리는 역할을 할 수 있습니다. 문제를 발견하는 워치독(경비견)이 아니라 가이드독(안내견)으로 역할이 바뀌고 있는 것이죠. 이제는 단순히 사실을 전달하고 뉴스를 쏟아내는 것으로는 부족하다고 말하는 것입니다.

오하이오에 리치랜드라는 작은 지역이 있었습니다. 트럼프 지지율이 70%가 넘는 곳입니다. 오하이오가 영아 사망률이 높은데 리치랜드는 그 중에서도 특히 높은 지역이었습니다. 그래서 어떻게 아이들을 보호할 수 있을까 많은 토론을 했습니다. 《리치랜드소스》(Richland Source)라는 신문이 그 과정을 보도했습니다. 핀란드에서는 출산을 앞둔 가정에 골판지로 만든 베이비 박스를 보내줍니다. 기저귀와 내복, 침낭 같은 게 들어있는데 이 박스가 아기 침대가 되는 것이죠. 아이들이 침대에서 자다가 떨어져 죽는 경우가 많은데 박스 안에 이불을 펴고 여기에 아기를 재우는 겁니다.

이런 정보를 필요로 하는 사람들이 있기나 할까? 이런 걸 사람들이 과연 읽을까? 우리가 가서 엄마들을 만나야 하지 않을까? 여러 가지 고민을 했죠. '커뮤니티 베이비 샤워'라는 행사를 만들어서 아이가 태어날 때마다 다 같이 모여서 축하하는 이벤트를 만들었습니다. 잘 마주치지도 않던 사람들이 갓난아이를 매개로 서로 모이게 된 거죠. 베이비 박스도 나눠주고요. 물론 신문사가 이런 일을 하기가 쉽지 않습니다. 다만 정보를 공유하고 사람들에게 아이디어를 나눠주는 것이 저널리즘의 중요한 역할이라는 판단을 한 것입니다. 올드 미디어와 뉴미디어, 지역 커뮤니티가 만나 변화를 만들어낸 사례였습니다.

여러분이 저널리스트라면 제 이야기를 들으면서 팔짱을 끼고 앉아 있을 겁니다. 우리는 솔루션 저널리즘을 사칭하는 사람들에 대한 이야기를 많이 합니다. 우리는 영웅을 만들거나 미담을 퍼뜨리기 위해 모인 게 아닙니다. 제도를 변화시키는 게 목적이죠. 만능의 해법 같은 건 있을 수 없습니다. 거대한 퍼즐의 한 조각일 뿐입니다. 많은 기자들이 월요일부터 5회 연속 시리즈를 통해 문제를 다루고 금요일 아침에 발행되는 결론 부분에 적당히 그럴 듯한 솔루션을 늘어놓습니다. 거대한 다큐멘터리를 펼쳐놓고 해결하고 싶으면 우리 웹 사이트를 방문하세요, 이런 식이죠. 가서 보면? 아무 것도 없습니다. 싱크탱크 저널리즘도 해법이 될 수 없습니다. 전문가들 이야기, 뻔하고 변죽만 울리고 재미 없습니다. 모든 사람들에게 500달러를 주자, 이런 것도 솔루션 저널리즘이 아닙니다. 캠페인이나 운동도 솔루션 저널리즘이 아닙니다. 청원해 주세요, 투표해 주세요, 이런 것도 아닙니다. 솔루션 저널리즘은 감명을 주고 희망을 전달하는 것 뿐만 아니라 문제에 대한 대응을 추적하는 접근 방법입니다. 세상을 구하려는 것이 아니라 한계를 보여줘서 지나친 미화를 방지하는 것도 중요합니다.

아이들의 건강에 대해 관심이 있습니까? 그럼 이런 주제를 찾아보겠죠. 청소년 임신을 줄인 사례가 있었을까요? 제왕절개 비율이 낮은 병원이 있는지 찾아볼 수도 있겠죠. 또 출산 이후에 산후 우울증을 줄이는 가능성이 있는지, 피임과 낙태에 대한 접근이 있는지, 이런 차이점을 찾아보는 게 솔루션으로 연결된다고 생각합니다. 교육적인 결과를 찾아볼 수 있을 것이고, 아동 빈곤이 심각한 곳과 덜 심각한 곳이 있을 수 있을 것이고, 자살률 통계를 볼 수도 있을 거고 범죄를 저질러서 감옥에 가는 청소년이 어디가 많고 적은지, 청소년 정책을 잘하고 있는 곳을 비교하면서 차이를 가져오는 원인이 무엇인가 살펴볼 수 있겠죠.

정신 건강에 관심이 있다고 합시다. 미국에서도 심각한 문제입니다. 우울증과 자살률이 적은 곳, 또는 특별히 수치가 떨어지는 곳을 주목할 수 있겠죠. 성별로 인종별로 계층별로 어떻게 다른지, 시스템이 있을 때 환경에 따라 시스템이 다르게 작동하지 않은지 살펴볼 수 있겠죠. 데이터를 살펴보는 법에 대해 이야기를 하자면, 우선 리서치가 중요합니다. 그런데 이게 심플하지는 않아요. 언론인들이 뉘앙스가 있는 질문을 던져요. 이런 다른 결과를 내는 요소는 무엇일까요? 제왕절개 비율이 높을 수도 있어요. 이게 대학 병원일 수도 있죠. 여러 가지 이유로 제왕절개가 늘어났을 수도 있겠죠. 병원이 경제적으로 취약한 곳에 위치해 있을 수도 있고 말이죠. 양질의 연구인가 조사해야 합니다. 연구 비용을 누가 지불하는가도 봐야 합니다. 연구자와 기금의 관계나 연구자들이 이런 연구들을 이해하는데 도움을 주는 사람들이 있는가 등등, 엉망인 연구도 많습니다. 이런 연구 결과를 피하는 것도 매우 중요합니다.

'누가 잘하고 있는가'부터 시작해 볼까요.

《시애틀타임스》 기사를 살펴볼까요. 미국에는 AP(Advanced Placement) 수업이라는 게 있습니다. 이 수업을 채택하는 학생은 다른 학생보다 학업 성취도가 좋았다, 나빴다, 그리고 이걸 빨리 채택했던 사람들의 효과일 수도 있다, 프로그램을 잘 받아들였던 선생님들의 효과일 수도 있다 등등 이런 건 매우 현실적인 연구 결과죠. 다른 수업보다 효과가 있는지 없는지 확인할 수 있는 결과입니다. 단순히 좋다고 홍보하는 게 아니죠.

언론이 던질 수 있는 클래식한 질문이 있죠. 누가 잘 하고 있는가, 이 문제는

어떻게 작동하는가, 무엇이 빠져 있는가, 무엇을 해결하지 못하는가, 이런 아이디어를 다른 곳에서 적용할 수 있는지, 비판자들은 뭐라고 말하는지, 어떤 데는 작동하고 어떤 데는 작동하지 않는지 등등 방해

가 되는 요소가 무엇인지에 대해서도 이야기할 수 있겠죠. 비용이 많이 들 수 있고, 정치적인 문제 때문에 정책으로 입안되지 못할 수도 있죠.

이건 《가디언》에서 쓴 기사인데요. 어떻게 인도의 마을에서 출산 중 사망률을 줄였는지 보여주는 기사입니다. 90%나 줄어들었습니다. 저는 이런 기사가 정치인의 소셜 미디어 발언을 다루는 것 보다 훨씬 중요한 기사라고 생각합니다. 어떻게 했기에 90%나 떨어졌을까, 궁금하지 않으세요?

한국과 관련된 기사는 많지 않지만, 두 가지만 소개해 드리겠습니다. 아이들 수가 줄어들면서 학교가 비니까 남쪽 지역의 학교들이 문맹인 할머니들을 학교로 모셔왔다고 하죠. 한국도 출산율이 줄어들어서 고민이 많으시죠. 전남 강진의 대구초등학교는 올해 신입생이 없어서 문을 닫을 뻔 했습니다. 그래서 초등학교를 다니지 못했던 70대 이상 할머니 7명을 신입생으로 받았습니다. 평생 글자를 읽고 쓸 줄 몰랐던 할머니들이 뒤늦게 공부를 시작하게 된 것입니다.

또 다른 기사는 며칠 전 CNN 기사입니다. 한국의 청소년들 중에서 휴대폰에 중독된 학생들이 많다는데요. 여기 재미있는 데이터가 있습니다. 일단 문제를 살펴보고요. 한국 청소년 세 명 중에 한 명이 "스마트폰이 가까이 있으면 집중하기 어렵다"고 답변했군요. "스마트폰 때문에 가족 구성원들과 싸운다"는 답변도 있었고요.

스마트폰 중독이 심각하다는 건 누구나 다 압니다. 원인을 찾고 해법을 찾는 과정이 필요합니다. 일단 청소년들이 운동할 시간이 없고요. 미국은 스마트폰 중독이 세계적으로 가장 심각한 나라입니다. 스트레스를 스마트폰으로 푸는 것이죠. CNN 보도에서는 10~19세 청소년의 30%가 스마트폰에 과도하게 의존하고 있다는 분석도 있었습니다. 그래서 디톡스 캠프를 만들었습니다. 스마트폰 없이 스포츠와 미술, 토론으로 진행되는 프로그램입니다. 테크놀로지 없이 기계 없이 살아보자는 것입니다. 이 기사에서는 이런 캠프에서 어떤 일이 일어나는지에 대해서도 이야기합니다. 효과가 있을 수도 있고 없을 수도 있습니다. 부모가 강요해서 참여했을 때는 효과가 없었다는 답변도 있었습니다. 문제를 완벽하게 해결하는 솔루션은 아니지만이 이 캠프에 참여한 청소년들에게 어떤 일이 일어나는지, 어떻게 변화를 만들어 낼 수 있는지 아이디어를 얻을 수 있습니다.

햇빛이 가장 큰 멸균력을 갖고 있다고 하죠. 우리는 은밀한 것을 들춰내는 것이 기자의 역할이라고 믿었습니다. 이런 건 20세기의 가정이었고요. 21세기에는 해당되지 않습니다. 언론 뿐만 아니라 사회 전체가 문제 해결에 나서야 합니다. 언론의 영향력이 위축되고 있고 독자의 수준도 높아졌고 사회 전체적으로 토론과 참여가 늘어났습니다. 20세기의 언론이 단지 비밀을 들춰내는 데 그쳤다면 21세기에는 저널리즘이 더 많은 것을 도울 수 있는 문제에 집중하자는 것입니다.

많은 대학에서 솔루션 저널리즘을 연구하고 있습니다. 컬럼비아대학교 토우센터 조사에서는 솔루션 저널리즘 보도가 기사의 인게이지먼트를 높인다는 결과가 나왔습니다. 페이지뷰는 102%, 체류 시간은 80%, 페이지 읽는 시간은 10~25%나 늘었습니다. 공유 수는 230%나 늘어났습니다.

또 하나 말씀드리고 싶은 건 신뢰와 관련된 것입니다. 기자들은 사람들이 우리가 정확하기 때문에, 최대한 팩트를 전달하고 있기 때문에 신뢰하고 있다고 생각합니다. 그러나 관심이 있고 지지하고 있기 때문에 신뢰하는 것입니다. 관심은 매우 중요합니다. 관심이 있다는 건 지역 사회에 참여할 의지가 있다는 것이죠. 그게 낙태든 정신보건이든 약물이든 폭력이든 지역 뉴스에서 누군가가 지역 사회를 어떻게 바꾸고 있는지 보여주면 참여를 하게 되고 신뢰도 향상되고 언론사의 수익도 오릅니다. 스폰서도 생깁니다. 신문을 유료로 구독하는 비율도 늘어나고요.

솔루션 저널리즘 기사를 아카이빙하는 '솔루션 트래커'에는 한국 사례는 아직 많지 않은데요. 더 늘어날 것으로 기대하고 있습니다. 솔루션 저널리즘 교재로 쓰는 '툴 킷'이 최근에 한국어 번역이 끝나서 곧 공개될 것입니다. 한국의 저널리스트들이 우리 네트워크에 더 많이 참여해 주시면 좋겠습니다. 우리가 상상하는 세계에 어떻게 우리의 삶을 투영하느냐에 따라 사람들이 반응할 것이라고 믿습니다. 저는 세상이 바뀔 수 있을 거라고 생각합니다.

"솔루션 저널리즘이 저널리즘 위기의 해법이 될 수 있습니다."

많은 기자들이 사건을 중계하거나 현장을 스케치하고 누군가에게 묻고 답변을 끌어내는 건 잘 하지만 해답을 찾는 과정에 참여하는 건 낮설고 막막하다고 생각합니다. 어떻게 접근하는 게 좋을까요?

요가하는 분 계시죠? 요가를 하면 행동을 바꾸게 되죠? 좋은 느낌을 주는 것, 어떤 영향을 주면서 더 많이 참여하게 만드는 것입니다. 사람들을 만나고 문제를 들춰내고 우리가 얼마나 끔찍하고 비참한 세상에 살고 있는지 보도할 수 있습니다. 중요한 기사죠. 확인을 해야 합니다. 동시에 어떤 가능성이 있는지도 알려줘야 합니다. 세계적으로 사례가 많이 있습니다. 고민도 비슷하고 문제의 양상도 비슷합니다. 공동체로 문제를 해결하는 경우도 있고 환자들이 서로서로를 돌보도록 하는 경우도 있습니다. 몇 달 걸리는 데 이게 가능하겠어? 저는 시도해 볼 만하다고 생각합니다. 폭발적인 반응이 일어날 테니까요. 솔루션 저널리즘 기사는 독자의 충성도도 높고 사회적 임팩트도 높습니다. 요가를 하려면 일단 배우러 가야 합니다. 이런 좋은 이야기를 같이 공유하고 싶다는 기자들도 많습니다. 이제는 마음을 울리는 그런 보도가 필요합니다.

기자들의 일하는 방식을 어떻게 바꿀 수 있을까요? 뉴스룸의 문화와 관행을 어떻게 전환할 수 있을까요? 10년 동안 취재했는데도 해법을 찾지 못한 걸 네트워크의 도움으로 했다고 했는데요. 한국에서도 그런 조직이 필요할 거라고 보십니까?

교육과 시스템 지원을 하는 네트워크가 있으면 당연히 좋겠죠. 대학이나 전문가 그룹이나 개별 뉴스룸이나 여러 가지 형태가 가능할 거라고 봅니다. 사회 혁신가 그룹일 수도 있을 거고요. 뉴스 조직이 어떻게 바뀌어야 할까요. 조직 혁신에 대한 몇 가지 솔루션이 있습니다. 덴마크의 컨스트럭티브 이니셔티브도 조직 혁신 툴을 제공하고 있는데요. 과학적인 것이라기 보다는 에디토리얼 미팅에 가까운 것입니다. 중요한 것은 어떤 걸 취재할까 편집회의에서 추가적인 질문을 하는 것만으로도 바뀐다는 것입니다. 누가 더 잘하고 있나, 그런 사람이 존재하는가, 아이템 회의를 할 때 질문을 추가하는 것이죠. 우리가 흔히 솔루션은 속삭인다고 하는데요. 솔루션은 백그라운드에 있기 때문에 무시하기 쉽죠. 아이템 회의를 할 때 솔루션 관점에서 기사를 봤는가, 확인하는 과정을 거치게 하는 것입니다. 병원에 가서 의사 선생님을 만난다고 생각해보세요. 어디 불편한 데 없냐고 물어보는 것부터 시작하죠. 중요한 질문을 습관화하는 게 중요합니다. 주인공을 영웅으로 프레임하는 건 문제가 될 수 있습니다. 문제를 해결하는데 이런 접근방식이 있더라는 것은 가능하지만 이런 대단한 사람이 세상을 바꾸고 있다고 소개하는 것은 오히려 독자들을 방관자로 내몰 수 있습니다. 과정과 시행착오에 대한 이야기를 끌어내야 합니다. 우리 목표는 더 나은 세상을 만들기 위해 사람들이 해법에 관심을 갖게 만드는 것입니다.

솔루션이라는 단어가 오해를 만드는 것 같기도 합니다. 뭔가 완벽한 해법을 찾아야 할 것처럼 생각하게 됩니다.

어떤 문제든 완벽한 해결책은 있을 수 없습니다. 여러 가지 접근 방식이 있고 여러 가지 차이가 있죠. 자칫 히어로 스토리로 흐를 수도 있습니다. 물론 진짜 영웅들이 있죠. 그렇지만 기사를 읽는 사람이 내리는 결론이 '이건 이 사람이 정말 특별해서 그래, 나는 특별하지 않아', 이렇게 생각하게 만드는 것은 곤란합니다. 성과에 집중하는 건 좋지만 사람이 부각되지 않도록 해야 합니다.

한국에서도 솔루션 저널리즘에 관심이 많습니다. 무엇부터 시작해야 할까요?

오늘날 저널리즘의 가장 큰 문제는 독자들이 저널리즘에 관심이 없다는 겁니다. 부정적인 기사가 넘쳐나고 기사를 읽으면 우울해지고 무력감을 느끼게 되니까요. 언론사들은 왜 뉴스에 돈을 안 내느냐고 묻는데, 문제는 제품입니다. 돈을 벌고 싶으면 제품을 바꿔야 합니다. 저는 솔루션 저널리즘이 중요한 경쟁 전략이 될 수 있다고 보고 있습니다. 에버그린 스토리를 만들어야 합니다. 2년 뒤 10년 뒤에도 다시 읽힐 만한 기사를 만들 수 있다면 저널리즘 위기의 대안이 될 수도 있습니다. 언론사 경영진의 장기적인 선택과 결단이 필요할 거라고 봅니다. 가장 중요한 것을 꼽으라면 조금 가치가 낮다고 여겨지는 취재를 줄이는 것부터 시작하라고 조언하겠습니다. 대부분의 언론사들이 모든 걸 다 취재하려고 합니다. 일단 사건이 생기면 우루루 몰려가죠. 우리 독자들에게 이런 중요한 걸 꼭 알려야 돼! 하지만 비슷비슷한 뉴스가 어디에나 있고 독자들은 별로 관심이 없습니다. 독자들을 대상으로 조사를 해보세요. 물어보세요. 대부분의 언론사들이 그런 시도 조차 하지 않았습니다. 독자들이 아무런 관심도 갖지 않는 기사를 그냥 하던대로 쏟아내고 있는 것이죠. 선택을 해야 합니다. 무엇을 바꿀 수 있을까. 우리 사회에 어떤 영향을 미칠 수 있을까. 에디터들은 그런 걸 좋아하죠.

저널리스트는 누구나 더 좋은 세상을 만들기 위해 필요한 걸 쓰고 있다고 믿습니다. 기자라면 누구나 해법을 고민하죠. 솔루션 저널리즘은 기자들이 생각하는 저널리즘과 어떻게 다른가요?

더 나은 세상을 만들어야 한다는 저널리즘의 역할과 책임에 당연히 동의합니다. 저널리즘이 사회에 기여하려면 두 종류의 정보가 필요하다고 생각합니다. 첫째는 부정부패와 스캔들, 위험요소에 대한 감시와 비판이 될 것이고 둘째는 더 나은 세상으로 가기 위해 우리가 할 수 있는 일이 무엇인가에 대한 고민과 해법이 될 것입니다. 우리는 무엇이 문제인지 알아야 하지만 무엇을 해야 하는지에 대해서도 알아야 합니다. 솔루션 저널리즘은 기회와 해법에 대해 취재하고 보도하는 것입니다.

결국 솔루션 저널리즘은 문제를 해결하는 방식과 과정에 대한 보도라고 보는 게 맞나요?

그렇습니다. 문제를 해결하는 노력에 대한 보도라고 보면 될 것 같습니다. 이러한 접근이 늘 성공하는 것은 아니고 실패하는 경우도 많죠. 당연히 실패에서도 배울 부분이 있는데, 500명의 경우에는 통했는데, 100만 명의 경우에는 작동하지 않을 수도 있습니다. 그래서 아주 작은 영역에서만 가능한 사례는 솔루션이라 부르기 적절치 않습니다. 이를테면 5개의 학교 또는 5개의 병원에서 어떤 실험이 성공했다면 그곳 사람들의 시스템을 배울 수 있겠지만 단순히 500명을 도왔다고 해서 그게 가난에 대한 근본적인 해법이라고 부를 수는 없는 것과 마찬가지입니다. 오히려 이 작은 변화를 기사로 만들고 시행착오로 얻은 경험을 널리 알리면 비슷한 문제로 고민하는 사람들에게 경험을 나누고 전체 시스템을 바꾸는 데 조금이라도 기여할 수 있게 됩니다. 물론 여전히 부정부패와 테러리즘, 범죄, 우리의 신뢰를 저버린 공공 서비스 등에 대응할 수 있도록 감시하고 고발하는 게 저널리스트의 책무입니다. 그러나 동시에 사람들이 이런 현실에 맞서 어떻게 싸우고 있는지, 어떻게 세상을 바꾸고 있는지에 대해서도 알려야 합니다. 이게 우리가 갖고 있는 문제의식입니다.

솔루션 저널리즘은 기존 저널리즘의 확장인가요? 아니면 완전히 다른 새로운 저널리즘인가요?

솔루션 저널리즘은 문제를 해결하고 그 과정을 통해서 배워나가는 사람들에 대한 이야기를 담는 것입니다. 그들 모두가 완벽한 해법에 이르는 건 아니죠. 부분적으로 작동할 수도 있고 완전히 실패할 수도 있지만 그 과정에서 우리 모두가 배울 점이 있다고 보기 때문입니다. 어떻게 사람들이 문제를 일으키고 어떻게 문제를 무시하거나 오히려 문제를 더 키우는지에 대해 알릴 필요도 있지만 어떻게 문제를 해결할 수 있는지에 대한 고민도 필요합니다. 이런 의미에서 솔루션 저널리즘은 저널리즘의 확장이라고 할 수 있습니다. 우리 그룹에도 탐사 보도 전문 기자들이 있는데 이들은 문제를 찾는 것 뿐만 아니라 다르게 접근하고 해법을 찾기 위해 노력합니다. 대안이 있다는 걸 보여주면 현실에 안주하거나 현실을 정당화하는 변명에 맞설 수 있습니다.

기자가 직접 현장에 뛰어들어야 한다고 생각하십니까? 취재 대상에 개입하는 것 아닌가요?

우리가 교육을 할 때 항상 하는 말이 있습니다. 솔루션 저널리즘을 흉내내지 말라는 것이죠. 솔루션이 아니면서 솔루션인 척하는 기사를 말합니다. 솔루션 저널리즘이라고 하려면 탐사 기자만큼 열심히 일해야 합니다. 실제로 우리 기자들은 굉장히 열심히 일하는 기자들입니다. '이것은 정말 좋은 프로그램이다', '또는 아이들을 도웁시다', 이런 말을 늘어놓는 걸 솔루션 저널리즘이라고 부르지는 않습니다. 변화를 만들어내고 있나? 실제로 작동하고 있다고 확신하나? 검증된 결과가 있나? 성공 요인이 무엇인지, 어쩌다 한 번 가능한 사례인지 아닌지에 대해서도 말할 수 있어야 합니다. 한계는 무엇인지, 비용이 너무 크지는 않은지, 정치적 문제가 있는지 없는지에 대해서도 확인을 해야 합니다. 아프리카에서 활동하는 누군가에 대해 기사를 쓴다고 생각해 보세요. 이게 솔루션 저널리즘이 되려면 엄청난 공부와 확인 과정이 필요합니다. 그래서 우리와 함께 일하는 저널리스트들의 가장 큰 요청은 어떻게 문제의 본질에 접근할 수 있는지, 그리고 어떻게 이 문제를 가볍지 않게 다룰 수 있는지에 대한 교육을 해달라는 것입니다.

일선 기자들은 솔루션은커녕 당장 터져 나오는 사건과 사고를 쫓아다니기에도 바쁜 게 현실이죠. 언론사도 마찬가지고요. 솔루션 저널리즘에 투자할 여력이 없습니다.

선택을 해야 합니다. 솔루션 저널리즘으로 전환하면 기사에 대한 인게이지먼트(engagement, 독자들의 반응)가 늘어납니다. 솔루션 저널리즘 기사가 보통 기사 보다 페이지뷰가 100% 더 많고 체류시간이 80% 더 길고 소셜 인게이지먼트가 230% 높다는 조사 결과도 있었습니다. 독자들에게 더 좋은 가치를 전달하고 더 높은 체류시간으로 연결되고 다시 광고 수익으로 이어집니다. 《시애틀타임스》의 에듀케이션랩에서 만든 솔루션 저널리즘 기사는 모두 알라스카에어라인의 지원으로 제작 됐습니다. 기업에게도 좋은 브랜딩 효과라고 판단해 기꺼이 좋은 기사 를 지원하는 것입니다. 기업들은 언제나 후광 효과(halo effect)를 노리 고 좋은 브랜드를 만들기 원합니다. 솔루션 저널리즘은 그냥 좋거나 좋 아 보이는 뉴스가 아닙니다. 심각하지만 사회적인 파급 효과는 훨씬 더 크죠. 어제 누가 총에 맞았다는 건 지식이 아니죠. 사람들은 신문에 9달 러를 투자하지 않지만 대학 교육에는 1만 5000달러를 투자합니다. 뉴 스가 지식이 되면 기꺼이 지갑을 열 것입니다. 비즈니스 관점뿐만 아니 라 사회 변화 관점에서 더 나은 제품이니까요.

조직 혁신이 중요할 것 같습니다. 언론사 조직만큼 관성이 강한 조 직이 없거든요.

솔루션 저널리즘을 실험하려면 뉴스룸에 최소 세 명이 있어야 합니 다. 우선 편집국장이 열려 있어야 하고 에디터가 의지가 있어야 하고, 그리고 경험 많고 열정 있는 기자가 필요합니다. 날마다 새로운 사건이 쏟아지고 있는데 근본적인 해법을 찾겠다는 시도가 한가하게 보일 수도 있죠. 편집국장을 설득하려면 다른 언론사의 사례를 보여주는 것도 좋습니다. 독자의 참여와 신뢰, 언론사 수익 확대 등의 변화를 보여주는 것입니다. 사례는 많습니다. BBC와 《뉴욕타임스》, 그리고 지역의 작은 신문사들 사례를 이야기할 수도 있겠죠. 솔루션 저널리즘이 저널리즘의 미래라고 말하는 것은 아닙니다. 다만 솔루션 저널리즘이 저널리즘의 확장이 될 수 있을 거라고 믿습니다.

마지막으로 우리 네트워크와 구글과의 협업에 대해 소개하고 싶습니다. 미국에서는 구글 어시스턴트에 "Ok Google, Tell me something good(오케이 구글, 좋은 이야기 들려줘)"이라고 말하면 솔루션 저널리즘 기사를 읽어주는 기능이 도입됐습니다. 아직 미국에서만 하고 있지만 다른 나라들과도 이야기하고 있는 중입니다. 구글에서 뉴스를 선택할 때 전통적인 저널리즘과 솔루션 저널리즘 기사 가운데 우선 순위를 설정할 수 있도록 하는 기능도 논의하고 있습니다.

"

사람들에게는 변화에 대한 갈망,
더 나은 세상과 정의에 대한
참여 의지가 있습니다.
무엇보다도 명확한 브랜딩과
콘텐츠 포지셔닝이 한국 언론에
필요합니다. 독자들이 직접
사이트를 찾아오게 만들고
뉴스의 맥락을 따라오도록 만드는
것이 의제 설정의 영향력을
회복하는 길입니다.

"

한국형 문제 해결 저널리즘을 이해하기 위한 10가지 질문.

● 16장

다음은 한국언론진흥재단 연구위원 진민정이 솔루션 저널리즘을 주제로 연구 보고서를 내면서 전문가 인터뷰를 요청했을 때 답변으로 정리한 것이다. 진민정이 묻고 이정환이 답했다. 미국에서 이런 걸 하니 우리도 해보자는 태도로 접근하는 건 곤란하다고 생각한다. 실제로 한국 상황은 다르기도 하고 미국의 솔루션 저널리즘과 유럽의 컨스트럭티브 뉴스는 또 다르다. 한국형 문제 해결 저널리즘은 어떻게 가능할까에 대한 고민을 담았다. 이 보고서의 전문은 한국언론진흥재단 홈페이지에서 내려 받을 수 있다.

"그거 우리가 늘 하던 거 아냐?"

1. 오늘날 저널리즘이 위기에 처하게 된 주요 원인은 무엇이라고 생

각하십니까? 콘텐츠의 위기와 저널리즘 환경의 위기를 구분해서 이야기해주세요.

먼저 콘텐츠의 위기는 이미 뉴스가 너무 많고 독자들은 현상의 이면, 맥락과 본질을 알기 원하는데 언론이 기대 수준에 미치지 못하기 때문입니다. 이제 언론이 사안을 규정하고 답을 내려주는 그런 시대가 아닙니다. 뉴스가 절대적인 권위를 갖는 시대도 아니고 뉴스를 일방적으로 받아들이는 독자들도 없습니다. 뉴스가 진실을 규정하기 보다는 진실에 이르는 과정으로 접근해야 합니다. 그런데도 뉴스 기업들은 여전히 발생 사건 중심의 제작 관행을 벗어나지 못하고 있습니다.

저널리즘 환경의 위기는 첫째, 콘텐츠에 투자할 재원과 인력이 부족하기 때문이고, 둘째, 뉴스 기업의 수익 구조가 광고주 특히 자본 권력에 의존하고 있기 때문이고, 셋째, 디지털 환경의 변화를 따라잡기에는 수직적이고 권위적인 언론사 조직의 관성이 너무 강하기 때문입니다. 상당수 뉴스 조직들이 자본에 영합하거나 독자에 영합하는 건 진실에 복무한다는 저널리즘의 근간이 흔들리고 있기 때문입니다. 그동안 하던대로 하는 관성이 강하다고 이야기하지만 미디어 환경이 바뀌는데도 계속 멈춰 있기 때문에 오히려 퇴행하는 것입니다. 독자를 잃고 의제 설정의 영향력도 약해지고 수익 기반도 무너지면서 생존을 위한 타협에 매몰되고 결과적으로 저널리즘을 희생하는 악순환이 계속되고 있습니다.

2. 한국 언론에서 해법이나 대안을 제시하는 기사를 찾기 힘든 이유

수십 년 동안 계속된 출입처 중심의 취재와 발생 사건 중심의 보도를 벗어날 수 없기 때문입니다. 사건은 가깝고 사건의 맥락을 추적하고 본질을 파고들고 해법을 모색하기는 멀고 어렵거나 날마다 쏟아져 나오는 사건을 따라가기에도 부족하기 때문입니다.

솔루션 저널리즘에 대한 이야기를 꺼내면 "그거 우리가 늘 하던 거 아냐?"라거나 "좋은 건 알겠는데 그게 언론이 할 일인지 모르겠다"거나 "해법을 왜 언론이 내놓아야 하느냐"거나 "어떻게 시작해야 할지 모르겠다"는 등의 냉소적인 반응이 쏟아집니다.

실제로 수십 년 동안 해왔던 것과 다른 방식을 고민해 본 적도 없고 고민할 수 있는 환경도 아니기 때문입니다. 대부분의 기자들이 당장 맡고 있는 분야에서 쏟아져 나오는 기사를 소화하느라 바쁜 건 조직 구성이 그렇게 돼 있고 누구나 맡은 분야의 부품을 조립하는 컨베이어 벨트 앞에 서 있기 때문입니다.

변화가 더딘 것은 구조적으로 한국 사회의 뿌리 깊은 정치 냉소 때문일 수도 있고 언론에 대한 불신 때문일 수도 있습니다. 독자들이 뉴스를 외면하고 기존의 비즈니스 모델이 무너지면서 오히려 낡은 관행에 더욱 의존하게 되는 악순환이 계속되고 있습니다. 해법이나 대안은 한가한 소리처럼 들리고 더욱 자극적이고 선정적으로 분노를 판매하고 갈등을 중계하는 방식에 매몰되는 것이죠.

3. 뉴스가 단순 사실이나 비판적 내용만 전달하는 것에 그치지 않고

활용 가능한 해법 사례들을 찾아 전달해야 한다는 솔루션 저널리즘에 대해 어떻게 생각하십니까? 이것이 새로운 저널리즘 모델이 될 수 있다고 생각하시는지요?

새로운 모델이라기 보다는 저널리즘의 확장이 될 수 있다고 생각합니다. 이름을 뭐로 붙이든 또는 굳이 이름을 붙여서 이게 솔루션 저널리즘이다, 규정하지 않더라도 문제에 대한 접근 방식, 그리고 기사를 풀어나가는 방식을 바꾸는 것만으로도 많은 게 달라질 거라고 생각합니다. 이를테면 데스크가 이게 다야? 현장에서 사람들 이야기를 더 들어보지? 뭔가 답이 없을까? 답을 알고 있는 사람들이 없을까? 좀 더 물어보자고 한 번 더 피드백을 주기만 해도 기사의 방향과 성격이 달라질 수 있습니다. 편집국 취재 가이드라인에 해법에 대한 질문을 추가하는 것도 방법이 될 수 있다고 생각합니다. 솔루션 저널리즘이라는 새로운 뭔가를 해보자는 게 아니라 기존의 방식에 해법을 찾는 과정에 대한 질문과 모색을 추가해 보자고 제안하는 것이 맞는 방향이라고 생각합니다.

기자가 주인공이 되는
이야기는 곤란하다.

4. 몇 년 전부터 솔루션 저널리즘을 표방한 매체들이 영미권과 유럽에서 확산하고 있습니다. 뉴스가 사안과 그 해결 과정을 통해 미래에 대한 긍정적인 상상을 가능케 해야 한다는 것인데요. 이러한 확산의 원

인은 무엇이라고 진단하십니까?

독자들이 좀 더 적극적인 저널리즘의 역할을 요구하고 있기 때문입니다. 똑같은 뉴스에 싫증을 느끼고 겉돌고 맥락을 잃은 뉴스에 실망하고 좌절하기 때문입니다. 뉴스를 봐도 세상을 더 잘 이해하기는커녕 무기력하고 분노하게 되기 때문입니다. 읽고 즐거운 뉴스, 긍정적인 에너지를 주는 뉴스를 공유하고 싶고 나누고 싶은데 그런 뉴스가 없죠. 언론이 해답을 내놓을 수는 없습니다. 다만 변화의 가능성과 희망, 실제로 더 나은 세상을 만들기 위한 사람들의 의지를 불러일으키는 작업이 필요하다고 생각합니다. 그래서 사람들이 해결 지향 보도를 갈망하는 것이고요.

5. 솔루션 저널리즘은 문제보다는 해법을 중시하는 저널리즘이라 할 수 있지만, 그렇다고 솔루션 저널리즘에 대한 합의된 정의가 존재하지는 않습니다. 만약 선생님께서 정의를 내리신다면 이 저널리즘을 어떻게(범주 혹은 방향 측면에서) 규정하시겠습니까?

'해법을 찾는 과정에 대한 보도'라고 정의하겠습니다. 완벽한 해법이 아닐 수도 있지만 우리에게는 더 많은 질문과 더 많은 실험과 시행착오가 필요하다고 생각합니다. 이렇게 하니까 되더라도 중요하지만 이렇게 하니까 안 되더라, 우리는 이런 걸 해보고 있다, 이런 걸 해야 한다고 생각한다 등등, 실제로 변화를 만들기 위해 노력하는 사람들의 이야기를 추적하고 성과와 한계를 기록하는 작업이 필요하다고 생각합니다. 단순히 기록하고 리스트업하는 것 뿐만 아니라 기록을 집적하고 다시 구조화하고 의미를 짚고 매뉴얼화하는 작업까지 이어져야 합니다.

6. 만약 솔루션 저널리즘에 유효한 측면이 있다면, 언론인들이 어떤 부분들을 경계하면서 솔루션 저널리즘을 실천해야 한다고 생각하십니까?

한국에서는 특히 '액션 저널리즘'이나 '해결사 저널리즘'을 솔루션 저널리즘으로 오해하는 경우가 많은 것 같습니다. 언론이 직접 문제를 해결할 수도 있고 언론인이 직접 문제 해결에 뛰어들 수도 있습니다. 많은 경우 기사를 써주는 것만으로도 문제가 해결되는 경우도 있습니다. 정치를 움직일 수도 있고 공무원을 움직일 수도 있고 사람들이 행동에 나서게 만들 수도 있습니다.

다만 이런 식의 '기자가 주인공이 되는 이야기'는 적당히 박수만 치고 끝나거나 오히려 독자들을 관찰자로 머물게 만들 가능성도 있다고 생각합니다. 훌륭한 언론도 물론 많지만 언론이 모든 문제를 다 해결해준다면 독자들이 할 수 있는 일은 없으니까요. 실제로 정의로운 어떤 언론인들은 '우리가 세상을 바꾸고 있어'라고 생각하고 실제로 많은 것을 바꾸고 있기도 합니다. 그러나 독자들 입장에서는 '이런 언론인이 더 많아져야 해', 아니면 '다른 언론은 모두 기레기야'라고 냉소하게 됩니다.

언론이 세상을 바꿀 수도 있지만 언론이 세상을 바꾸는 사람들에 대한 이야기, 그 사람들이 세상을 바꾸는 방식에 대한 이야기에 집중하면 더 많은 변화를 이끌어낼 수 있을 거라고 생각합니다. 데이빗 본스타인이 이야기하듯이 영웅 만들기를 경계해야 하고(기자가 영웅이 되는 것도 포함), 미담으로 끝나서도 안 됩니다. (미담과 솔루션 저널리즘의 구분을 명확하게 해야 한다고 생각합니다. 사람이 주인공이 돼서는 안 되고, 과정에 주목해야 합니다. 숫자로 입증하고 검증 과정을 거쳐야 하고요.) 전문가에 의존한 싱크탱크 저널리즘도 답이 될 수 없고요. 적당히 훈계하고 거대 담론으로 포장하거나 정치가 나서야 한다, 사회적 해법을 모색해야 한다는 등의 모호한 결론으로 끝나는 것도 솔루션 저널리즘이 될 수 없습니다. 더 철저하게 현장의 실험에 주목하고 숫자로 입증하고 검증하면서 시스템의 문제로 접근해야 한다고 생각합니다.

언론도 시민사회의 일원으로
토론에 참여해야 한다.

7. 솔루션 저널리즘이라는 새로운 방법론이, 자칫 언론의 비판적 기능을 훼손할 가능성이 있다는 우려에 대해서는 어떻게 생각하십니까?

문제를 정확히 인식하고 규정하는 건 여전히 솔루션 저널리즘에서도 매우 중요하다고 생각합니다. 감시와 비판, 의제 설정은 여전히 저널리즘의 고유한 기능이고 지금보다 더욱 강화돼야 합니다. 그걸 하지 말고 이걸 하자는 게 아니라 이런 것도 해보자는 관점에서 접근할 필요가 있습니다. 완전히 새로운 어떤 것이 아니라 지금까지 해왔던 것에서 조금 더 나가는 것, 새로운 방식으로 접근하는 것, 취재와 보도의 무게 중심을 그렇다면 이제 우리가 무엇을 해야 하는가로 옮겨가는 것이라고 생각합니다.

공사 현장에서 추락 사고로 죽는 사람이 1년에 300명이라는 기사를 쓸 수도 있겠지만 추락 사고를 줄이기 위해 무엇을 할 수 있는지에 대해 쓸 수도 있습니다. 지방 소멸에 대한 기획 기사를 쓸 수도 있지만 실제로 지방 소멸에 맞서는 지방자치단체의 구체적인 사례를 이야기할 수도 있습니다. 같은 이야기라도 문제를 중심에 두는 것과 해법을 중심에 두는 것은 메시지가 확연하게 달라집니다. 쪽방촌 르포도 좋지만 노인 주거에 대한 대안을 취재하는 것도 좋겠죠. 미세 플라스틱의 공포를 이야기하는 것도 좋지만 플라스틱 사용량을 줄이기 위한 실천적인 해법을 이야기한다면 실제로 변화를 끌어낼 수 있을 것입니다.

중요한 것은 솔루션 저널리즘은 적당히 감동적인 미담이나 한번 휩쓸고 지나가는 캠페인이 아니라 과정과 매뉴얼이 돼야 한다는 것입니다. 좀 더 구체적으로, 좀 더 근거를 갖고 이야기해야 합니다. 사람들의 마음을 움직이지 못한다면 그것은 해법이 아닌 것입니다. 중요한 것은 해법이 아니라 해법을 찾는 과정, 실패든 성공이든 그 논의와 변화의 과정을 기록하는 것입니다. 기록이 남아서 다음 단계로 우리를 이끌 테니까요. 감시와 비판, 날 것 그대로의 사실 전달과 의제 설정이 중요하지 않다는 이야기가 결코 아닙니다. 깨진 유리창을 외면하지 말자는 것이고 디테일에 관심을 기울이자는 것입니다. 언론도 시민 사회의 일원으로서 토론에 참여해야 한다는 것입니다.

8. 솔루션 저널리즘 실천과 네트워크 시도들은 주로 영미권과 유럽

일부 국가들에서 이루어지고 있습니다. 한국적 저널리즘 환경에 솔루션 저널리즘을 도입하고 소개하는 과정에서 주의할 사항이 있다면 어떤 것이 있을까요? 도입에 어려움이 있다면 그 이유는 무엇이라고 생각하십니까?

외국에 이런 멋진 게 있다더라고 소개하는 것만으로는 부족할 것 같습니다. 솔루션 저널리즘을 한국 언론에 도입하려면 문제에 대한 접근 방식과 문제를 규정하고 의제를 설정하는 프로세스의 변화가 필요하기 때문입니다.

대부분의 한국의 기자들은 가서 보고 듣고 기록하는 데 익숙하지만 답이 안 나오는 문제를 추적하는 경험과 노하우가 부족합니다. 문제를 파고드는 것은 선명하고 강력하지만 문제로부터 해법을 도출하는 과정은 막연하고 지루하고 실제로 뾰족한 해법에 이르지 못하는 경우도 많습니다. 다만 해법에 이르는 과정에 집중하도록 우선 순위를 바꾸는 노력이 필요할 거라고 생각합니다. 독자들이 해법에 집중하게 하려면 해법과 무관한 불필요한 이야기를 과감하게 덜어내고 성과와 한계, 가능성을 명확하게 짚는 새로운 서술 방식이 필요합니다. 적당히 좋은 이야기가 아니라 기사가 바로 매뉴얼이 돼야 하는 것이죠.

장기적으로는 뉴스룸의 조직 혁신과 뉴스룸의 의사 결정 구조의 변화가 필요할 거라고 봅니다. 저널리즘 프로세스에 시스템 싱킹과 디자인 싱킹을 접목하려는 시도, 해법을 모색하는 과정에 린 방법론을 결합하려는 시도도 필요할 것 같고요. 기자가 직접 답을 내놓으려 하기 보다는 시민 사회 진영과 함께 머리를 맞대고 답을 찾으려는 시도도 필요

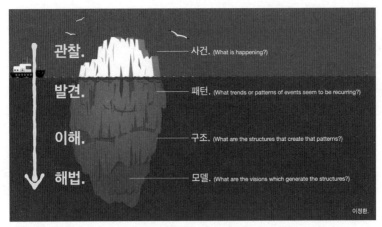

사건애서 패턴을 읽고 구조와 모델에 접근하는 시스템 싱킹 방법론.ⓒGettyim-agebank.

할 것이고 기자가 좀 더 현장에 깊이 뛰어들어 현장의 문제를 함께 고민하는 태도의 변화도 필요할 것입니다. 저널리스트들과 시민들이 함께 참여하는 문제 해결 해커톤(해킹+마라톤) 같은 것도 시도해 볼 수 있을 것 같고요.

9. 저널리즘을 혁신하고 위기를 타개할 새로운 방안에는 어떤 것들이 더 있을까요? 저널리즘의 규범을 지키면서 또 다른 어떤 시도들을 해볼 수 있다고 생각하십니까?

일단 솔루션 저널리즘이 그 시도 가운데 하나가 될 수 있을 거고요. 사람들에게는 변화에 대한 갈망, 더 나은 세상과 정의에 대한 참여 의지가 있습니다. 언론이 그런 변화를 추동할 수 있다면 기꺼이 유료 구독에 동참하고 후원을 시작할 거라고 봅니다. 무엇보다도 명확한 브랜딩과 콘텐츠 포지셔닝이 한국 언론에 필요합니다. 독자들이 직접 사이트를 찾아오게 만들고 뉴스의 맥락을 따라오도록 만드는 것이 의제 설정의 영향력을 회복하는 길입니다.

저는 한국 언론의 가장 큰 위기는 자본 종속이라고 생각합니다. 먹고 사는 문제를 정확히 들여다 보지 않으면 근본적인 변화를 기대할 수 없다고 보기 때문입니다. 수직적 의사 결정 구조의 언론사 시스템에서는 비즈니스 모델이 조직의 DNA를 만드는 것 같습니다. 속보 경쟁과 클릭 바이트 기사 역시 경쟁의 문법을 바꾸지 못하고 플랫폼에 종속되기 때문입니다.

저널리스트들이 저널리즘에 복무할 수 있는 환경을 만들어줘야 합니다. 여전히 퀄리티 저널리즘에 대한 갈망이 높고 차별화된 뉴스를 만들 수 있다면 충분히 비즈니스 기회를 만들 수 있는 환경이라고 생각합니다. 문제는 기성 언론의 경우 자전거 바퀴를 멈출 수 없듯이 변화가 쉽지 않다는 겁니다. 비행기를 타고 가면서 비행기를 고치는 것은 위험하기도 하고 엄청난 용기가 필요한 일이죠. 우리에게는 새로운 성공 모델이 필요합니다.

속보를 줄이거나 통신사와 역할 분담을 하는 것, 심층성을 강화하기 위한 취재 부서를 독립하고, 디지털 스토리텔링 포맷을 계속 실험하고, 뉴스의 맥락을 파고 들기 위한 리서치 서포트 부서를 설립하고, 시민 사회 진영과 협업하는 시스템을 모색하는 등등 새롭게 시도할 수 있는 건 얼마든지 있습니다. 미디어 리터러시를 연계한 모델도 가능할 거고, 뉴스 레터를 강화하고 커뮤니티를 강화하고 단계적으로 뉴스 유료화를 확대하면서 독자 기반 비즈니스 모델로 옮겨가는 방안을 모색해야 할 것입니다.

10. 솔루션 저널리즘과 관련하여 제언하실 것이 있다면 말씀해주시기 바랍니다.

거대 담론이 아니라 우리 삶의 문제를 해결하는 것부터 시작해야 한다고 생각합니다. 정치가 할 일이 따로 있고 시민 사회가 할 일이 따로 있고요. 해법을 찾는 과정에서 언론이 할 수 있는 기록과 비판, 검증의 역할이 있을 거라고 봅니다.

솔루션 저널리즘을 지원하는 펀드나 후원 조직, 또는 언론사들의 협의체를 만드는 것도 좋을 것 같습니다. 대학교에 솔루션 저널리즘 과목을 개설해서 학생들이 한 학기 과정으로 직접 솔루션을 추적하는 실습을 하도록 하는 것도 좋을 것 같습니다. 기성 언론인을 교육하는 것보다 학생들을 교육하는 게 더 빠를 것 같기도 하고요. 기성 언론인과 학생들이 팀을 짜서 브레인스토밍을 시작할 수도 있을 거고요.

한국언론진흥재단에서 기금을 만들어서 실험적인 프로젝트를 공모해도 좋을 것 같습니다. 기성 언론인 교육 과정으로 솔루션 저널리즘 방법론을 교육하는 것도 좋지만, 문제 해결 방법론과 조직 혁신에 대한 과목을 넣는 것도 좋을 것 같습니다. 사냥개처럼 사건을 쫓는 것도 당연히 필요하지만, 사건의 맥락과 이면에 대한 토론, 패턴을 발견하고 구조를 이해하는 팀 프로젝트의 경험이 필요할 것 같습니다.

시민 사회 진영에서 직접 문제 해결을 시도하는 활동가들과 언론인들의 협업 프로젝트를 연계하는 프로세스도 필요할 거라고 봅니다. 한국 사회의 문제를 500가지 정도 정리하는 전문가 그룹이나 워크숍이 있으면 좋을 것 같고요. 저널리스트들과 사회 혁신 그룹이 머리를 맞대고 해법을 찾아나가는 로드맵을 그려보는 것도 좋은 출발이 될 것 같습니다.

" 팩트는 뉴스의 한 재료일 뿐
뉴스의 전부가 아니며 훌륭한
뉴스의 가장 좋은 부분은 아니라는
요점을 기자들이 모른다는 듯이
행동한다. 아무리 사실에 충실한
참된 뉴스라 해도 얼마든지
불공정하고 추악할 수 있고 반대로
아무리 불편부당하고 세련되게
만들어진 뉴스라 해도 의심스러운
사실 주장을 포함할 수 있다. "

사라진 저널리즘 경쟁, 현장의 접근 방식이 달라져야 한다.

17장

한국 언론의 추락과 퇴행을 이야기하는 것은 고통스러운 일이다. 이 땅에서 기자라는 직업을 갖고 있는 누구도 여기에서 자유롭지 못하기 때문이고 저널리스트의 책무와 도덕성, 직업 윤리의 문제로 풀기에는 여러 가지 구조적인 문제가 얽혀 있기 때문이다. 언론의 신뢰가 세계에서 가장 낮은 수준이라는 반복되는 조사 결과도 있었고, 코로나 바이러스 이전과 비교해서 신뢰 변화를 물었더니 언론은 45%가 줄었다는 설문 결과도 있었다.

우리는 언론 개혁이라는 이름으로 공허한 구호를 남발하거나 언론 전반에 냉소와 불신을 부추기고 최소한의 건강한 토론마저 무력화시키는 일련의 사건을 경험했다. 분명한 것은 내가 동의하지 않는 뉴스를 '가짜 뉴스'라고 부르고 "언론은 다 썩었다"고 말하는 순간, 우리가 의존할 것은 페이스북 친구들의 타임라인이나 커뮤니티 사이트의 베스트

게시물, 카카오톡을 타고 흘러다니는 '(받은 글)' 찌라시 뿐이라는 사실이다.

언젠가부터 언론을 개혁하자는 말이 정의를 구현하자는 말만큼이나 울림이 없는 건 이런 이유에서다. 언론 보도에 징벌적 손해 배상을 도입하거나 정정 보도를 원래 기사와 같은 크기로 내도록 의무화하거나 검찰 기자실을 폐쇄하거나 아예 출입처 제도를 없애는 등의 방안이 거론되지만 근본적인 해법이 아니라는 걸 모두가 알고 있다. 낙하산 사장 퇴진을 요구하며 언론 자유를 외치던 게 겨우 3년 전인데, 세상이 바뀐 뒤에도 언론은 왜 이 모양인가.

10원짜리 기사들.

온라인에서 기사 링크를 한 번 클릭하면 언론사에 10원 정도가 돌아간다. 그것도 기사 중간 중간 광고를 덕지덕지 발랐을 경우 겨우 가능한 금액이다. 과연 이게 우리가 만드는 뉴스의 가치인가. 도대체 하루 몇 만 건의 클릭을 만들어야 지속 가능한 디지털 콘텐츠 비즈니스 모델이 될까. 사실 우리는 이미 답을 알고 있다. 값싼 뉴스에 값싼 광고, 애초에 배너 광고는 지속가능한 저널리즘의 해법이 될 수 없다.

뉴스는 돈이 많이 드는 상품이다. 10만 클릭을 만들어도 잘해봐야 200만 원이고, 그 정도로는 뉴스의 생산비용을 충당할 수 없다. 인기 검색어에 편승해 낚시질 기사를 쏟아내고 임플란트와 다이어트, 발기부전 등 지저분한 광고를 늘리면서 매출을 키울 수도 있겠지만 그것이 대안이 아니라는 걸 우리 모두 알고 있다. 이런 기사를 더 많이 클릭하게 만들거나, 더 지저분하게 광고를 붙이거나, 어떤 경우든 독자를 배반하고 신뢰를 떨어뜨리는 요인이다.

우리는 우리 기사가 더 나은 세상을 만드는 데 의미 있는 역할을 할 수 있기를 바란다. 권력을 감시 · 비판하고 의제를 설정하거나 제안하고 사람들의 생각을 바꾸고 행동을 끌어내는 것이 저널리즘의 본령이고 사명이다. 언제나 진실을 위해 복무한다고 생각하지만 우리 메시지가 의미 있는 변화를 만들어내지 못한다면 메시지가 문제인지 메시지의 전달 방식이 문제인지 고민할 필요가 있다.

숱하게 인용됐지만, 한국 독자들의 언론사 사이트 직접 방문자 비율이 세계에서 가장 낮다는 로이터저널리즘연구소의 조사 결과는 여전히 충격적이다. 뉴스를 얼마나 신뢰하느냐는 질문에 긍정적으로 응답한 비율도 가장 낮았다. 한국언론진흥재단 언론수용자 의식조사에서는 PC에서 뉴스를 전혀 보지 않는다는 답변이 59.8%나 됐다. 모바일에서는 88.3%(중복 포함)가 네이버, 27.2%가 다음에서 뉴스를 본다고 답변했다.

여러 가지 분석이 가능하겠지만 첫째, 포털 중심의 콘텐츠 소비, 둘째, 출입처 중심의 천편일률적인 기사 생산 시스템, 셋째, 뉴스 패키지의 해체와 브랜드의 실종 등을 요인으로 꼽을 수 있다. 넷째, 언론사 홈페이지의 지저분한 광고와 열악한 인터페이스도 한몫할 것이다. 뉴스는 어디에나 있지만 대부분의 독자들에게는 그게 굳이 《조선일보》나 《경향신문》일 이유가 없고 《한겨레》나 《국민일보》 사이트를 찾아갈 이

유도 없는 것이다.

업계에서는 네이버와 다음이 언론사들에게 지급하는 이른바 전재료가 연간 500억 원 규모에 이르는 것으로 추산하고 있다. 여기에 네이버가 플러스 프로그램으로 연간 200억 원을 언론사에 지원하고 있고, 네이버와 다음이 직간접적으로 언론사에 집행하는 후원과 협찬을 포함하면 1000억 원에 육박할 거라는 관측도 있다. 문제는 이 1000억 원으로는 뉴스 기업들의 몰락을 막거나 속도를 늦추기에도 턱없이 부족하다는 데 있다.

오프라인 상황은 더욱 열악하다. 한국 최대 규모 광고대행사인 제일기획 집계에 따르면, 국내 신문·잡지 광고는 2003년 2조 3906억 원에서 2017년 1조 7494억 원으로 꾸준히 줄어들고 있다. 눈여겨볼 대목은 상위 17개 신문사 매출액을 합산해보면 2003년 2조 639억 원에서 2017년 1조 9887억 원으로 거의 줄어들지 않았다는 것이다. 15년 동안 광고는 26.8%나 줄었는데 주요 신문사 매출액은 3.6% 감소하는 데 그쳤다는 이야기다.

광고가 크게 줄었는데 매출이 그만큼 줄지 않은 이유는 뭘까. 일단 디지털 부문 매출은 광고 매출을 상쇄하기에는 턱없이 부족한 수준이다. 신문사들이 광고 이외의 매출을 늘렸을 수도 있지만 이보다는 광고로 집계되지 않는 음성적인 거래가 크게 늘었기 때문일 가능성이 높다. 여러 경로로 확인한 결과, 이미 상당수 기업에서 광고비 대비 협찬과 후원 비중이 적게는 50%에서 많게는 100%에 육박한다는 게 공공연한 비밀이다.

여기에도 몇 가지 눈여겨볼 포인트가 있다. 광고 시장이 정점을 찍은 것이 한일 월드컵과 16대 대통령 선거가 동시에 열렸던 2002년이다. 광고 시장이 한 차례 바닥을 쳤던 건 삼성그룹 비자금 사건 특별검사가 실시된 2008년이다. 삼성그룹은 특검이 시작되자 광고를 전면 중단하다시피 했고 2009년 8월 이건희 회장 등이 집행유예를 선고 받을 때까지 1년 반 이상 광고 시장이 얼어붙었다.

흥미로운 대목은 2008~2009년을 전후로 언론과 자본, 미디어와 광고주의 관계가 완전히 역전됐다는 사실이다. 광고 시장이 살아났지만 언론은 자본의 눈치를 보기 시작했고 거대한 침묵의 카르텔이 형성됐다. 삼성그룹이 광고를 끊자 몇몇 신문사들은 종이값이 없어 신문을 찍지 못할 지경이라는 말이 나올 정도로 심각한 자금 압박에 직면했다. 정도의 차이는 있지만 당시 경험은 많은 언론사에게 강력한 학습 효과를 만들었다.

100개의 똑같은 기사들.

신문사 매출액은 대체로 광고 시장과 연동하지만 2012년 이후 미묘한 변화가 감지된다. 2009년 이후 광고 시장이 회복됐지만, 눈길을 끄는 건 2013년부터 17개 신문사의 매출이 전체 신문 · 잡지 광고 집행 금액을 뛰어넘었다는 사실이다. 광고 이외의 매출이 실적을 떠받치고 있으며 상당수 신문사들은 광고 시장의 몰락과 별개로 여전히 버틸 만하다는 이야기다.

이건 정말 서글픈 이야기다. 언론이 바뀌지 않는 건 바뀌지 않아도 먹고 사는 데 문제가 없기 때문이다. 독자가 없어도, 신뢰가 추락해도, 영향력을 잃어도, 아직 광고 시장이 살아있고 협찬과 후원 시장이 받쳐주고 있고 신문 시장의 파이가 그럭저럭 남아있다. 지상파 방송사는 수천억 원씩 적자가 나도 당장 문 닫지는 않을 것이고 신문사들은 여전히 기업들이 먹여 살리고 있다. 애초에 광고 효과를 보고 주는 광고나 협찬이 아니기 때문이다.

언론사 종사자들도 딱히 위기 의식이 없는 것처럼 보인다. 오늘도 부장은 이렇게 묻는다. "여기 이거, 우리는 왜 없어?" 비슷비슷한 기사가 이미 100개나 있는데 거기에 기사 하나를 더 얹느라 숙련된 고급 인력들이 하루 종일 출입처 기자실에 앉아서 보도자료를 받아쓰고 다른 언론사 기사를 베껴 쓴다. 물 먹지 않기 위해 우루루 몰려다니면서 똑같은 질문을 던진다. "한 말씀만 해주세요."

안타까운 건 이 기자들이 저널리스트로서 열정이나 사명감이 없어서 그렇게 지루하고 뻔한 기사를 쓰고 있는 게 아니라는 사실이다. 모든 이슈를 다 다루는 것 같지만 정작 어떤 이슈도 제대로 다루지 못하는 종합 일간지의 함정. 남들 다 쓰는 중요한 이슈를 놓치지 말아야 한다는 강박이 이미 뉴스로써 가치가 사라진 묵은 이슈를 끌어안고 뒷북을 치게 만든다. 유효 기간이 서너 시간도 채 안 되는 기사에 대부분의 기자들이 매달려 있는 게 현실이다.

언론사들이 100개의 똑같은 기사를 쏟아내는 것은 그 100개의 기사에 묻어 가야 그나마 읽히기 때문이다. 독자 없는 언론의 시대, 대부분의 언론이 선택한 전략은 그나마 대형 이슈에 묻어가면서 중요한 이슈를 전달하고 있다고 믿게 만드는 것이다. 문제의 본질은 그 똑같은 100개의 기사 때문에 오히려 독자들이 뉴스에 흥미를 잃고 언론에 신뢰를 잃는다는 데 있다. 전략의 부재와 안일하고 나태한 습관과 관행이 만든 초라한 현실이다.

"광고 중독을 벗어나야 저널리즘이 산다"고 말하곤 하지만 언론계에는 팔리지 않는 상품을 만든다는 패배감과 무력감이 무겁게 드리워져 있다. "누가 뉴스에 돈을 내겠어?" "네이버에 공짜 뉴스가 넘쳐나는데?" 진짜 문제는 자본과의 타협을 어쩔 수 없는 일로 받아들이고 정작 독자들의 외면과 냉소에 아무런 위기 의식을 갖지 않는 둔감함이다. 그러면서도 자신들이 세상을 움직인다고 믿는 기자들이 날마다 비슷비슷한 뉴스를 쏟아내고 있다.

불편한 진실은 언론의 신뢰가 갑자기 추락한 게 아니라는 사실이다. 멀쩡했던 기자들이 갑자기 '기레기'로 변신해서 저널리즘 윤리와 책무를 망각한 게 아니다. 따옴표 저널리즘이 어제 오늘 일이 아니고 제목 낚시와 선정성 역시 큰 문제의 한 부분일 뿐이다. 새삼스럽게 포털 탓을 할 일도 아니고 근본적으로 뉴스 콘텐츠의 경쟁력을 돌아봐야 할 때다. 분명한 것은 그렇게 만들어도 됐던 때가 있었지만 이제는 그런 때가 아니라는 것이다.

한국 언론사를 돌아보면 빛나는 순간이 없었던 건 아니지만 언론인은 애초에 박수 받는 직업이 아니다. 뉴스의 가치와 범주, 소비 환경이 달라졌는데, 높아진 기대 수준을 언론이 따라가지 못하고 있다는 것이 더 정확한 진단이 될 것이다. 언론은 최고의 도덕성과 전문성이 요구되는 직업이고 언제나 비판의 칼을 휘두르지만 자신들에 대한 비판 역시 감수해야 한다.

"값싼 뉴스의 시대는 끝났다."

한국 언론이 신뢰를 잃게 된 여러 가지 역사적 배경과 요인을 짚어 볼 수 있겠지만 가장 결정적인 건 언론이 권력에 맞서지 않는다는 것을 모두가 알게 됐기 때문이다. 삼성이 한국 언론의 아킬레스건이라는 걸 누구나 안다. 상당수 언론이 삼성물산과 제일모직 합병을 배후 지원했고 이재용 삼성전자 부회장이 항소심에서 집행유예를 받았을 때 적당히 재판부를 비판하는 시늉에 그쳤다.

삼성뿐만이 아니다. 공식적으로 집행되는 광고는 물론이고 지면의 이면에서 거래되는 협찬과 후원은 모두 부정적인 기사를 관리하기 위한 사적 보험의 성격이다. 광고 효과가 거의 또는 전혀 없는데도 기업들이 수천억 원의 광고 또는 협찬·후원을 집행하는 이유다. 물론 사고가 터졌을 때 보험이 작동하지 않으면 보험료를 계속 납입할 이유가 없다. 2008~2009년 삼성 비자금 특검 이후 이러한 보험 시장이 더욱 확대됐고 아직까지 확실하게 작동하고 있다는 의미다.

언젠가 취재 도중 만난 모 기업 홍보 담당 임원이 이런 말을 했다. "기사를 막지 못하면 홍보 담당자가 문책을 당한다. 계속 기사가 터지면 옷을 벗어야 한다." 다른 기업 임원도 비슷한 이야기를 했다. "일단 기사는 막고 봐야 한다. 기업 입장에서는 큰돈이 아니다." 한 언론사 광고 담당 임원은 이런 말을 했다. "이제 광고는 광고국에서 하는 게 아니다. 기자들이 서포트하지 않으면 영업이 전혀 안 된다."

부득이하게 경박한 표현을 쓰는 걸 용서해준다면 업계 용어로 이야기하는 게 이해가 쉬울 것 같다. 2009년 이전에는 '조지면서' 광고를 받았다면 2009년 이후에는 '조지지 않으면서' 광고를 구걸하는 입장이 됐다. 기자들에게 광고 인센티브를 주는 언론사도 있고, 실제로 일부 언론사에는 연봉 보다 인센티브를 더 많이 받는 기자들도 있다. 이런 환경에서 출입처를 '조진다'는 건 상상도 할 수 없는 일이다.

때로는 먹고사는 문제가 존재와 존재의 방식을 규정한다. 언론이 기득권 계급의 이해를 대변하는 건 그들과 이해관계를 같이하기 때문이다. 중요한 것은 국민들(독자들) 대부분이 언론이 100%의 진실을 말하지 않는다는 사실을 알고 있다는 것이다. 사건 보도는 누구나 할 수 있다. 사실은 사실 그 자체로 중요하지만 날씨와 스포츠 중계만큼이나 사실만으로는 별다른 뉴스 가치가 없다. 비슷비슷한 100개의 뉴스 가운데 하나로는 살아남을 수 없는 시대다.

프랑스 시앙포스대학교 교수 줄리아 카제가 이런 말을 했다. "페니페이퍼의 시대는 다시 오지 않는다." 2019년 5월 포르투갈 리스본에서 열린 글로벌에디터스네트워크(GEN) 서밋 발표에서다. 페니페이퍼가 처음 등장한 때가 1830년. 윤전 기술이 발전하면서 신문 제작 단가가 낮아졌고 누구나 신문을 쉽게 사볼 수 있게 됐다. 충분히 많은 독자를 끌어모으고 영향력을 확보하면 광고가 붙고, 신문을 싸게 찍어 뿌릴 수 있는 재원을 마련할 수 있었다.

페니페이퍼 이전에는 기업을 소유하고 있거나 정치적으로 영향력을 행사하려는 사람들이 신문사를 운영했다. 아이러니하게도 값싼 뉴스의 시대가 열리면서 비로소 권력과 자본으로부터 독립된 언론이 가능하게 됐다. 광고로 매출을 만들되 광고주의 눈치를 보지 않을 수 있으려면 충분한 독자와 영향력을 확보해야 한다. 광고가 없더라도 신문을 찍어낼 수 있는 최소한의 재원과 기꺼이 매출의 일부를 포기할 수 있는 용기와 배짱이 필요하다.

지금 한국 언론에는 그 모든 것이 없다. 절대적으로 광고 의존도가 높고 그나마 음성적인 광고 거래의 비율이 계속 높아지고 있다. 삼성이 광고를 중단하면 종이값도 댈 수 없다던 10년 전보다 상황이 더욱 나빠졌다. 기사는 기사이고 광고는 광고라고 말할 수도 있다. 그러나 실제로

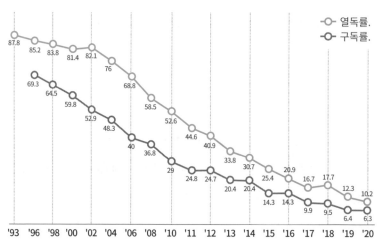

한국 신문의 열독률과 구독률 추이. ⓒ한국언론진흥재단.

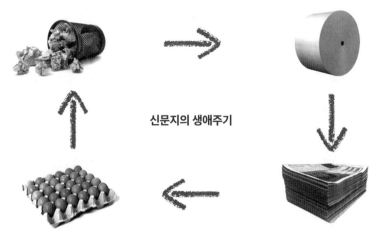

신문지의 생애주기

신문지의 생애주기. ⓒ이정환.

지면과 광고가 완벽하게 분리돼 있다고 말할 수 있는 언론사는 한국에 손을 꼽을 정도로 적다. 독자들은 모두 알고 있는데 언론 종사자들만 애써 외면하고 있을 뿐이다.

《뉴스타파》 김용진 대표가 언젠가 인터뷰에서 "광고를 할 정도로 재정이 쪼들리면 문 닫고 끝내겠다"고 말한 적 있다. 문재인 정부 들어 약간 줄어들긴 했지만 《뉴스타파》에는 여전히 월 1만 원 이상 내는 후원 회원이 3만 명이 넘는다. 김용진 대표의 자신감은 《뉴스타파》가 오로지 진실에 복무하고 저널리즘의 사명을 다할 때 독립 언론으로서의 기반이 흔들리지 않을 것이라는 믿음이 있기 때문이다.

정부를 비판하는 것은 오히려 쉽다. 한국에서 정치권력은 5년마다 바뀌고 지금은 정권에 맞섰다고 남영동에 끌려가 고문을 당하는 시대도 아니다. 진짜 어려운 것은 사회의 욕망에 정면으로 맞서고 기득권 세력의 저항을 돌파하면서 불편한 진실을 고발하는 것이다. 독자들은 모두 알고 있다. 정의를 외치면서 정작 자기 밥그릇 앞에서 침묵하는 언론은 독자의 신뢰를 얻을 수 없다. 언론이 삼성을 다루는 방식이 그 기준이 될 것이다.

우리는 한 번도 겪어보지 못했던 시대로 진입하고 있다. 지금까지 뉴스는 가치를 매길 수 없거나 아주 싸게 팔렸다. 달리 말하면 싸게 팔렸지만 그 이상의 가치가 있다는 걸 모두가 알고 있었다는 이야기다. 실제 뉴스의 가치와 시장 가격이 달랐다는 말도 된다. 그런 의미에서 '값싼 뉴스의 시대가 끝났다'는 줄리아 카제의 선언은 진짜 좋은 뉴스에 사회적 투자가 필요하다는 말을 하기 위해 던진 화두라고 생각하면 될 것 같다.

문제는 포털이 아니다. 디지털 환경의 변화도 아니다. 뉴스는 공기처럼 어디에나 있지만 언젠가부터 아무도 뉴스에 비용을 치르지 않는다. 독자들이 떠난 게 아니라 우리가 독자들을 내쫓은 건 아닌가 돌아볼 필요도 있다. 뉴스의 패키지가 해체됐다면 패키지를 복원하고, 뉴스의 브랜드가 무너졌다면 브랜드를 다시 구축해야 한다. 결국 저널리즘의 본질에 집중하고 스스로 존재감을 만드는 것 외에 다른 대안은 없다.

미국《뉴욕타임스》는 이미 2012년부터 구독 매출이 광고 매출을 뛰어넘었다. 마크 톰슨《뉴욕타임스》회장이 "넷플릭스와 스포티파이에 익숙한 젊은 세대는 뉴스 유료화에 거부감이 적다"고 설명했지만, 미디어 컨설턴트 스티브 아웃팅은 "《뉴욕타임스》의 유료화는 지불 장벽이라기보다는 후원 모델에 가깝다"고 평가했다. 뉴스는 어디에나 넘쳐난다. 굳이 《뉴욕타임스》를 돈을 내고 찾아와서 읽는 건 《뉴욕타임스》의 지향에 동의하기 때문이라는 이야기다.

트래픽에 목을 매면 10원짜리 기사를 쏟아낼 수밖에 없다. 푼돈은 벌겠지만 기자들을 망치고 브랜드를 망가뜨리는 일이다. 저널리즘적 가치는 물론이고 아무런 사회적 효용도 없는 기사들이 타임라인을 도배하고 여론을 어뷰징한다. 수천만 원 또는 수억 원짜리 광고라고 다를 게 없다. 지면을 거래하는 순간 언론으로서 정체성을 포기한 것이나 마찬가지다. 대부분의 독자들은 영혼이 없는 기사를 분별할 정도로 충분히 현명하다.

사실의 나열이
진실이 되는 건 아니다.

내가 말하고 싶은 건 이것이다. 뉴스는 넘쳐나지만 진짜 저널리즘에 대한 갈망은 그 어느 때보다 크다. '기레기'라고 싸잡아 비난할지언정 독자들은 기꺼이 좋은 저널리즘에 동참할 준비가 돼 있다. 사라진 뉴스의 브랜드를 복원하는 건 결국 강력한 메시지 말고는 없다. 똑같은 100개의 뉴스 말고 1개의 새로운 뉴스를 만들어야 한다. 공적인 가치를 입증하면 돈은 따라온다. 우리 사회가 그 정도로 성숙해 있다고 나는 믿는다.

많은 사람들에게 박근혜 정권 말기, 청와대 상춘재 회동에서 두 손을 곱게 모으고 박근혜와 환담하던 기자들의 모습이 충격으로 남아있다. 애초에 스마트폰과 노트북 기록을 금지하는 조건으로 마련한 자리였지만 기자들을 병풍처럼 들러리로 내세웠다는 비판이 많았다. 박근혜 때 그렇게 두 손 곱게 모으고 공손하게 듣기만 하던 기자들이 정권이 바뀌고 나니 물어뜯기 시작했다는 비판은 오해와 진실을 동시에 담고 있다.

수천만 국민들이 광장에 쏟아져 나와 무능하고 부패한 대통령을 끌어내렸고 민주적인 정부가 출범했다. 그 과정에서 진보와 보수를 막론하고 언론의 탐사 보도가 변화를 촉발했다는 사실을 아무도 부정할 수는 없다. 광장의 시간을 지나면서 민주주의의 절차적 정당성에 대한 사회적 합의가 자리 잡았지만 오히려 언론의 신뢰는 바닥없이 추락하는 현실을 어떻게 이해해야 할까.

이른바 조국 사태 이후 언론에 대한 불신이 깊어진 것은 사실의 나열이 진실을 구성하는 것이 아니라는 걸 모두가 알게 됐기 때문이다. 언론이 검찰의 언론 플레이에 놀아나면서 사실 보도를 넘어 검찰에 동조하고 플레이어로 개입하고 있다는 인상을 줬기 때문이다. 조국을 응원하는 쪽이나 비난하는 쪽이나 언론 보도에 강한 불신을 드러냈고 한국 사회는 토론의 진전을 끌어내는 데 실패했다.

서울대학교 언론정보학과 교수 이준웅이 지적한 것처럼 "팩트는 뉴스의 한 재료일 뿐 뉴스의 전부가 아니며 훌륭한 뉴스의 가장 좋은 부분은 아니라는 요점"을 "기자들이 모른다는 듯이 행동한다." "아무리 사실에 충실한 참된 뉴스라 해도 얼마든지 불공정하고 추악할 수 있고 반대로 아무리 불편부당하고 세련되게 만들어진 뉴스라 해도 의심스러운 사실 주장을 포함할 수 있다"는 지적이 뼈아프다.

언론의 정파성 논란은 역설적으로 언론의 설명해야 할 책무를 다시 일깨운다. 이제 더 이상 언론이 세상의 모든 이슈를 다 담고 독자들이 언론을 통해 세상을 이해하는 그런 시대가 아니다. 자기 입맛에 맞는 기사를 쓰라고 요구하는 독자들도 없지 않지만 계속해서 맥락을 드러내고 구조와 본질을 파고들면서 이해하게 만드는 게 언론의 책무다. 편협한 독자들을 탓할 게 아니라 메시지의 실패를 고민해야 할 때다.

언젠가부터 가르치려 드는 기자들이 멸시와 조롱의 대상이 됐다는 사실을 돌아볼 필요가 있다. 협성대학교 미디어영상광고학과 교수 박영흠은 "시민들은 더 이상 기자가 정해놓은 기사의 '야마'를 무비판적으로 받아들이지 않으며, 언론에 보도된 정보를 나름의 방식으로 교차 검증하고 공유할 수 있기 때문에 무리한 '야마'를 위한 과장과 왜곡을 그대로 믿지도 않는다." "'야마'의 관행이 언론을 멀리 하게 만드는 요인이 되고 있다"는 분석이다.

가장 신뢰하는 방송 프로그램에서 TBS 뉴스공장이 JTBC 뉴스룸을 제치고 1위에 오른 것을 이 땅의 언론인들은 심각하게 고민해야 한다. 가장 신뢰하는 언론인 순위에서도 김어준은 손석희에 이어 2위에 올랐다. 유시민이 3위, 진중권이 6위, 주진우가 8위에 올랐지만 10위 안에 손석희와 김주하(9위) 외에 전통적인 언론인으로 분류할 수 있는 인사가 많지 않다는 것도 가슴 아픈 대목이다.

'스트리밍 저널리즘'의 시대,
뉴스의 경쟁력을 생각해 보자.

바야흐로 '스트리밍(streaming) 저널리즘'의 시대다. 신문 1면에 기사가 뜨면 세상이 흔들리던 시대가 있었다. 9시 뉴스에 뜨면 세상 사람 모두가 알게 됐다. 그러나 이제는 모든 종류의 채널에서 하루 종일 뉴스가 흘러 나오고 모든 사람들이 뉴스가 발생하고 진화하고 의미를 더하는 모든 과정을 공유한다. 뉴스를 패키지 단위로 소비하던 시대에서 수많은 채널의 타임라인을 취사선택하는 시대로 옮겨온 지 오래다.

이제 이슈는 발생하는 순간 빛의 속도로 확산되고 검색과 댓글과 커뮤니티와 만나면서 새로운 해석과 사회적 의미를 얻게 된다. 주류 언론이 의제 설정의 중심에 있던 때가 있었지만 이제 다음날 아침 신문 1면은 모두가 알고 있는 이야기를 다시 확인하는 수단에 지나지 않는다. 8시 뉴스든 9시 뉴스든 지상파 뉴스 40분을 견디기에는 우리 모두에게 여유가 없다. 무엇보다도 우리가 뉴스에 기대하는 것들이 여기에는 없다.

안타깝게도 많은 기자들이 세상이 달라졌다는 걸 모르거나 외면하고 있거나 정작 알더라도 지금까지 해왔던 방식이 아닌 다른 방식을 실험하고 도전할 용기가 없다는 게 현실이다. 출입처 관행을 바꾸려면 단순히 출입처 기자실에 앉아있지 않겠다는 정도를 넘어 이슈를 발굴하고 문제에 접근하고 기사를 작성하는 모든 과정을 바꿔야 한다. 애초에 문제는 출입처가 아니라 뉴스 가치에 대한 인식이고 어느 자리에 앉아

있느냐는 사실 부차적인 문제다.

이제는 기자가 뭔가를 틀어쥐고 있으면 진실이 드러나지 않는 세상이 아니고 기자들이 뭔가를 외친다고 해서 그렇게 바뀌는 세상도 아니다. 신문사와 방송사 다 해봐야 몇 군데 안 되던 시절에는 그런 게 가능했겠지만 문제는 아직도 많은 기자들이 그 시절 신문을 만들고 방송을 만들던 방식으로 현장에 접근한다는 데 있다. 지금은 기자들에게 훨씬 더 높은 수준의 진단과 분석을 요구하는 시대다.

그래서 우리가 언론의 위기라고 말하는 많은 것들은 사실 위기의 징후라기 보다는 원인에 가깝다. 언론이 광고주와 결탁하는 것은 그게 아니면 신문사의 규모를 유지할 수 없기 때문이다. 네이버와 다음에 어뷰징 기사가 쏟아지는 건 그게 그나마 언론사 사이트 유입을 만드는 가장 확실한 수단이기 때문이다. 값싼 트래픽이라도 낚아야 다른 기사를 좀 더 읽게 만들 수 있다는 이유로 바닥을 향한 경쟁을 멈출 수 없는 상황이다.

높아진 기대 수준,
구태의연한 언론.

독자들이 실망하고 분노하는 건 코로나 바이러스 확진자가 늘어나면 방역에 실패했다고 비판하고 방역 단계를 강화하면 경제가 죽는다고 아우성을 치는 언론의 이중성 때문이다. 개천절 집회를 금지한 것을 두고 '재인 산성'이라고 비판하는 언론도 있었다. 위기가 닥치면 사람들은 의지할 곳을 찾는다. 미국에서는 이른바 '코로나 범프(충돌, bump)'로 주요 신문사들 유료 구독이 늘었다고 하는데 한국에서는 불신이 더욱 깊어졌다.

최근에는 독감 백신도 논란이 됐다. 이렇게 엄혹한 시절에 정부를 비판하기 위해 독감 백신의 위험성을 과장하는 것은 우물에 독을 푸는 것만큼이나 무책임하고 위험한 일이 아닐 수 없다. 실제로 독감 백신의 부작용이 없다고 볼 수는 없지만 직접적인 연관성이 입증된 바 없고 노인 접종이 늘면서 생긴 자연스러운 현상이라는 게 전문가들의 분석이었다. 언론이 오히려 루머를 퍼나르면서 공포와 불신을 부추겼다.

종합부동산세가 두 배 올랐다고 보도하면서 정작 아파트 시세가 얼마나 뛰었는지 생략하고 비판을 위한 비판을 늘어놓는 것도 익숙한 장면이다. 실제로 종부세 대상은 주택 소유자의 3.6% 정도고 시세 15억 원 아파트라도 100만 원이 채 안 되는 수준이다. 문재인 정부의 부동산 정책을 비판하는 것과 별개로 기사에는 최소한의 균형과 논리를 갖춰야 한다는 게 대부분 독자들의 문제의식이다.

지난 2020년 6월 이른바 '인국공 사태', 인천국제공항공사 보안 요원을 정규직으로 전환하겠다고 하자 한 언론사가 "연봉 5000만 원 소리 질러"라는 내용의 익명 대화방 캡처를 기사로 내보냈고 여러 언론사가 이 기사를 베껴썼다. 애초에 출처도 명확하지 않을뿐더러 연봉 5000만 원이란 것도 사실이 아니고 애초에 비정규직 차별 이슈를 취업준비생들과의 갈등으로 프레임을 왜곡한 기사였다.

추미애와 윤석열이 대립할 때 필요한 기사는 누가 이기는가 보다 쟁점을 짚고 의미를 읽어주는 기사다. 그리고 추미애-윤석열 이슈가 가리고 있는 것들과 우리가 놓치지 말아야 할 진짜 중요한 이슈를 드러내는 기사가 필요하다. 강준만의 표현대로 '해장국 언론'을 찾는 독자들도 있겠지만 여전히 많은 사람들이 불편한 진실을 외면하기 보다는 기꺼이 맥락을 찾고 진실을 갈망한다. 우리 편을 들어달라는 게 아니라 진실을 제대로 보도해 달라는 것이다.

저널리즘에 희망을
놓아서는 안 된다.

언론의 변화는 뻔한 기사를 쓰지 않는 것부터 시작돼야 한다. 살아남기 위해서라도 철저하게 다른 기사를 발굴해야 한다. 계속해서 본질이 무엇인가 스스로 질문해야 한다. 연합뉴스가 쓰는 것은 연합뉴스의 몫으로 남겨 두고 선택과 집중을 해야 한다. 발생 사건에 한 템포 늦더라도 사건의 이면과 맥락을 추적하고 구조와 본질을 파헤치는 기사에 주력하는 게 스트리밍 저널리즘의 시대에 존재감을 만들고 영향력을 확장하는 유일한 생존 전략이다.

손석희가 메인 앵커를 맡고 있던 시절 JTBC에 시청자들이 열광했던 건 그가 늘 썼던 표현대로 "한 발 더 들어가는" 보도를 내보냈기 때문이다. '손석희의 시선 집중' 시절 수많은 인터뷰이를 찜쪄 먹었던 그 실력으로 기자들을 몰아붙였고 기자들은 생방송에서 망신을 당하지 않기 위해 가능한 모든 질문에 대한 답을 준비해야 했다. 발굴 특종도 중요하지만 일상적으로 뉴스의 이면을 파헤치는 접근이 필요하다는 이야기다.

언론을 비난하고 냉소하는 건 오히려 쉬운 일이다. 이게 모두 '기레 기'들 때문이고 언론은 모두 타락했고 신뢰가 바닥에 떨어졌다고 한탄 하고 냉소하는 것으로는 아무 것도 바꿀 수 없다. 여전히 취재 현장에 서는 사실의 단편을 추적하고 진실의 실체에 다가서기 위해 고민하는 기자들이 많다. 읽을 게 없다고들 하지만 《한겨레》 N번방 연속 취재나 《경향신문》의 산업재해 기획이나 《서울신문》의 쪽방촌 르포처럼 빛나 는 기사도 많다.

바야흐로 뉴스 없는 미디어의 시대, 그리고 독자 없는 언론의 시대 에 진입하고 있다. 선민의식을 극복하고 가르치려 드는 태도를 벗어나 야 하고 끊임없이 맥락을 다시 구성하고 계속해서 업데이트되는 기사 를 만들어야 한다. 독자들의 압박에 굴복해서도 안 되지만 독자들과 싸 워서는 안 된다. 계속해서 설명하고 사안의 이면을 파헤치고 폭넓게 공 유해야 한다. 언론이 해야 할 일을 더 잘하는 것 이상의 해법이 있을 수 없다. 익숙한 관행과 문법을 버리고 계속해서 새로운 시도를 멈추지 말 아야 한다.

우리는 진실을 좇지만 한때 전부인 것처럼 보였던 것이 시간이 지 나면서 성격과 의미가 달라지는 것을 일상적으로 경험한다. 계속해서 실수를 인정하고 오해를 바로 잡지 않고서는 뉴스 브랜드의 신뢰를 회 복할 수 없다. 우리는 진실을 재단하거나 심판하는 사람들이 아니고 다 만 계속해서 질문을 던지고 의제를 제안하고 토론에 참여할 뿐이다. 위 기의 한국 언론에 필요한 것은 진실 앞에 더욱 겸허한 태도다.

우리는 계속해서 절망할지언정, 저널리즘에 희망을 놓아서는 안 된다. 그래도 여전히 더 나은 세상을 만들기 위해 진실을 추적하는 현장의 기자들이 있고 사람들의 선의와 우리 모두가 합의하는 원칙이 조금씩이나마 우리가 살고 있는 세상을 더 나은 곳으로 바꾸고 있다는 믿음이 있기 때문이다. 그리고 그런 믿음을 포기하는 순간 세상이 더욱 암울해 진다는 걸 잘 알고 있기 때문이다.

"

우선 순위를 결정했다면 그 다음은
답을 알고 있는 사람을 찾아가는
것이다. 일단 물어보고 찾아보고
바닥을 훑는 것부터 시작해야 한다.
누가 이 문제를 가장 잘 알고
있을까. 누가 이걸 먼저 해보고
실패했을까. 해보고 안 된다면 그
이유는 무엇일까. 실패를
이야기해주고 다음 번에는 더 잘할
수 있는 아이디어를 이야기해줄 수
있는 사람을 찾아야 한다. "

솔루션 저널리즘, 이렇게 시작해 봅시다.

18장

「모유 수유에 성공한 디트로이트 병원의 흑인 아기들」이라는 기사는 수업 교재로 쓰일 정도로 솔루션 스토리텔링의 기본 포맷에 충실한 기사다. 앞서 몇 차례 소개한 적 있지만 한 문단씩 살펴보면서 구조를 분석하면 솔루션 스토리텔링에 필요한 구성 요소를 이해하는 데 도움이 될 것이다.

첫째, 기사 초반에 해법을 명시적으로 드러낸다. 이 기사에서는 한 살 아기 에드윈에게 모유 수유를 하고 있는 재스민 키드와 모유 수유 상담사인 모니카 워싱턴이 등장한다. 아이 어머니가 말한다. "모유수유에 성공하기까지 석 달이나 걸렸어요. 그러나 내가 좌절할 때마다 모유수유 상담사인 모니카가 내게 용기를 주고 밤 늦게도 내 상담전화를 받아주며 문자로 필요한 조언을 해줘 극복할 수 있었어요." 다른 아이 엄마 에넬 하트는 이렇게 말한다. "다른 아이들에게는 분유를 먹였지만 새로

태어난 미카엘라에게는 모유 수유를 하고 싶어요. 내 딸이 건강하게 자라기를 바라거든요." 이들은 화요일마다 열리는 산모 모임에 참석하고 있다.

둘째, 해법의 결과를 숫자로 보여준다. 산모 교육 프로그램을 도입한 이후 이 병원 산모들의 모유 수유 비율이 46%에서 64%로 늘어났다. 한 비영리재단에서 이 프로그램에 2년 동안 50만 달러를 지원하기로 했다.

셋째, 이 결과가 어떤 의미인지 구체적으로 설명한다. "미국 질병관리본부에 따르면 흑인 산모들 가운데 모유 수유를 하는 비율은 59%밖에 안 된다. 백인은 75%, 히스패닉은 80%다. 출산 이후 6개월 이상 모유 수유를 하는 비율은 흑인이 30%, 백인은 47%, 히스패닉은 45%로 차이가 크다."

넷째, 문제의 원인을 설명한다. 흑인들이 모유 수유를 꺼리는 건 첫째, 문화적 트라우마 때문이다. 노예 시대에 흑인 여성들 상당수가 유모로 일한 과거의 역사 때문에 모유 수유를 불편하게 생각하는 것이다. 둘째, 흑인 여성들이 저임금 노동에 종사하는 경우가 많아 아이에게 직접 젖을 물리거나 모유를 짜서 보관하는 등의 여유가 없다. 셋째, 모유가 건강에 더 좋다는 사실을 모르는 엄마들도 많았다. 「흑인 여성의 모유수유 안내서」에는 이런 대목이 있다. "흑인 노예 여성들은 그들의 자녀들에게 우유, 옥수수빵, 당밀, 채소죽 등 간편식을 먹일 수밖에 없었고, 모유수유를 한 여성들조차 분유수유를 병행할 수밖에 없었다."

기사 초반에
해법을 드러내라.

프로비던스 병원에서 모유수유 상담사 스테이시 데이비스는 이렇게 말했다. "어떤 흑인 엄마들은 모유 수유를 할 경우 아기들이 응석받이가 될까봐 걱정합니다. 모유 수유를 불결하다고 생각하는 엄마들도 있습니다." 여성 잡지 《에센스》가 흑인 여성들을 대상으로 설문 조사한 결과 58%가 "공공장소에서의 모유 수유에 반대한다"고 답변했고 9%는 "다른 여성들이 수유를 하는 모습을 결코 보고 싶지 않다"고 답변했다.

다섯째, 해법을 구체적으로 설명한다. 여기서부터 본격적으로 이 병원에서 무슨 일이 있었는지 설명이 시작된다. 르네 피어슨은 세인트존메디컬센터에서 모유수유 상담사로 일하고 있다. 이곳에는 세 명의 상담사가 함께 일하고 있다. 그는 흑인 상담사의 조언이 모유 수유를 결심하게 된 결정적 계기였다고 말했다. "대부분의 흑인 여성들과 마찬가지로 가족이나 친구 중 모유수유를 한 사람이 없었기 때문에 저도 모유 수유에 별 생각이 없었습니다. 둘째를 갖기 전까지 모유 수유가 건강에 더 좋다는 사실조차 몰랐죠. 두 번째 임신을 하고 WIC(여성과 아동을 위한 미국 정부 특별 영양보급 프로그램)에서 식료품을 지원받을 때 상담사를 만났죠. 그가 모유 수유를 추천했어요."

상담사들은 모유수유가 산모의 당뇨병과 아기의 천식이나 감염 등의 위험을 줄여주고 영아 사망률을 낮추는 데 매우 중요하다고 설명했다. 둘째 아이를 모유 수유로 키운 르네 피어슨은 친구들 사이에 모유 수유 전도사로 통했다. 나중에 WIC 상담사로 취업했다. 르네 피어슨의 이야기다. "내 상담사도 나와 같은 은어를 쓰는, 동질감이 느껴지는 사람이었죠. 흑인 산모들을 만나러 가면 내가 같은 흑인이라는 데 안도한다는 걸 느낄 수 있습니다. 나는 그들을 보자마자 '헤이, 슈가(sugar), 어떻게 지내요?'라고 묻습니다. 그러면 우리는 서로 깔깔대며 웃으면서 이야기를 시작할 수 있죠."

이 기사가 소개하는 해법의 핵심은 선배 엄마들이 후배 엄마들에게 모유 수유를 가르친다는 것이다. 이 기사에는 연결(connection)과 커뮤니티(community), 정체성(identity)이라는 단어가 반복해서 등장한다. 문제는 흑인의 모유 수유 비율이 낮다는 것이고, 달리 말하면 이들이 고립돼 있을 가능성이 크다는 것이다. 이를 해결하기 위해 흑인 여성들이 흑인 여성들을 가르친다는 아이디어를 끌어낸 것이다. 단순히 모유 수유를 권장하는 것 뿐만 아니라 커뮤니티가 문제 해결의 주체가 돼야 하고 그러려면 문제의 당사자들이 직접 나서야 한다고 봤기 때문이다.

모임에 나온 엄마들은 새로운 공감대를 형성하게 된다. 친구들이 출산 선물로 분유 상자를 주더라, 모유 수유를 하겠다고 했더니 이모가 눈살을 찌푸리더라, 모유 수유를 하고 싶긴 한데 혼자 있을 수 있는 공간이 없어서 고민이다, 이런 이야기를 함께 나눌 수 있게 된다. "여기저기에서 분유 쿠폰을 나눠줄 텐데 일단 분유 없이 버텨 보세요", "올바른 모유수유 자세는 아기를 이렇게 안고 피부를 맞대는 거예요", "이유식을 할 때 으깬 양을 조금씩 나눠먹이면 좋아요".

여섯째, 한계를 빠뜨리면 안 된다. '흑인 여성 건강 지상명령(Black

Women's Health Imperative)'이라는 시민단체에서 일하는 린다 골러 블런트(Linda Goler Blount)는 이런 프로그램이 의미가 없는 건 아니지만 다른 지역이나 다른 병원에서 활용하기에는 한계가 있다고 지적했다. 이 병원은 흑인 환자 비율이 83%나 되기 때문에 흑인 상담사를 발굴해서 배치할 수 있지만 미국 전체로 보면 흑인 비율이 12% 정도다. 고립된 흑인 여성들에게 다가가기에 한계가 있을 수밖에 없다. "확실히 소그룹 커뮤니티가 효과적이죠. 이메일이나 영상 통화로는 이런 친밀한 관계를 만들기가 쉽지 않습니다."

일곱째, 기사의 마지막 부분에 다시 한 번 결과를 숫자로 입증한다. 앞으로의 방향을 제시하는 효과를 만든다. 이 병원에서 산모 교육 프로그램에 참여한 산모들이 1만 명을 넘어섰다. 모유 수유 기간은 전국 평균이 6개월 정도인데 이들은 13개월이나 됐다. 이 기사의 마지막은 맨 처음 등장했던 재스민 키드의 말로 끝난다. "내 친구들을 산모 교육 프로그램에 데려왔어요. 엄마들이 다른 엄마들을 계속 데려오기 때문에 모임이 계속 커지고 있어요."

솔루션 저널리즘,
뉴스룸의 우선 순위가 바뀌어야 한다.

솔루션 저널리즘을 도입하려는 언론인들에게 조언을 하자면 첫째, 어렵게 생각하지 말고 일단 실험해 보라는 것이고, 둘째, 데스크를 설득해야 한다는 것이다. 시간과 인력을 확보하는 것이 중요하다. 셋째,

완벽한 해법이 아니라 작은 아이디어부터 접근하되, 해결 지향의 문제 의식을 뉴스룸 내부에 공유하는 게 중요하다.

미국의 경우도 솔루션 저널리즘을 실험하는 과정에서 기자들이 혼란스러워하거나 불편해하는 경우가 많았다고 한다. 문제에 매몰되지 말고 문제 해결에도 관심을 갖자는 제안에 반대할 사람은 없다. 다만 당장 뭘 해야 하지? 지금까지 하던 것을 버리고 새로운 뭔가를 해야 하나? 이런 반문에 부딪히게 된다. 언론의 오래된 부정 편향의 관행을 하루 아침에 벗어나기가 쉽지 않기 때문이다.

솔루션저널리즘네트워크는 그래서 우선 순위를 점검해 보라고 제안한다. 많은 언론사에서 발생 사건을 포기할 수는 없다. 발생 사건을 따라 잡아야 영향력을 지키고 공론장에서 존재감을 확보한다고 보기 때문이다. 날마다 꼭 써야 할 기사들이 있고 당장 터져 나오는 이슈를 외면하고 한가하게 답 안 나오는 오래된 문제를 붙들고 있을 여유도 없다. 다만 우리가 문제 해결을 다룬다면 어느 정도 우선 순위를 조정할 수밖에 없다.

이런 질문이 필요할 것이다. 날마다 쏟아져 나오는 이슈 뿐만 아니라 지금 우리가 더 집중해야 할 이슈가 무엇인가. 우리가 더 잘 할 수 있는 영역이 무엇인가. 독자들이 갈망하는데 우리가 소홀했던 주제는 무엇인가. 다른 언론사들이 하지 않고 있지만 꼭 필요한 이슈는 무엇인가. 더 중요한 질문은 이것이다. 문제를 들춰내는 데 집중할 것인가. 문제의 해결 과정에 관심을 배분할 것인가. 강력 범죄가 늘어나고 있다는 뉴스를 다루는 것과 강력 범죄를 줄이기 위해 싸우고 있는 지역의 실험을 다루는 것, 어느 것이 더 중요한가.

우선 순위를 결정했다면 그 다음은 답을 알고 있는 사람을 찾아가는 것이다. 기자들이 답을 내놓을 수도 있겠지만 일단 물어보고 찾아보고 바닥을 훑는 것부터 시작해야 한다. 누가 이 문제를 가장 잘 알고 있을까. 누가 이걸 먼저 해보고 실패했을까. 해보고 안 된다면 그 이유는 무엇일까. 실패를 이야기해주고 다음 번에는 더 잘할 수 있는 아이디어를 이야기해줄 수 있는 사람을 찾아야 한다. 나는 실패했지만 그래도 누가 더 잘 알 것 같다는 사람을 소개 받아 만나야 한다. 기자들은 더 내려놓고 더 겸허하게 현장의 목소리에 귀를 기울여야 한다.

솔루션 저널리즘은 또 탐사 보도와 다르다. 솔루션 저널리즘이 장기 기획 취재거나 롱폼 스토리텔링일 필요는 없다. 일단은 조직 안에서 존재의 이유를 만들어야 한다. 아, 이렇게 접근할 수도 있겠네. 이렇게 스토리텔링을 바꾸니 훨씬 더 잘 읽히고 문제 의식도 명확하네. 이런 경험을 쌓아나가야 한다. 솔루션저널리즘네트워크는 능력자들을 찾으라고 조언한다. 솔루션 저널리즘에 열정이 있는 기자들을 찾아 설득하고 이들이 다른 기자들에게 좋은 사례가 될 수 있도록 지원하라는 이야기다. 이렇게 해보니까 되더라는 메시지를 남길 수 있으면 된다.

기획 회의나 편집 회의에서도 솔루션 저널리즘 프로세스를 도입해야 한다. 이걸 솔루션 저널리즘으로 접근할 수 있을까? 여기에서 좀 더 들어가 볼 수 없을까? 또는 누가 이 문제에 해법을 알고 있을까? 누구에게 물어보면 좀 더 새로운 이야기가 나올까? 기자들이 일상적으로 하는 회의지만 문제에서 그치지 않고 해법에 대한 질문을 반영하는 것만으로도 기사가 달라진다. 솔루션저널리즘네트워크는 "처음에는 기자들에게 구체적으로 솔루션 저널리즘 아이템을 할당해주는 것이 솔루션 저널리즘을 정착시키는 데 도움이 된다"고 조언한다. 아, 이렇게 기사를 쓸 수도 있겠구나 하는 경험이 쌓이면 나중에는 기자들이 직접 해결 지향의 보도를 기획하고 아이템을 발제하게 된다.

처음 솔루션 저널리즘을 실험할 때는 데스크의 역할이 중요하다. 기자들이 취재 기획안을 내놓았을 때 솔루션 저널리즘으로 접근할 수 있는 아이템이 있는지 살펴보고 해법을 찾아보라고 지시하는 것이다. "누가 잘하고 있는지 한 번 찾아보라"고 구체적으로 지시를 내리는 게 좋다. 솔루션 저널리즘이 자리를 잡으려면 성공 모델을 만들어야 한다. 이렇게 해보니까 훨씬 더 기사에 힘이 실리고 더 잘 읽히고 독자들의 반응도 좋더라는 경험을 만드는 게 중요하다.

마지막으로 강조하고 싶은 건 솔루션 저널리즘을 언론의 전문 영역이라고 생각하지 않았으면 좋겠다는 것이다. 실제로 현장에서 정책을 다루고 문제를 해결하는 공무원들이 솔루션 오리엔티드 스토리텔링을 공부해야 한다고 생각한다. 시민 사회 진영에서 직접 문제를 찾고 머리를 맞대고 고민하고 그 결과를 기록하고 공유하는 문화가 확산돼야 한다고 생각한다. 지방 소멸을 주제로 지방 정부와 지역 언론이 공동 프로젝트를 실험할 수 있을 것이고 응급실 의사들과 기자들이 함께 위기 관리 매뉴얼을 만들 수도 있을 것이다. 산업 재해를 줄이기 위해 현장에 기자들이 참여하는 프로젝트도 가능할 것이다. 노인 빈곤 문제를 제대로 들여다 보기 위해 방문 보호사들과 함께 현장의 문제를 점검하는 기획부터 시작할 수도 있을 것이다. 언론이 함께 참여하고 기여할 수 있는 방법이 얼마든지 있다. 굳이 기자가 나서서 문제를 해결하려 하지 말고 문제를 정확하게 정의하고 질문을 던지고 검증과 반론을 거치면서 최선의 해법에 다가가는 과정에 좀 더 역량을 쏟아붓자는 제안이다.

> 우리는 전쟁을 하러 온 것이
> 아니라 일을 하러 온 것이다.
> 우리는 최소한 세 가지를 다르게,
> 그리고 더 잘 해야 한다.
> 첫째 우리는 더 회의적이어야
> 하고, 둘째 우리의 실수를
> 포함한 우리의 일에 더 투명성을
> 부여해야 하고, 셋째 감시견으로서
> 더 많은 맥락과 신뢰성을
> 부여해야 한다.

맺음말 :
우리는 답을 찾을 것이다.
언제나 그랬듯이.

19장

"없는 주소라고 나오는데요? 노 어드레스(No address). 주소 안 적으면 백신 못 맞아요."

2021년 10월 11일, 동아일보 기사, 「외국인 접종률 31%, 내국인 절반…마지막 '백신 사각'」의 첫 문장이다. 이 기사는 백신 접종을 하러 온 외국인 노동자들이 신분 노출을 꺼려 주소를 적지 않으려 한다는 사례로 시작한다. 질병관리청에 따르면 이날 기준으로 한국의 접종 완료 비율은 59.6%, 그런데 국내 체류 외국인들만 따로 추산하면 31.4% 수준에 그쳤다. 외국인 노동자들이 많은 안산시에서 찾아가는 백신 접종 서비스를 시작했지만 불법 체류 외국인들은 여전히 조심스러운 분위기다. 회사에서 여권을 빼앗겨 신분을 증명할 수 없는 경우도 있고 백신을 맞더라도 하루이틀 쉴 수 있는 분위기가 아니라 엄두를 내지 못하는 경우도 많다.

데스크 입장에서 볼 때 이런 기사는 정말 좋은 기사다. 접근이 다르고 사례가 살아 있다. 우리는 모두 하나의 공동체를 이루고 있고 외국인들이 집단 면역의 커다란 구멍이 될 수 있다. 이들이 불법 체류거나 아니거나 그게 중요한 게 아니다. 이렇게 문제를 잘 드러내는 것만으로도 우리는 해법에 다가갈 수 있다. 하지만 이 기사는 안타깝게도 현장 스케치에 그쳤고 궁금한 걸 풀어주지 못하고 있다.

내가 데스크라면 이렇게 물었을 것 같다. "그런데, 주소를 안 적으면 백신을 못 맞나요? 외국인들 접종률을 높이는 방법이 없을까요? 좀 더 물어보면 좋겠는데요. 여권을 빼앗긴 분들은 그럼 계속 사각지대에 남게 되나요? 사례를 좀 더 찾아보면 좋은 기사가 될 것 같습니다."

현장의 기자가 답을 내놓을 수는 없다. 다만 사람을 찾고 물어볼 수는 있다. 1. 외국인 노동자들이 백신 접종을 안 해서 문제가 많다는 기사에서 2. 이렇게 했더니 불법 체류 외국인 노동자들까지 백신을 맞게 되더라는 기사로 옮겨갈 수 있다. 이 기사는 1번과 2번의 중간쯤에 있다. 1번은 문제에서 그치고 있지만 2번은 해결의 과정을 들여다 보는 기사다. 만약 가능하다면 안산시의 실험이 화성시와 안성시, 김해시로 확장될 것이다.

현장에 해법이 있다. 솔루션 저널리즘은 문제 해결의 과정에 집중하는 저널리즘이다. 근거를 제시해야 하고 검증 가능해야 하고 복제 가능해야 한다. 한계를 드러내야 하고 객관적이어야 한다. 완벽한 해법이 아닐 수도 있지만 변화의 과정을 이야기하는 것은 우리가 같은 실패를 반복하지 않기 위해서도 매우 중요하다. 그래서 복제 가능성과 확장 가능성을 거듭 강조하는 것이다. 중요한 건 한 번 더 질문을 던져야 한다는 것이다.

이 책에서 내가 당부하고 싶은 건 해법을 찾되, 해결에 대한 강박을 벗어야 한다는 것이다. 해결을 지향하되, 섣불리 정답으로 건너 뛰려 하지 말고 문제의 본질을 파고 들고 구조를 드러내는 질문과 탐색, 검증의 과정에 우리의 역량을 더 쏟아부어야 한다는 것이다.

2017년 포르투갈 리스본에서 만났던 워싱턴포스트의 논설위원 마가렛 설리번이 이런 말을 했다. "우리는 전쟁을 하러 온 것이 아니라 일을 하러 온 것이다." 여기 명확한 문제가 있고 우리는 그 문제를 해결하려 한다. 하지만 슈뢰딩거의 고양이 상자처럼 기자들이 현장에 개입하는 것은 아주 특별한 경우에 예외적으로 한정돼야 한다. 기자들은 기자들이 해야 할 일을 더 잘하면 되는 것이다. 솔루션 저널리즘 역시 저널리즘의 원칙 위에 서 있어야 한다는 사실을 다시 강조하고 싶다. 언론의 신뢰를 이야기할 때마다 나는 설리번의 조언을 다시 생각해 보곤 한다.

"우리는 최소한 세 가지를 다르게, 그리고 더 잘 해야 한다. 첫째 우리는 더 회의적이어야 하고, 둘째 우리의 실수를 포함한 우리의 일에 더 투명성을 부여해야 하고, 셋째 감시견으로서 더 많은 맥락과 신뢰성을 부여해야 한다."

문제를 잘 드러내는 것은 여전히 중요하다. 다만 우리가 그동안 문제를 드러내는 데 그치면서 문제가 작동하는 방식을 깊이 추적하지 않았거나 문제를 해결하기 위해 노력하는 현장의 이야기에 관심을 기울이지 않았던 건 아닌가 돌아볼 필요가 있다. 우리가 다뤄야 할 문제들은 정말 많다. 기후 변화와 양극화, 젠더 갈등, 청년 실업, 노인 빈곤, 지방 소멸, 장애인과 교통 약자들의 이동권 확보, 성 소수자 인권 보호, 교육 격차 축소 등등, 정치가 할 일이 있고 언론이 할 일이 있지만 결국 우리 모두의 공동의 문제들이다. 거창하게 세상을 바꾸는 단계까지 가지 않더라도 당장 우리 주변의 크고 작은 문제들이 얼마든지 있다.

가능하다면 전국에 수백 수천 개의 해커톤 프로젝트를 만들어 보고 싶다. 당사자들이 직접 문제 해결에 나설 수 있도록 판을 깔고 전문가와 저널리스트들이 머리를 맞대고 황당무계한 아이디어를 꺼내놓고 맥락을 연결하면서 변화의 방향을 모색해 보자. 이 책은 사업 계획서와 투자 제안서 성격으로 썼다. 솔루션 저널리즘 프로젝트에 관심 있는 사람들의 아이디어와 제안, 참여를 바란다. 프로젝트를 지원하는 기금도 필요하다. 강준만이 제안한 것처럼 지역과 학생들, 언론의 협업 프로젝트도 가능할 것이다. 학생들과 함께 질문을 만들고 사례를 모으고 브레인스토밍을 하고 체크리스트와 매뉴얼을 만드는 작업을 해보고 싶다. 저널리즘 싱킹 방법론을 공공부문 혁신과 문제 해결 프로세스에 도입할 수도 있을 거라고 생각한다.

프란츠 파농의 말을 인용하는 것으로 이 책을 끝내고 싶다. "다리의 건설이 그 다리를 만드는 사람들의 의식을 풍부하게 해주지 못한다면 그 다리는 건설되지 말아야 한다. 사람들은 계속해서 헤엄쳐서 건너거나 보트로 건너는 게 낫다."

그 어느 때보다도 기자들의 자부심과 자긍심이 필요할 때다. 세상을 바꾸려고 한다면 먼저 스스로에 대한 확신이 있어야 한다. 그러려면 익숙하지만 낡은 관행에 선을 긋고 새로운 비전을 만들어야 한다. 나는 솔루션 저널리즘의 아이디어가 새로운 가능성 가운데 하나라고 생각한다.

이 책을 큰 프로젝트의 제안서 성격으로 읽으시기를 바란다. 이 책은 이론서가 아니고 완결된 보고서도 아니다. 해결 지향의 논의와 저널리즘의 질적 혁신은 이제부터 시작이라는 생각이 든다. 책이 잘 팔려서 개정 증보판을 낼 수 있으면 좋겠다. 그때는 훨씬 더 많은 사례와 경험, 더 확장된 노하우를 소개할 수 있을 거라고 생각한다.

참고 문헌

강아영, "기자들 50년전 뉴스 생산 관행에 머물러 있다", 기자협회보, 2019년 10월.

강준만, 지역언론의 활성화는 가능한가? 지역에서의 넛지-솔루션 저널리즘을 위한 제언,
사회과학연구, 2019년 6월.

강준만, 지역언론의 활성화는 가능한가?: 지역에서의 넛지-솔루션 저널리즘을 위한 제언,
사회과학연구, 2019년 6월.

강준만 · 전상민, '경로의존'의 덫에 갇힌 지역언론학: '지방소멸'을 부추기는 3대 '구성의 오류',
한국언론학보, 2019년 6월.

고한솔, '효녀' '효자'라 하지 마세요, '영 케어러'입니다, 한겨레21, 2020년 12월.

권석천, 기자를 기다리지 마라, 중앙일보, 2019년 7월.

권영은, 가난하다고 말해야 생리대 받을 수 있나요, 한국일보, 2019년 11월5일.

권지담, 숨 멈춰야 해방되는 곳… 기자가 뛰어든 요양원은 감옥이었다, 한겨레, 2019년 5월.

김민호, 간병살인의 비극… 통계도 대책도 없다, 한국일보, 2019년 9월.

김선호, 디지털 뉴스 리포트 2017, 한국언론진흥재단, 2017년 10월.

김한솔, 옥상 온도 55.8℃ 일 때 가로수길은 28.5℃… 기후위기 시대 생존 문제 된 도시숲,
경향신문, 2021년 8월.

김훈, 아, 목숨이 낙엽처럼, 한겨레, 2019년 5월.

김훈, 죽음의 자리로 또 밥벌이 간다, 경향신문, 2019년 11월.

박기택, 의료 관련 감염 1위 '혈류감염'을 잡아라, 청년의사, 2017년 6월.

박상규, 22세 간병 청년 강도영의 선처를 바랍니다, 셜록, 2021년 11월.

박수현, 미세플라스틱의 습격, 바다의 비명, 국제신문, 2021년 9월.

박인혜, 스웨덴의 힙한 취미 '자석 낚시'⋯ 낚는 재미에 환경 보호까지, EBS, 2021년 8월.

빌 코바치(Bill Kovach), 저널리즘의 기본 원칙, 한국언론진흥재단, 2017년 10월.

유영규, [간병살인 154人의 고백] 간병은 전쟁이다, 죽어야 끝나는, 서울신문, 2018년 9월.

이경숙, 칠보 초등학교 아이들의 주먹밥 무상급식, 머니투데이, 2011년 8월.

이미나, 분노 산업을 넘어서: 국민 갈등 해소를 위한 솔루션 저널리즘의 실천, SBS문화재단, 2019년 12월.

이상기, 사회병리학과 해법 저널리즘, 커뮤니케이션 이론, 2018년.

이소라, "코로나19 확진자 여러분 이 분처럼만 해주세요", 한국일보, 2020년 2월.

이승규, '아들아' 소리도 외면⋯ 중병 아버지 굶겨 사망케 한 20대 아들, 조선일보, 2021년 8월.

이정아, 독거 노인 130만 시대, 외로움에 더 서럽다, 한겨레, 2015년 1월.

이정환, 솔루션 저널리즘: 팩트와 진실에서 한 걸음 더, 최선의 해결책까지, 신문과방송, 2017년 10월.

이정환, 익숙한 것들과의 결별, 광고 중독 벗어나야 저널리즘이 산다, 민중의소리, 2020년 7월.

이정환, 저널리즘은 피드백 메커니즘, 분노가 아니라 참여를 끌어내라, 2017년 6월.

이주연, 딸 죽인 아빠의 이 말이 기자를 울렸다, 오마이뉴스, 2018년 12월.

이해인, 서울의료원, 응급실 전체를 선별진료소로 바꿔 의심환자 다 받아, 경향신문, 2020년 2월.

이혜미, 쪽방촌 뒤엔⋯ 큰손 건물주의 빈곤 비즈니스, 한국일보, 2019년 5월.

임영호, 도덕적 정당성 잃은 언론, 가르치려 들 자격 있는가, 신문과방송, 2021년 4월.

전소영, 저소득층 생리대 바우처 지원에도 눈치보기 여전, 투데이신문, 2019년 10월.

진민정, 솔루션 저널리즘의 현황과 가능성, 한국언론진흥재단, 2019년 11월.

진민정, 솔루션 저널리즘의 현황과 가능성, 한국언론진흥재단, 2019년 9월.

진민정, 위기의 언론, 컨스트럭티브 저널리즘에서 새로운 희망을 찾다, 한겨레, 2018년 8월.

진윤지, 성인 여성의 시각으로 본 생리대 지원사업, 정책브리핑, 2019년 1월.

천관율, 코로나19가 드러낸 &한국인의 세계& 의외의 응답 편, 시사인, 2020년 6월.

최승영, 가장 신뢰하는 언론 매체는 유튜브, 네이버, 시사IN, 2020년 9월.

황경상, 매일 김용균이 있었다, 경향신문, 2019년 11월.

Atul Gawande, The Checklist, New Yorker, 2007년 12월.

Catherine Cheney, Why we all need to ask: Who's doing it better?, Devex, 2016년 4월.

Cathrine Gyldensted, The media is changing for good, Positive News, 2013년 9월.

Chad Terhune, Special Report: How Korea trounced U.S. in race to test people for coronavirus, Reuter, 2020년 3월.

Dan Frosch, Report Blames Safety Lapses for an Epidemic of Deaths at Wyoming Job Sites, New York Times, 2012년 1월.

David Bornstein, Why Solutions Journalism Matters, Too, The New York Times, 2011년 12월.

Eric Black, Carl Bernstein makes the case for &the best obtainable version of the truth, Minnpost 2015년 4월.

Gene Weingarten, Fatal Distraction: Forgetting a Child in the Backseat of a Car Is a Horrifying Mistake. Is It a Crime?, Washington Post, 2009년 3월.

Ivan Watson, South Korea pioneers coronavirus drive-through testing station, CNN, 2020년 3월.

Jenny Gold, Wrestling With A Texas County&s Mental Health System, KHN, 2014년 8월.

Jordan Wirfs-Brock, Wrangling Workplace Fatality Numbers: Data Woes And Wins, Inside Energy, 2014년 9월.

Keegan Kyle, Santa Ana&s 10-year war on prostitution, Orange County Register, 2013년 1월.

Kristi Coale, A Homeless Family in SF Lives in Housing Limbo, While More City-Funded Apartments Sit Empty, Frisc, 2021년 2월.

Max Fisher, How South Korea Flattened the Curve, New York Times, 2020년 3월.

Max S. Kim, The Country Winning The Battle On Food Waste, Huffpost, 2019년 4월.

Rachel Dissell, How Rochester responded to its lead poisoning problem: Toxic Neglect, The Plain Dealer, 2015년 10월.

Rudri Patel, Solutions Journalism: How to Get Work Telling Public Interest Stories, Contently, 2021년 4월,

Russell Berman, How to Win Elections in a System 'Not Set Up for Us', The Atlantic, 2018년 6월.

Sarah Kliff, Do no harm, VOX, 2015년 7월.

Sarah Kliff, Fatal mistakes, VOX, 2016년 3월.

Shorenstein Center, News Coverage of the 2016 Presidential Primaries: Horse Race Reporting Has Consequences, 2016년 7월.

Shuka Kalantari, For some, prenatal care is a community affair, 2014년 6월.

Solutions Journalism Network, Solutions Journalism Imposters, Whole Story, 2016년 11월.

Solutions Journalism Network, Ten Questions to Inform your Solutions Journalism, The whole story, 2017년 9월.

Stephanie Joyce, Dark Side Of The Boom: Why Is Wyoming Safer?, Inside Energy, 2014년 9월.

Terrence McCoy, Meet the outsider who accidentally solved chronic homelessness, Washington Post, 2015년 5월.

Thomas Patterson, Doing well and doing good. Faculty Research Working Paper Series. John F. Kennedy School of Government, Harvard University. 2000년 9월.

Ulrik Haagerup, Constructive News: How to save the media and democracy with journalism of tomorrow, Aarhus University Press, 2017년 3월.

문제 해결
저널리즘

ⓒ 이정환, 2021

초판 1쇄 2021년 11월 22일 찍음
초판 1쇄 2021년 11월 25일 펴냄

지은이 | 이정환
펴낸이 | 강준우
기획 · 편집 | 박상문, 고여림, 김창한
디자인 | 김지영
마케팅 | 이태준
관리 | 최수향
인쇄 · 제본 | (주)삼신문화

펴낸곳 | 인물과사상사
출판등록 | 제17-204호 1998년 3월 11일

주소 | 04037 서울시 마포구 양화로7길 6-16 서교제일빌딩 3층
전화 | 02-325-6364
팩스 | 02-474-1413

www.inmul.co.kr | insa@inmul.co.kr

ISBN 978-89-5906-622-3 03300

값 18,000원